云南省"兴滇英才支持计划"青年人才专项项目"创新扩散视角下云南省制造业纵深发展机制与路径研究"

2024年中共云南省委党校（云南行政学院）基础理论课题"习近平总书记关于创新驱动发展战略的重要论述研究"（2024YNDXXJ63）

云南大学"双一流"建设项目"沿边开放与边疆经济发展理论成果转化"（C176240501020）

中共云南省委党校
云南行政学院　资助出版

# 国际金融合作对货币政策传导机制的影响

刘林龙 ◎ 著

The Impact of International
Financial Cooperation
on the Transmission Mechanism
of Monetary Policy

中国社会科学出版社

开展对外金融合作为例，测算金融合作指数与金融稳定指数，对相应影响机制及风险防范机制进行实证检验。得到的主要结论为，货币市场合作会降低信贷、货币量等数量型货币政策传导机制的传导效率，资本市场合作会增强利率、汇率与资产价格等价格型货币政策传导机制的传导效率。同时，开展货币市场合作可以防范货币政策传导机制中的风险，开展资本市场合作既可能降低货币政策传导机制中的风险也可能增加货币政策传导机制中的风险，因此需要大力发挥金融监管合作作用。

最后，对国际金融合作影响货币政策传导机制的异质性进行分析，构建金融合作博弈模型，并进行实证检验，得到的主要结论为，"绝对小国"与"绝对大国"通过资本市场合作影响利率、汇率、资产价格等价格型货币政策传导机制，"相对大国"与"相对小国"通过货币市场合作影响信贷、货币量等数量型货币政策传导机制，"两国"之间表现在同时通过货币市场合作与资本市场合作影响数量型与价格型货币政策传导机制。此外，"两国"在金融合作中的创新可以进一步提高货币政策传导机制的效率。

本书从理论上回答了国际金融合作影响货币政策传导机制的一些基本问题，最终揭示出的政策含义为，国际金融合作应根据货币市场与资本市场的不同侧重领域来发挥疏通货币政策传导机制、提高货币政策传导效率的作用。

# 目 录

**第一章 导论** …… 1

    第一节 研究背景与研究意义 …… 1

    第二节 概念界定与研究范围 …… 4

    第三节 研究思路与研究方法 …… 12

    第四节 创新与不足 …… 14

**第二章 文献综述** …… 16

    第一节 国际金融合作相关研究 …… 16

    第二节 货币政策传导机制相关研究 …… 24

    第三节 国际金融合作与货币政策传导机制关系研究 …… 29

    第四节 国际金融合作与货币政策传导机制中的风险关系研究 …… 33

    第五节 文献评述 …… 35

**第三章 国际金融合作现状及货币政策的实践** …… 37

    第一节 国际金融合作现状 …… 37

    第二节 世界各国货币政策的实践 …… 45

    第三节 国际金融合作的对比及其对货币政策影响的差异 …… 54

    第四节 本章小结 …… 69

**第四章 国际金融合作影响货币政策传导机制的理论分析** …… 70

    第一节 国际金融合作影响货币政策传导机制的理论 …… 70

第二节　国际金融合作影响货币政策传导机制的动态
　　　　　　随机一般均衡 ………………………………………… 82
　　　第三节　国际金融合作影响货币政策传导机制的收益—
　　　　　　风险模型分析 ………………………………………… 106
　　　第四节　本章小结 ………………………………………………… 109

第五章　货币市场合作对货币政策传导机制的影响 ……………… 110
　　　第一节　货币市场合作对货币政策传导机制的影响机理 …… 110
　　　第二节　货币市场合作影响货币政策传导机制的实证检验 … 119
　　　第三节　货币市场合作对货币政策传导机制风险影响的
　　　　　　实证检验 ……………………………………………… 131
　　　第四节　本章小结 ………………………………………………… 140

第六章　资本市场合作对货币政策传导机制的影响 ……………… 141
　　　第一节　资本市场合作对货币政策传导机制的影响机理 …… 141
　　　第二节　资本市场合作影响货币政策传导机制的
　　　　　　实证检验 ……………………………………………… 150
　　　第三节　资本市场合作对货币政策传导机制风险影响的
　　　　　　实证检验 ……………………………………………… 163
　　　第四节　本章小结 ………………………………………………… 170

第七章　国际金融合作对货币政策传导机制影响的异质性 ……… 172
　　　第一节　国际金融合作博弈 ……………………………………… 172
　　　第二节　国际金融合作影响货币政策传导机制的实证检验 … 180
　　　第三节　国际金融合作异质性影响货币政策传导机制的
　　　　　　对比与总结 …………………………………………… 200
　　　第四节　本章小结 ………………………………………………… 203

第八章　结论、启示与展望 …………………………………………… 204
　　　第一节　主要结论 ………………………………………………… 204

第二节 国际金融合作对货币政策传导机制影响的启示 …… 206

第三节 研究展望 …………………………………………… 210

附　录 ……………………………………………………… 212

参考文献 …………………………………………………… 223

# 第一章

# 导 论

## 第一节 研究背景与研究意义

### 一 问题提出

随着全球化的不断深入推进，世界各国金融业快速发展，各国金融开放的步伐也不断加快，无论是金融开放的速度、广度还是深度都发生了深刻变化。但从总体格局来看，美元在世界金融体系中仍然占据主导地位，美国利用美元在世界金融体系中的影响力，牢牢掌握着同世界其他国家开展国际金融业务的主动权，使世界绝大多数国家在金融开放过程中处于被动地位。同时，美国在制定货币政策的过程中，对世界其他各国货币政策也具有较大的溢出效应，而且在特殊时期，这种溢出效应更加明显[1]。这种"溢出效应"也增加了国际金融体系中的风险，各国普遍受到美国量化宽松货币政策的"政策风险溢出"影响。2008年国际金融危机以后，世界各国为防范国际金融体系中的"政策风险溢出"，在扩大金融业开放的同时，开始不断探索国际金融合作模式，这对各国金融的稳定发展具有重要意义[2]。最早出现的最优货币区组织——欧洲货币联盟、为防范金融风险而签订的

---

[1] 陈嘉骞等：《美国货币政策的溢出效应》，《新金融》2015年第12期。
[2] 戴臻、刘颖：《金砖国家金融合作及风险防范研究》，《亚太经济》2017年第6期。

《巴塞尔协议》《清迈协议》，以及金砖国家、"一带一路"共建国家、上合组织、RCEP等国家在合作过程中涉及的金融合作协议，都是对国际金融合作的探索与大胆尝试。特别是近年来，世界各国金融合作发展迅速，货币市场合作业务规模不断增加，资本市场合作程度不断深化。以人民币为例，截至2019年，各国货币对人民币的互换额总计达3.6万亿元，"一带一路"共建国家的人民币合作贷款累计9300亿元；世界各国人民币合格境外投资者累计7230亿元，合格境外投资者累计1163亿元。这些货币与资金的流动都要经过公开市场业务、信贷、利率、汇率等货币政策工具的调节进行释放与吸收，可见，国际金融合作可以对合作国货币政策传导机制产生影响。但是，在既定货币政策目标下，货币市场合作与资本市场合作对货币政策传导机制的影响方式是否相同？在"政策溢出风险"的影响下，两种合作方式能否防范货币政策传导机制中的风险，保证货币政策传导机制稳定运行？

从理论上说，蒙代尔弗莱明模型认为，开放经济条件下国家间资本的自由流动可以对一个国家货币政策产生影响，且不同大小国家之间的资本流动又会产生不同影响。但现实世界中，国际金融合作不仅有基于资本流动的资本市场合作，还有基于货币流动的货币市场合作。因此，在货币与资本流动差异的条件下，不同大小国家之间货币市场合作与资本市场合作具有怎样的特征？现实世界中除具有能够决定世界汇率的大国与接受世界汇率的小国之间的金融合作外，是否还存在不能决定世界汇率的"相对大国"与"相对小国"之间的金融合作？对货币政策传导机制又会产生怎样不同的影响？

本书将重点研究在金融开放条件下，国际金融合作对货币政策传导机制的影响问题，试图从理论上回答在数量型与价格型货币政策目标下的国际金融合作过程中，货币市场合作与资本市场合作通过货币的流通与资本的流动对货币政策中的信贷量、货币量、利率、汇率与资产价格传导机制产生的影响，并发挥金融合作稳定货币政策传导机制的作用。同时，进一步区分不同大小国家之间金融合作对货币政策传导机制的影响方式，以便合作国从本国角度出发，通过国际金融合作有效运用货币政策工具疏通货币政策传导机制，为提高各国货币政策效率提供有益思路。

## 二 研究目的及意义

### (一) 研究目的

通过国际金融合作可以扩大对外投资，增强贸易便利化，也可以增加金融机构的业务规模，拓宽企业贷款渠道，同时对于疏通合作国家货币政策传导机制，发挥货币政策工具市场化的运作机制具有重要影响。但现有研究并没有对国际金融合作作出相对明确的界定，也没有为各国金融合作作出较为合理的分类与梳理，一个国家在开展国际金融合作的过程中，发生的金融业务、达成的金融协议、采取的共同金融风险防范措施等也必然会对该国货币政策传导机制产生影响，因此本书研究国际金融合作对货币政策传导机制的影响目的主要有四个方面：一是探析国际金融合作影响货币政策传导的理论机制，分析数量型与价格型货币政策目标下货币市场合作与资本市场合作对货币政策传导机制的影响机理。二是探究国际金融合作能否促进货币政策传导机制的稳定，并防范货币政策传导机制中的风险。三是探索不同大小国家的金融合作对不同货币政策传导机制的影响，为不同国家进一步确定国际金融合作对象与金融合作方式以提高货币政策传导效率提供有益借鉴。四是为深化金融合作相关国家侧重点的选择提供有益依据。

### (二) 理论意义

从理论上看，国际金融合作对货币政策传导机制影响的研究是对现有国际金融合作理论的重要补充，不同类型国际金融合作会影响到不同的货币政策传导机制，基于此，本书研究的理论意义主要有以下几点：一是拓展国际金融合作研究范围，将国际金融合作细化为货币市场合作与资本市场合作，从理论上回答在数量型与价格型货币政策目标下，二者给货币政策传导机制带来的不同影响。二是将动态随机一般均衡模型、金融风险收益模型、合作博弈模型融入国际金融合作分析框架，对原有国际金融合作理论做出有益补充。三是对不同大小国家之间的金融合作进行异质性分析，拓展原有理论中国家相对大小的划分方法，研究不同大小国家的金融合作影响货币政策传导机制的方式。

### （三）现实意义

加强国际金融合作，实现各国之间互利共赢是当今世界绝大多数国家共同追求的目标，研究既定数量型与价格型货币政策目标下，通过国际金融合作提升货币政策传导机制的效率具有重要现实意义：一是可以推动世界各国通过金融合作实现金融资源的整合，优化金融资源配置，进而降低金融产品因趋同化严重而产生的同质化竞争程度，实现互利共赢。二是通过加强国际金融合作，签订风险防范协议或制定金融监管合作措施可以降低货币政策传导机制中由汇率与利率的巨大波动带来的损失程度。三是有利于通过国际金融合作促进合作国家价格型货币政策工具作用的发挥，增强合作国家货币政策传导机制的市场化程度。四是有利于合作国家根据不同金融合作对象确定金融合作范围，进而提高合作国家货币政策传导机制的稳定性。

## 第二节　概念界定与研究范围

### 一　国际金融合作界定

国际金融合作是国际经济合作中的一个重要领域，随着全球一体化的深入推进，国家间金融合作逐渐成为国际经济合作的重点。

从纵向上看，金融一体化、货币合作、货币一体化、最优货币区等都是其相近概念。"合作"是各行为主体之间为了达到共同的目标，实现共同的利益，通过协商、沟通等方式采取共同行动，但针对彼此之间具体合作内容仍然会保持政策上的独立性。"一体化"则是各行为主体之间为了实现各自的利益根据同一项合作内容分别进行政策的制定。而最优货币区是在"一体化"的基础上，以地理范围为界限，形成一个合作整体，所有与合作相关的内容都由这个整体来统一制定和执行，各成员之间没有制定相关政策的权限。由此可以推断出，金融合作的最终目标是实现金融一体化，货币合作的最终目标是实现货币一体化，但金融合作与货币合作不一定能达到金融一体化与货币一体化的结果，而货币一体化的高级形式是最优货币区。此外，从"货币"与"金融"的角度来看，二者难以明确区分，在开展金融相关理论分析时，很多学者直接用货币理论进行代替，可见二者的关系十分紧密。金融的发展离不开货币，货币的创新与拓展会推动金融不断发展。金融合作与其相近概念的逻辑关系如图1-1所示。

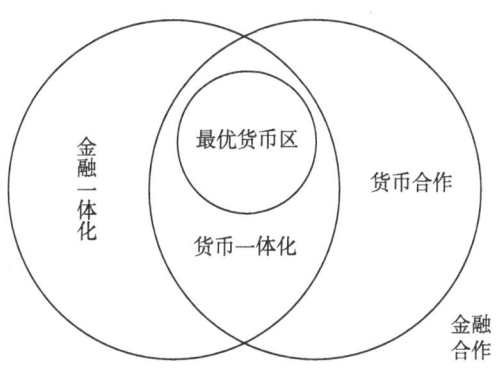

**图 1-1　金融合作相近概念的逻辑关系**

从横向上看，国际金融合作、金融开放与国际金融业务之间具有较多的相似性。金融开放是一国金融的一种状态，在这种状态下，金融市场的"大门"是敞开的，而一般国际金融业务是通过这道"大门"，连接国内金融市场与国际金融市场的"桥梁"，实现金融开放的国家会通过这座"桥梁"开展国际金融业务，以便从国际金融市场中获取利益，当国家大小与实力悬殊时，大国通过金融开放开展国际金融业务会获取更多的利润，且凭借其相对完善的金融市场体系，可以抵挡国际金融业务开展过程中发生的一般性金融风险，而小国在金融开放条件下，开展国际金融业务可能会被大国"欺压"，较小的国际金融风险也可能会对小国经济造成致命的打击（如1997年亚洲金融危机各国遇到情况），因此，在国际金融业务开展过程中，各国家处于一种"市场竞争"的状态，经济金融基础好的国家会凭借其天然的优势，打压甚至淘汰经济金融基础较弱的国家。与此不同，国际金融合作会改变国际金融一般业务中的这种不平等现象，国际金融合作会通过签订协议或合约等方式，明确合作双方之间的权利与义务，且双方会根据合作内容分别获取到令各自满意的利益，实现互利共赢。

同时，合作国之间还会通过协议制定双方可能会遇到的国际金融风险相关条款，或制定相应的金融监管条款，确保国际金融业务开展过程中对各种可能风险的防范与预警。这与国际金融一般业务具有本质的不同，也是国际金融合作区别于金融开放与国际金融一般业务的重要特征所在。

因此，根据国际金融合作相关概念的辨析，本书对国际金融合作的定义是，在各主权国家、经济体金融市场开放条件下，通过相互谈判与协商，开展特定对象的金融活动，实现互利共赢，同时制定标准统一的政策或监管规则、法规，对国际金融风险进行防范与预警。这一定义体现出了国际金融合作中发展与防范两个基本目标。本书在开展国际金融合作对货币政策传导机制影响的分析中，将围绕金融合作这两大目标，一方面分析国际金融合作影响货币政策传导机制的内在机理，另一方面分析国际金融合作对货币政策传导机制可能风险的防范作用。

## 二 货币政策传导机制及相关概念的界定

货币政策及其相关理论研究相对成熟，货币政策一般是指各国中央银行以调控宏观经济为目的，采用各种工具进行调节，以实现价格、利率与汇率的稳定，以及经济增长、充分就业、国际收支平衡的经济政策。它是国家进行宏观经济调控的一个重要手段，但货币政策并不是指某一项独立的政策，而是各种相关政策的组合，张晓慧[①]将其定义为以达到某个特定目标为目的，央行代表政府部门实施的一系列调节货币供应量、调控利率等变量的政策与措施的总称。货币政策相关概念主要有货币政策目标、货币政策传导机制与货币政策有效性。

货币政策目标是指通过货币政策的制定和实施所期望达到的目的，一般包括货币政策最终目标和货币政策中介目标。货币政策最终目标是货币政策的制定者所期望达到的、货币政策的最终实施结果，是中央银行制定和执行货币政策的依据，一般分为稳定物价、充分就

---

① 张晓慧主编：《中国货币政策》，中国金融出版社2012年版。

业、促进经济增长、平衡国际收支四种。货币政策中介目标主要是指中央银行在执行货币政策时，首先通过货币政策工具影响信贷、货币量、利率、汇率、资产价格等变量的变动，间接地影响产出、就业等宏观经济变量。其中，信贷、货币量目标称为数量型货币政策中介目标，利率、汇率、资产价格称为价格型货币政策中介目标。

周英章和蒋振声[①]认为，货币政策传导机制是一个过程，在这一过程中，各种中间变量受到中央银行货币政策工具的调控而发生改变，进而导致实体经济中变量发生变化。盛松成[②]从货币政策传导机制的目标角度提出，货币政策传导机制是通过货币政策传导渠道使相应利率汇率等中介变量发生变化，通过中介变量进一步引起产出、消费等最终目标发生改变的机制。

货币政策传导机制是一个过程，一般会经历从中央银行到商业银行再到宏观经济三个环节。金融市场化程度越高，则货币政策市场化取向程度越高，货币政策传导机制的效率也就越高；反之，则越低。货币政策传导机制中最重要的一环就是传导机制，货币传导机制主要有信贷、货币量两种数量型传导机制，以及利率、汇率、资产价格三种价格型传导机制，每种机制都有其各自的传导方式，具体如表1-1所示。可以看出，各传导机制适用的国家与经济体均有一定的差别，当经济不发达或金融市场发展不完善时，主要通过信贷、货币量等数量型货币政策传导机制进行传导。当经济较发达或金融市场发展较完善时，则主要通过利率、汇率、资产价格等价格型货币政策传导机制进行传导。

表1-1　　　　　　　　货币政策传导机制的作用方式

| 传导机制 || 作用方式 | 适用的经济体与国家 |
| --- | --- | --- | --- |
| 数量型 | 信贷 | 影响银行部门借款数量以及个人和企业贷款量 | 资本市场欠发达的经济体与国家 |
| | 货币量 | 改变市场中的货币供应量 | 一般经济体与国家均会使用 |

---

① 周英章、蒋振声：《货币渠道、信用渠道与货币政策有效性——中国1993—2001年的实证分析和政策含义》，《金融研究》2002年第9期。

② 盛松成：《当前局势下是否需要调整我国的汇率制度》，《国际金融》2020年第11期。

续表

| 传导机制 | | 作用方式 | 适用的经济体与国家 |
|---|---|---|---|
| 价格型 | 利率 | 改变利率进而影响投资 | 资本市场、货币市场发达的经济体与国家 |
| | 汇率 | 改变汇率影响进出口与国际储备 | 开放经济体且货币市场发达、资本市场较发达的经济体与国家 |
| | 资产价格 | 影响托宾Q值与消费者财富 | 资本市场发达的经济体与国家 |

货币政策有效性是与货币政策中性相反的一个概念，货币政策中性是指在理性预期和市场出清的条件下，货币政策的变化会引起价格的名义变化，但不会影响实际产出与经济增长的变化，这也是典型的古典宏观学派观点。而货币政策有效性与货币中性的观点相反，认为货币政策的调整会导致利率与产出水平的变化。巴曙松[1]提出，货币政策有效性就是某项货币政策能否在既定宏观经济目标下通过不同的传导机制，取得良好调节效果，这是一种新凯恩斯主义的观点，将货币政策影响经济运行作为一种假设。李春琦[2]对货币政策有效性作出定义，认为货币政策有效性是货币政策的实施对产出、价格等实际经济变量产生的影响及程度大小。这强调了货币政策的实际能力和强度，但没有注重货币政策实施的主体对货币政策的把控能力。裴平等[3]对货币政策有效性的定义与李春琦相似，但他又强调了货币政策传导机制的畅通是货币政策有效的重要标志和必要条件，这表明货币政策有效性与货币政策传导机制之间是具有一定联系的。

从以上分析可以看出，货币政策、货币政策传导机制、货币政策有效性是区别较大的三种概念，但是三者之间有着紧密联系，是一个有机的统一整体与系统，货币政策可以视为以中央银行为代表的政府进行宏观经济调控的重要手段，是这一个"系统"的开始阶段，它需要政府准确把握宏观经济形势，确定最终目标，从宏观上选取相适应的政策。货币政策传导机制是在中央银行确定好相应的货币政策目标

---

[1] 巴曙松：《中国货币政策有效性的经济学分析》，经济科学出版社2000年版。
[2] 李春琦：《中国货币政策有效性分析》，上海财经大学出版社2003年版。
[3] 裴平等：《论我国货币政策传导过程中的"梗阻"——基于1998—2003年实证数据的分析》，《南京社会科学》2009年第5期。

以后，具体来选取适当的货币政策工具，根据国家的实际情况，确定通过什么样的方式进行传导，其最重要的特点是过程性。货币政策有效性是货币政策传导机制的一个最终结果，它体现出货币政策的最终效用大小，以及是否达到了相应的货币政策目标，也是整个"系统"的最终结果。三者之间的具体关系如图1-2所示。

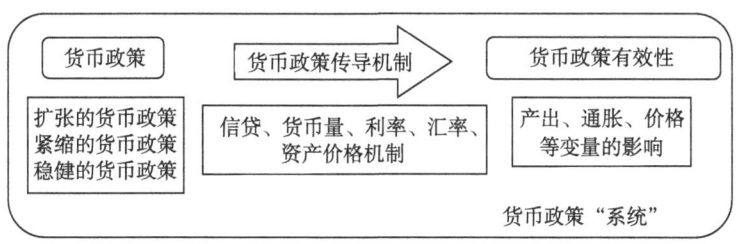

图1-2 货币政策、货币政策传导机制、货币政策有效性的关系

基于对以上货币政策、货币政策目标、货币政策传导机制、货币政策有效性的辨析，本书对货币政策传导机制作出的定义是，中央银行根据对宏观经济的把控，通过信贷、公开市场业务、再贴现、利率、汇率等工具，具体执行相应货币政策，达到货币政策的信贷、货币量等数量型目标或利率、汇率、资产价格等价格型目标，进而影响产出、就业等宏观经济变量，实现货币政策有效性的过程。

### 三 研究范围

根据上文的分析可以看出，金融合作是一个十分宽泛的概念，研究范畴既可以包含货币、债券、股票、机构等金融市场中各个领域的合作内容，又可以包括以金融为基础对某一领域有影响的合作内容。本书的主要研究范围是，货币市场合作与资本市场合作对数量型与价格型货币政策目标下货币政策传导机制的影响；同时，本书研究认为，风险防范是国际金融合作的一个鲜明特点，也是区别于金融开放与一般国际金融业务的重要特征，因此在研究两种市场对货币政策传导机制影响的过程中，将分析货币市场合作与资本市场合作对货币政策传导机制的风险防范作用，从而体现出金融合作的完整性，各类型的合作内容设定如下。

#### （一）货币市场合作

开展货币市场合作的主要目的是保持各合作国家资金的流动性，

将资金需求者与资金供给者通过各种短期资金融通工具联系起来。资金需求者除在本国获取短期资金外，还可以向合作国家获取短期资金，投资者也可以将闲置的资金同时投放到本国与合作国货币市场，增加获利机会。实现合作国家之间短期货币资金的融通是货币市场合作的一项基本功能，同时金融风险防范会伴随在货币市场合作业务过程中。其中，本国金融机构与政府部门是本国开展货币市场合作的主体，国外企业与个人是本国开展金融合作业务的客体。本国国际货币市场业务范围主要包含货币互换业务、跨境贸易与投资的本币结算业务、短期信贷业务、可转让定期存单业务、票据结算业务、国际同业拆借业务、回购协议业务等，其中可转让定期存单与票据结算业务主要是企业之间的结算行为，而国际同业拆借业务、回购协议业务主要是企业、金融部门之间的国际金融业务往来，没有进行风险防范的协定，不符合本书所定义的货币市场合作行为，因此货币市场合作包含的业务有货币互换业务、本币结算业务、短期信贷业务，这些业务可以用来反映货币市场合作对货币政策传导机制的影响。

（二）资本市场合作

作为与货币市场合作相对应的概念，资本市场合作业务是指各合作国家在中长期资金借贷融通市场中的相关合作业务往来，这一市场的合作业务一般涉及的资金期限较长，业务额度相对较大，在防范金融风险的过程中，受到道德风险、信息不对称风险的影响，合作自身可能也会产生一定风险。如上所述，本国开展资本市场合作的主体是本国金融机构与政府，主要包括银行等金融中介机构；本国开展资本市场合作的客体是国外企业与个人，具体如图1-3所示。因此，根据本书对金融合作的定义以及资本市场业务范围的确定，符合资本市场合作特征的业务主要包括合作国之间债券业务、股票业务、基金业务、中长期信贷业务以及衍生品业务等，其中基金业务与股票业务有较大的重合部分，衍生品业务主要是针对风险防范，只能通过运用到其他业务中来降低风险以达到相应目的，无法直接对货币政策传导机制产生影响。因此，本书将重点研究资本市场合作中的中长期贷款业务、股票合作业务、国际债券业务以反映开展资本市场合作对货币政策传导机制的影响。

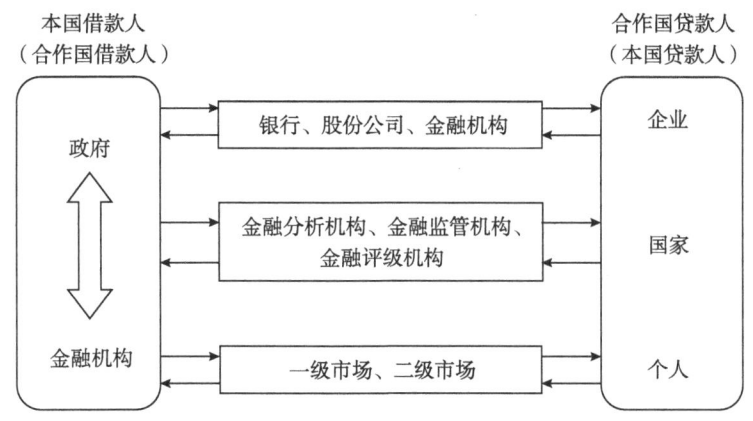

图 1-3　资本市场合作原理示意

（三）金融合作中的风险防范

防范国际金融风险是当今世界各国进行国际金融合作的重要目的之一，特别是对近年来的新兴经济体来说，其与欧美发达国家的金融发展基础有着较大的差距，金融市场相对脆弱，抵御国际金融风险的能力也远不如金融发展基础较好的发达国家。国际金融风险与国家内部金融风险不同，其内容与传导机制要比国家内部金融复杂很多，破坏性也会大很多，主要表现在开展国际相关金融业务过程中发生或存在的风险。同样，在开放经济条件下，大部分国家货币政策传导机制也会受到其他国家"货币政策溢出"的影响，在利率、汇率等方面产生较大风险，利率汇率的波动会对货币政策中的信贷、货币量、利率、汇率与资产价格等传导机制带来较大冲击。而金融合作可以防范或减轻国际金融风险的破坏程度，特别是发展中国家之间进行的金融合作，可以不断优化世界货币体系格局，降低汇率、利率等风险的发生，通过在金融合作过程中制定相似或相同的金融运行规则、实施共同的金融监管措施来防止国际不法分子对于国家金融系统的破坏，从而保证货币政策信贷、货币量、利率、汇率与资产价格等传导机制的稳定畅通。同时，在开展国家之间货币市场合作业务与资本市场合作业务的过程中，还可以通过签订远期或掉期等方面的合约及进行金融监管合作来有效预防和降低因汇率、利率风险带来的货币政策传导机制的不稳定性。

### （四）货币政策传导机制

货币政策传导机制本身是一个复杂的过程，从货币政策工具的使用到货币政策最终目标的实现过程中，可能涉及两个、三个甚至更多的传导机制中间变量进行传导（如从利率到汇率再到资产价格），按照这个思路进行研究会使问题复杂化，可能无法达到预期效果。此时，如果货币政策传导机制变量能够对货币政策做出准确反应，则可以将货币政策传导机制变量作为货币政策选择的一个中间目标[①]。也就是说，在每一条复杂的货币政策传导机制中，存在一个核心中间变量对整个货币政策传导机制产生重要影响。本书明确了货币政策传导机制的数量型与价格型两个中间目标，在实现中间目标的过程中，每一条传导机制都有一个能够对货币政策做出准确反应的传导机制变量。因此，本书所研究的货币政策传导机制的范围是，数量型货币政策目标下的信贷传导机制与货币量传导机制，以及价格型货币政策目标下的利率传导机制、汇率传导机制与资产价格传导机制，这五条传导机制共同组成了货币政策传导机制。

## 第三节　研究思路与研究方法

### 一　研究思路

本书主要按照如下研究思路进行：一是对国际金融合作与货币政策传导机制相关概念进行辨析，提出金融合作的发展与风险防御两大目标。二是建立国际金融合作影响货币政策传导机制的理论框架，通过使用动态随机一般均衡模型，分析货币市场合作与资本市场合作对信贷、货币量、利率、汇率与资产价格等不同货币政策传导机制的影响；通过建立CB-CR模型，分析国际金融合作的收益与风险关系；通过建立合作博弈模型，分析不同大小国家金融合作的差异。三是分

---

① 刘伟、张辉：《货币政策和传导机制研究进展及启示——当代西方经济学视角》，《北京大学学报（哲学社会科学版）》2012年第1期。

析数量型与价格型目标下，货币市场合作对货币政策传导机制中信贷、货币量等传导机制的影响机理，以及价格型目标下，资本市场合作对货币政策传导机制中利率、汇率与资产价格等传导机制的影响机理。并分别实证检验在既定的数量型与价格型货币政策目标下，货币市场合作与资本市场合作对信贷、货币量、利率、汇率与资产价格等传导机制的影响方向与程度，并验证其对货币政策传导机制的稳定作用。四是实证检验不同大小国家金融合作如何影响各国货币政策传导机制中的信贷、货币量、利率、汇率与资产价格传导机制，进行异质性分析。五是针对优化各国金融合作、疏通货币政策传导机制提出相关对策建议。本书研究框架如图1-4所示。

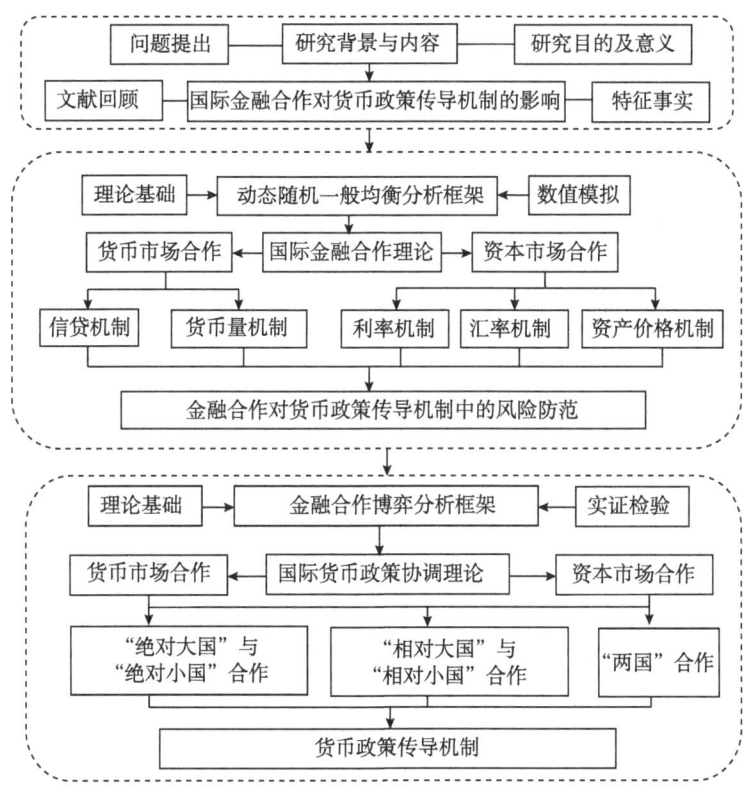

图1-4 本书研究框架

## 二 研究方法

### （一）演绎归纳法

通过国际金融合作理论、货币政策外部性理论、金融合作风险收益理论归纳金融合作影响货币政策传导机制的理论基础，进一步通过货币政策理论、国际金融理论与委托代理理论、金融监管理论分别演绎在既定货币政策目标下，货币市场合作、资本市场合作对货币政策不同传导机制的影响过程。

### （二）数理模型分析法

通过构建动态随机一般均衡模型（DSGE）模型、金融合作风险效益模型（CB-CR 模型）、合作博弈模型，分析既定货币政策目标下，不同类型的金融合作对信贷、货币量、利率、汇率、资产价格传导机制的影响机理、金融合作对货币政策传导机制的风险防范作用以及均衡支付矩阵与均衡 $Shapley$ 值。

### （三）实证分析法

利用 Matlab 软件进行数值模拟，从理论上确定金融合作对货币政策传导效果的冲击。通过 OLS、调节效应、工具变量、脉冲响应等回归方法对时间序列数据、面板数据进行实证检验，验证在既定的数量型与价格型货币政策目标下，开展货币市场合作、资本市场合作对货币政策传导机制的影响方式，进一步建立反映货币政策传导机制稳定的 $fsci$ 指数，验证货币市场合作与资本市场合作在货币政策传导过程中的风险防范作用。最后验证不同类型国家金融合作对各国货币政策传导机制的影响。

# 第四节　创新与不足

## 一　主要创新点

本书研究的创新点主要体现在：一是将国际金融合作划分为货币市场合作与资本市场合作，多层次探讨金融合作对不同货币政策传导机制的影响结果。二是构建动态随机一般均衡理论模型，分析国际金融合作对信贷、货币量、利率、汇率、资产价格等货币政策传导机制的冲击,并以中国开展国际金融合作实践为例来实证检验既定货币政策目标下,国际金融合作对货币政策各个传导机制的影响程度与方向。三是创建金融合作风险收益模型,将金融合作中的收益与金融合作中的风险融入模型中,从理论上验证二者之间的关系。四是将金融合作的类型分为"绝对大国"与"绝对小国"、"相对大国"与"相对小国"以及"两国"之间的金融合作,并分析其中的不同特征,构建合作博弈模型分析,不同大小国家金融合作对不同货币政策传导机制的影响方式。五是基于以往对金融合作建模分析与量化分析研究相对较少的事实,本书研究提供了分析国际金融合作理论的范式,通过国际金融市场中的货币市场合作与资本市场合作业务来考量金融合作,构建国际金融合作指数与金融稳定指数。

## 二 研究不足

本书还存在如下不足的方面:一是在理论模型的构建中,将开展货币市场合作与资本市场合作之间的区别用不同的部门类型来表示,这与现实世界中的情况有一些差距,资本市场与货币市场的重要区别在于开展业务时间的长短不同,如何更好地在模型中区别国际资本市场与国际货币市场业务,进而研究其产生的不同影响是后续研究中应进一步拓展的问题。二是由于数据的缺失,特别是中国与美国、"一带一路"共建国家以及欧盟各国金融合作数据的极度缺失,在金融合作指标体系构建过程中,部分指标采用了相关性较强的间接替代指标,无法更加精准地从实证角度对"绝对大国"与"绝对小国"、"相对大国"与"相对小国"以及"两国"之间的金融合作进行分析,国家之间的金融合作是一个复杂的过程,如何构建客观公正的指标体系反映各国之间的金融合作广度与深度,也是后续研究需要重点解决的一个问题。三是限于篇幅与难度的考虑,在构建"绝对大国"与"绝对小国"、"相对大国"与"相对小国"以及"两国"之间金融合作博弈模型的过程中,并没有在模型中推导出不同类型金融合作对货币政策传导机制的直接影响,这也是后续研究中可以进一步拓展分析的一个方面。

# 第二章

# 文献综述

本章进行文献综述的整体逻辑是，首先，梳理金融合作类型与相关研究的发展脉络，进而对研究不同国家金融合作的相关文献进行归纳总结，为本书研究国际金融合作异质性对货币政策传导机制的影响奠定基础；其次，对数量型货币政策传导机制与价格型货币政策传导机制的相关研究进行分类梳理，并在前两部分的基础上，总结前人对国际金融合作过程中，货币与资本流动影响货币政策信贷、货币量、利率、汇率与资产价格传导机制路径的研究，进而分析其中所产生的风险；最后，梳理金融合作对国际货币与资本流动风险防范的相关文献，总结前人对金融风险防范与金融监管的作用机理研究。

## 第一节 国际金融合作相关研究

### 一 国际金融合作的类型与发展

最早开展国际金融合作理论研究的学者是理查德·库珀，他从国家之间相互依赖的关系角度出发，认为国家或地区之间要形成相协调的政策，这些政策经过协商后要具有较高的一致性，政策上的协调与国家之间的相互依赖关系是正相关的。在此基础上，罗伯特·基欧汉和约瑟夫·奈①提出，相互依赖的关系不应该是"各自为政"，而是通过深入彼此之间的合作来加深这种依赖关系，而国际金融合作就是一种典型的加深相互依赖关系的形式。在此之后，大量学者开始针对国际金融合作开展深入研究，最主要的表现是将金融合作进行细化，主要分为货币合作、股票合作、债券合作、汇率合作等方面，根据本书对国际金融合作划分的方法，我们进一步将这些研究分为货币市场合作研究与资本市场合作研究进行梳理。

（一）货币市场合作研究

Giorgio Basevi②等在20世纪70年代提出货币合作可以将汇率固定运行或保持在一个稳定的区间，在合作区之外则保持浮动，这样可以有效预防国际与区域金融危机发生。Cambell T. S.和Kracaw W. A.③提出国家或地区之间实现货币合作可以减轻或避免因政策溢出效应而对合作国家产生的负面影响。进一步来说，在进行货币合作过程中，需要有一种货币能够主导货币合作充当最后贷款人，因为在金融开放背景下，由于政策溢出效应，这种主导货币有利于维护整个货币合作区金融体系的稳定④。但实现货币市场合作，特别是建立货币联盟应遵循循序渐进的原则，需要逐步扩大合作业务规模，不断吸收新的成员⑤，Ying Huang⑥认为货币市场合作是全球经济一体化的大势所趋。

国内关于货币合作的相关研究起步较晚，钟伟和冯维江⑦对西方

---

① [美]罗伯特·基欧汉、约瑟夫·奈：《权利与相互依赖》（第四版），门洪华译，北京大学出版社2024年版。

② Giorgio Basevi, "The All Saints' Day Manifesto for European Monetary Union", *The Economist*, Vol. 257, No. 1, November 1975.

③ Campbell T. S & Kracaw W. A., "Information Production, Market Signaling and the Theory of Financial Intermediation", *Journal of Finance*, Vol. 35, No. 4, September 1980.

④ David H. Pyle, "On the Theory of Financial Intermediation", *Journal of Finance*, Vol. 26, No. 3, June 1971.

⑤ Kwan C. H., "The Theory of Optimal Currency Areas and the Possibility of Forming a Yen Bloc in Asia", *Journal of Asian Economics*, Vol. 9, No. 4, December 1998.

⑥ Ying Huang, "Is currency union a feasible option in East Asia?: A multivariate structural VAR approach", *Research in International Business and Finance*, Vol. 20, No. 1, March 2006.

⑦ 钟伟、冯维江：《开放经济条件下的国际货币合作》，《国际金融研究》2001年第11期。

货币市场合作的相关理论进行了系统性的梳理,并从经济学角度开展了货币市场合作研究。黄梅波[①]研究认为,较大的经济水平以及经济结构发展差异会对货币市场合作形成阻碍。大小国家与地缘政治的争端也无益于货币市场合作[②]。形成较好的货币市场合作机制应该遵循核心货币—主要货币汇率联动—独立货币板块的路径机制[③]。同时,一些学者将货币市场合作范畴延伸到了数字货币领域,认为法定数字货币的推进使跨境贸易与投资的结算不再依赖主权国家传统货币,其跨境流动性、可追踪性、外部公平性能有效降低传统货币的信用风险、同时增强监管时效,这些优势为实现货币市场合作提供了有利契机[④]。

(二) 资本市场合作研究

资本市场合作的开展起步时间相对较晚,因此其相关研究也不是很成熟,没有形成较完整的理论体系,资本市场合作的相关研究主要表现在资本市场的开放方面,通过研究国家之间资本市场开放中相关业务的往来,并提出相应资本市场风险防范措施,进而体现出资本市场合作的规律。Merton[⑤]提出,资本市场开放能够使企业价值具有较大的提升,因为资本市场的开放使企业产生了更多的对资本方面的认知,从而使企业选择相对了解的项目进行投资。这样就会降低资本的使用成本,实体经济的投资也会相应增加[⑥]。Bekaert 等[⑦]建立了面板模型,实证检验出资本市场开放后,境外投资者的进入会使本国资本成本和股票价格产生变动,相应地,资本成本降低幅度在 5—75 个基点。资本市场的开放不但能够降低投资成本,还能够通过改善资本流

---

[①] 黄梅波:《最优货币区理论与东亚货币合作的可能性分析》,《世界经济》2001 年第 10 期。

[②] 张明:《人民币国际化与亚洲货币合作:殊途同归?》,《国际经济评论》2015 年第 2 期。

[③] 蔡彤娟、林润红:《中日韩货币合作与东亚独立货币板块的构建:基于核心货币汇率联动的实证研究》,《世界经济研究》2020 年第 6 期。

[④] 刘珈利:《中国—东盟法定数字货币合作法律机制的构建》,《云南大学学报(社会科学版)》2020 年第 2 期。

[⑤] Merton R. C., "A Simple Model of Capital Market Equilibrium with Incomplete Information", *The Journal of Finance*, Vol. 42, No. 3, July 1987.

[⑥] Henry P. B., "Stock Market Liberalization, Economic Reform, and Emerging Market Equity Prices", *The Journal of Finance*, Vol. 55, No. 2, April 2000.

[⑦] Bekaert G. et al., "What Segments Equity Markets?", *The Review of Financial Studies*, Vol. 24, No. 12, December 2011.

动性，提高投资的质量来降低股价的波动，并提升股票信息包含量[1]，相比境内投资者具有较好的信息优势[2]。还有一些学者研究认为，资本市场开放能够使投资者进行风险分担，降低投资风险的发生，这事实上就有了资本市场合作的特质。Umutlu 等[3]对 1991—2005 年的全球数据进行研究，验证了资本市场开放也确实降低了本地市场的波动，尤其是在中小企业中这一特点会更加明显。

国内的相关研究主要集中在 QFII 制度、RQFII 制度与 QDII 制度方面，从本质上说，这些制度具备了资本市场合作特征（本书后续会做重点分析）。李纪明和方芳[4]的研究表明 QFII 制度的实行能够提升本国上市公司的价值。这是由于 QFII 制度对本国企业的管理层与大股东持股比例与公司规模产生了影响[5]。中国股票市场通过合格境外投资者等制度的双重安排，使本国股票市场产生了较大的宽松效应[6]。而且 QFII 等制度的实行以及在 QFII 制度下长期持股、增持、维持以及持股国有企业时，对股价延迟的缓解作用更为显著[7]。股价信息含量的变化包含多少企业价值的相关信息是 QFII 制度相关研究的一个热点领域，李春涛等[8]、刘贝贝和赵磊[9]研究认为合格境外投资者制

---

[1] Aymen Ben Rejeb & Adel Boughrara, "Financial Liberalization Antock Markets Efficiency: New Evidence from Emerging Economies", *Emerging Markets Review*, Vol. 17, No. 9, December 2013.

[2] Kacperczyk M. et al., "Do Foreign Institutional Investors Improve Price Efficiency", *The Review of Financial Studies*, Vol. 34, No. 3, March 2021.

[3] Umutlu M. et al., "The Degree of Financial Liberalization and Aggregated Stock-Return Volatility in Emerging Markets", *Journal of banking & finance*, Vol. 34, No. 3, March 2021.

[4] 李纪明、方芳：《资本市场改革与公司治理变迁——QFII 制度对我国上市公司治理的影响分析》，《浙江社会科学》2005 年第 3 期。

[5] 周泽将、余中华：《股权结构、董事会特征与 QFII 持股的实证分析》，《云南财经大学学报》2007 年第 4 期。

[6] 杨雪峰：《对外开放改变了中国股票市场运行特征吗？：基于双重开放架构的经验证据》，《世界经济研究》2021 年第 9 期。

[7] 毕鹏、王生年：《QFII 持股缓解了股价延迟吗？——基于中国 A 股上市公司的经验证据》，《中国地质大学学报（社会科学版）》2021 年第 4 期。

[8] 李春涛等：《它山之石：QFII 与上市公司信息披露》，《金融研究》2018 年第 12 期。

[9] 刘贝贝、赵磊：《合格境外机构投资者持股与中国资本市场有效性》，《中南财经政法大学学报》2021 年第 2 期。

度已经成为公司治理的一种重要力量。

## 二 不同国家金融合作

对于金融合作的相关研究,学者主要针对不同合作目的与内容、不同主体等方面开展研究,其中外国学者关于金融合作相关研究开始较早,1968年,理查德·库珀在研究中较早指出金融合作是为达到特定目的在政策上采取的一致行动,这种相互之间的协调与依赖程度表现出正相关关系。这就明确了金融合作可以分为不同目的与内容。国家之间应进一步加深相互之间的金融合作,形成彼此之间相互联系的整体推进本国发展。

2008年国际金融危机后,中国开始有越来越多的学者开展中美之间的金融合作研究,一方面是由于国际金融危机后,中美致力于共同寻求国际金融风险防范机制;另一方面是由于中国综合国力不断提升,人民币在国际金融市场中的地位不断加强。黄梅波和胡建梅①在研究中美金融政策协调的空间与前景时指出,中美金融合作的重点在于汇率的合作,探索出一条适合于美元与人民币的汇率协调机制对两国均有较大的好处。事实上,与作为金融市场化程度较高的大国进行汇率合作,对增强人民币汇率的市场化程度有重要推动作用。刘程和涂红②研究认为,中国汇率体制的变革并非单一主观性问题,汇率的市场化改革不但与国内外经济与环境形势息息相关,更需要中国与美国等世界主要经济体开展更广泛领域的经济合作。中国目前是美国国债海外第二大持有者,且美元在世界货币体系中占有绝对核心地位,项卫星和王冠楠③研究认为,中美之间存在着非对称性的相互依赖关系,这种非对称性依赖关系会导致中国受到美国汇率政治的制约,要想摆脱这种制约,需要通过结构性改革、人民币国际化以及加强双边金融合作等途径实现。在此基础上,两位学者进一步提出中美两国政府在人民币汇率上的合作是进一步推动两国金融合作的一个重要契

---

① 黄梅波、胡建梅:《中美金融政策协调的空间与前景》,《亚太经济》2010年第4期。
② 刘程、涂红:《危机中的人民币汇率外部性与大国合作》,《学习与探索》2011年第1期。
③ 项卫星、王冠楠:《中美经济相互依赖关系对美国汇率政治的制约》,《当代亚太》2014年第6期。

机，两国都应抓住这一契机，进一步放开金融市场的准入标准，并不断扩大金融合作的市场基础[1]。在中美金融合作过程中，中国应该展现出更积极的姿态，争取美方更多支持，不断扩大在国际事务中的话语权，利用中美之间的合作推进人民币国际化进程[2]。以往的研究认为中美之间汇率合作是金融合作的一个重点领域，同时众多学者在中美之间金融监管领域的合作也做了较多的研究，大多学者认为中美之间在金融监管领域缺乏实质性的合作。2008年国际金融危机后，许多学者开始研究通过中美之间金融监管领域合作防范中国系统性金融风险发生，路妍和孙刚[3]研究认为中美应继续加强金融监管领域合作，改革现行国际货币体系，进一步加强国际金融机构改革，完善中美之间金融监管部门的协调与合作机制。但随着时间的推移，中美之间金融监管领域合作并没有达到理想的效果，刘东民和何帆[4]研究认为，中美之间存在广泛的金融合作，但合作意愿高于实质进展，因此中国应以更积极姿态和创新策略推动中美双边金融合作，为全球金融治理作出贡献。

东亚各国之间金融合作研究开始较早，东亚进行金融合作一方面是由于东亚各国家经济贸易的不断发展，经济联系与融合度不断提高[5]，进而产生了减轻对于美元及外部金融市场中货币体制的过度依赖需求[6]；另一方面是由于1997年亚洲金融危机后，为共同防范国际金融市场带来的金融风险冲击。王子先[7]研究认为，亚洲国家、地区金融发展还处于起步阶段，1997年亚洲金融危机以后，还存在诸多引发国际与区域金融危机的隐患，因此区域性金融合作必须受到重视，

---

[1] 王冠楠、项卫星：《全球金融危机后的中美金融合作——基于美国汇率政治视角的分析》，《东北亚论坛》2018年第1期。

[2] 戚骥、唐冰开：《人民币国际化：中美货币金融领域竞争与合作的视角》，《当代经济研究》，2011年第12期。

[3] 路妍、孙刚：《金融危机后的中美金融监管合作研究》，《国际经贸探索》2010年第9期。

[4] 刘东民、何帆：《中美金融合作：进展、特征、挑战与策略》，《国际经济评论》2014年第2期。

[5] 吴晓灵：《东亚金融合作：成因、进展及发展方向》，《国际金融研究》2007年第8期。

[6] 李晓、丁一兵：《东亚区域货币体系的构建：必要性、可行性与路径选择》，《社会科学战线》2003年第4期。

[7] 王子先：《欧元与东亚区域金融合作》，《世界经济》2000年第3期。

成立亚洲货币基金组织是可行选择。谢洪燕和罗宁①以最优货币区理论为基础，运用最优动态决策方法分析了东亚国家与经济体进行区域货币合作的可行性，研究表明东亚地区贸易、金融、经济与通胀率之间存在明显的相互促进关系，因此具有区域货币合作的可能性。何帆和覃东海②研究认为东亚九个国家和地区③具备了相似的要素流动性、经济结构、开放度等条件，因而他们可以作为东亚地区货币联盟候选国家和地区，进行相关的区域金融合作。但是亚洲国家在开展金融合作过程中可能会产生非正规化、非制度化趋势，这一趋势也使亚洲各国无法进行高级别的金融合作④。而且对于东亚货币合作所具有的特征，以及亚洲货币合作的可能性与进展程度，现今学术界还无法达成统一定论，都需要进一步深入研究⑤。周程⑥对东亚九个国家和地区金融合作重要性进行了分析，并通过对1970—2010年消费分担的构成与演化进行对比得出，东亚金融合作过程中还存在股权资产市场分散产出波动较完善，但债券资产市场分散产出波动仍不足的情况。基于以上分析可知，东亚各国家和地区金融合作的基础尚且薄弱。因此在东亚开展金融合作的过程中，中国应当发挥更加积极主动的作用来带动东亚地区的金融合作⑦。随着 RCEP 的积极推进，在东亚地区金融合作基础之上建立覆盖区域更广、合作水平更高的地区合作机制也成为东亚地区谋求共同发展，积极扩大国际话语权的重要方式⑧。

共建"一带一路"是在中国主导下进行的，对这一地区的金融合

---

① 谢洪燕、罗宁：《从贸易金融一体化与经济趋同性看东亚货币合作的最优动态决策》，《软科学》2011年第6期。
② 何帆、覃东海：《东亚建立货币联盟的成本与收益分析》，《世界经济》2005年第1期。
③ 东亚九个国家和地区包括中国、中国香港、中国台湾、印度尼西亚、日本、韩国、马来西亚、新加坡、泰国。
④ Levine R. & Michalopoulos S., "Financial Innovation and Endogenous Growth", *Journal of Financial Intermediation*, Vol. 24, No. 1, January 2015.
⑤ 曲博：《后金融危机时代的东亚货币合作：一种亚洲模式?》，《当代亚太》2012年第6期。
⑥ 周程：《东亚金融合作对消费风险分担的影响》，《国际金融研究》2015年第12期。
⑦ 祝小兵：《中国推进东亚金融合作的战略研究》，《世界经济研究》2007年第4期。
⑧ 黄大慧：《东亚经济共同体建设的成效及挑战》，《人民论坛》2020年第4期。

作相关研究，自该倡议提出后开始不断增多。在共建"一带一路"过程中，中国也应发挥好带动作用，加大金融机构互设力度，提供更好的金融服务[1]。曹凝蓉等[2]认为，中国与"一带一路"共建国家进行金融合作所解决的核心问题是资金短缺问题。构建好相应的金融合作体系是实现"一带一路"共建国家互利共赢的有效保障[3]。

中国同"一带一路"不同地域进行金融合作的重点也有所不同，相关学者对中国与"一带一路"共建国家的金融合作也做了比较详细的研究。秦放鸣等[4]以中国和中亚国家1992—2012年的实际人均GDP数据为样本，运用共同周期理论，通过分析经济周期的同步性判断中国与中亚国家金融合作可行性，认为在短期内中国与中亚国家还不具备实现货币共同体的条件。李浩和肖海林[5]对共建"一带一路"下中国与中东地区国家的金融合作路径进行探析，认为与中东地区国家之间开展金融合作应该逐步提升中国在中东地区金融市场的话语权，围绕双方金融合作需求，不断加大中国对中东地区优惠贷款与出口信贷支持。中俄之间的金融合作开始较早，合作程度也相对较深，但由于两国金融基础不同，金融发展环境差异较大的原因，两国之间金融合作还存在较多问题，因此要以共建"一带一路"为契机，不断深入探索两国之间金融合作体制机制，实现全面务实合作[6]。中国与东盟国家也始终在进行相对深入的金融合作，且近年来的合作速度不断加快。李俊久和蔡琬琳[7]研究认为，中国与东盟国家开展具体货币合作领域的可能性逐渐提升，且中国具有主导这一地区货币合作的能力与

---

[1] 宋爽、王永中：《中国对"一带一路"建设金融支持的特征、挑战与对策》，《国际经济评论》2018年第1期。

[2] 曹凝蓉、李伟平、张瑞怀：《金融支持一带一路设想》，《中国金融》2015年第21期。

[3] 朱苏荣：《"一带一路"战略国际金融合作体系的路径分析》，《金融发展评论》2015年第3期。

[4] 秦放鸣、张飘洋、孙庆刚：《基于经济周期同步性的中国与中亚国家金融合作可行性研究》，《新疆师范大学学报（哲学社会科学版）》2015年第2期。

[5] 李浩、肖海林：《"一带一路"倡议下中国和中东地区金融合作的路径探析》，《国际贸易》2018年第9期。

[6] 梁雪秋：《中俄金融合作及未来发展研究》，《学习与探索》2020年第2期。

[7] 李俊久、蔡琬琳：《"一带一路"背景下中国与东盟货币合作的可行性研究》，《亚太经济》2020年第4期。

潜力。中国与"一带一路"共建国家的金融合作不但能够使贸易更加畅通，投资不断优化①，还能够通过技术创新，直接或间接地促进合作国家之间的产业升级②。中国同"一带一路"共建国家非政府组织之间的金融合作也成为一种典型方式，这些组织为协调区域融资、发展区域金融市场、维护金融稳定发挥了相应作用，但相应组织还相对较少，发展不够健全，仍需不断拓展并创新金融合作路径③。

金砖国家之间金融合作发展相对较好，邢凯旋④从金砖国家金融合作机制建设过程中的共同利益、金融市场发展、经贸往来、交织的区域合作四个方面分析了影响金砖国家金融合作的现实基础。但是金砖国家自身发展基础相对薄弱，且整体经济增速有所放缓，经济发展模式面临转型，陷入"中等收入陷阱"的风险不断增加⑤，再加上相互之间的一些利益冲突与发展不平衡，导致金砖国家金融合作障碍不断增加⑥。因此，汤凌霄等⑦提出，金砖国家之间应更好地发挥市场与政府之间的作用，大力推进开发银行的创建，为21世纪南南合作开辟出一条新的道路。

## 第二节　货币政策传导机制相关研究

货币政策传导机制的相关研究已经相对成熟，经过近一个世纪的发展，国内外相关知名学者关于货币政策传导机制的研究已经形成了

---

① 王曼怡、郭珺妍：《"一带一路"沿线直接投资格局优化及对策研究》，《国际贸易》2020年第5期。
② 梁双陆：《金融合作对产业升级的影响研究——基于中国—东盟合作的分析》，《当代经济研究》，2020年第10期。
③ 董哲：《"一带一路"背景下金融合作的非政府组织路径研究——以亚洲金融合作协会为例》，《经济问题探索》2018年第9期。
④ 邢凯旋：《金砖国家区域金融合作机制建设研究》，《经济纵横》2014年第10期。
⑤ 张晓涛、杜萌：《金砖国家深化金融合作的障碍与对策研究》，《国际贸易》2014年第5期。
⑥ 张晓涛等：《金砖国家金融合作利益研究》，《宏观经济研究》2014年第5期。
⑦ 汤凌霄等：《国际金融合作视野中的金砖国家开发银行》，《中国社会科学》2014年第9期。

一个相对成熟的体系。魏克塞尔[1]开创了研究货币政策传导机制的先河，他打破了以往研究中所提出的经济自动稳定器的作用，提出了货币政策干预对经济发展的必要性。之后从以凯恩斯为代表的利率传导机制到以托宾为代表的资产价格传导机制，到以蒙代尔为代表的汇率传导机制，到以弗里德曼为代表的货币量传导机制，再到后来以斯蒂格利茨为代表的信贷传导机制，从不同角度对货币政策传导机制进行了分析。事实上，每一种传导机制在影响一种特定货币政策目标的过程中都会有一种主要传导机制变量发挥作用，五种传导机制归总起来主要分为两类：一类是以信贷机制、货币量机制为代表的数量型货币政策传导机制，另一类是以利率机制、汇率机制与资产价格机制为代表的价格型货币政策传导机制。下面将分别对这两类传导机制的研究进行梳理。

**一 数量型货币政策传导机制**

Bernanke等[2]首次将信贷引入货币政策，他们将货币、债券与信贷融入IS-LM模型分析框架，认为货币政策可以通过央行的准备金操作来改变商业银行资金结构，从而影响商业银行贷款能力，达到调节宏观经济变量的目的。后来Bernanke等[3]又通过联邦基金利率对货币政策信贷传导机制做了实证检验，发现货币政策确实会通过银行贷款与存款影响到实体经济。潘敏和夏频[4]通过建立一个国有商业银行信贷资金供求行为模型，分析了央行降低存贷款利率后，国有商业银行新增贷款意愿会不断降低，存款需求会不断增加，由于存贷差额过大，货币政策传导机制通畅性也会受到影响。蒋瑛琨等[5]通过对1992年第一季度到2004年第二季度中国货币政策传导机制进行实证分析

---

[1] [瑞典]魏克塞尔：《利息与价格》，商务印书馆2021年版。

[2] Bernanke et al., "Credit, Money, and Aggregate Demand", *American Economic Review*, Vol. 78, No. 2, May 1988.

[3] Bernanke et al., "Credit, The Federal Funds Rate and the Channels of Monetary Transmission", *American Economic Review*, Vol. 82, No. 4, September 1992.

[4] 潘敏、夏频：《国有商业银行信贷资金供求与我国货币政策传导机制》，《金融研究》2002年第6期。

[5] 蒋瑛琨等：《货币渠道与信贷渠道传导机制有效性的实证分析——兼论货币政策中介目标的选择》，《金融研究》2005年第5期。

得出，从对物价和产出最终目标的显著性影响来看，信贷传导机制在中国发挥了主要作用。但信贷传导机制并不总是有效的①，受到上市融资对信贷扩张的显著性影响，银行信贷传导机制对货币政策传导作用的影响是有限的②。从微观角度来说，周海赟③通过构建异质性企业信贷传导机制的理论分析模型提出，准备金工具与公开市场操作工具主要通过对民营企业信贷进行调控，影响货币政策信贷传导机制的调控作用。在数量型货币政策规则下，企业信贷对一年期中期借贷便利的靶向性要强于企业产出对一年期中期借贷便利的靶向性④。

从货币量传导机制的角度来看，大部分学者都认为货币量能够对宏观经济产生影响。Poole⑤研究认为，如果货币需求量相对稳定，则选择货币供应量作为央行中介调控目标，发挥货币量传导机制作用会具有较好效果。Harry G. Johnson⑥研究表明货币需求是永久收入的函数，且会一直处于相对稳定的状态，中央银行应当坚持货币供应量传导机制，以货币供应量作为"单一规则"货币政策。中国学者范从来⑦认为，在货币供应量目标存在一定局限的条件下，货币量目标仍然是中国货币政策调控的首选。刘明志⑧研究认为，选择货币供应量同选择利率作为货币政策中介目标的调控方向是一致的。但这种利率与后来形成的上海SHIBOR等市场化利率有一些区别，其市场化程度相对较低，因此也可以算作数量型货币政策传导机制部分。如果对货

---

① Torben W. Hendricks & Bernd Kempa, "Asymmetric Transmission of Monetary Policy in Europe: a Markov-switching Approach", *Journal of Economic Integration*, Vol. 23, No. 4, December 2008.

② 冯科、何理：《我国银行上市融资、信贷扩张对货币政策传导机制的影响》，《经济研究》2011年第S2期。

③ 周海赟：《所有制差异、信贷传导机制与政策工具的结构效应——基于双轨制经济结构的研究视角》，《现代财经（天津财经大学学报）》2019年第3期。

④ 舒长江、罗鸣：《新型货币政策工具定向调控具有显著的靶向性吗——以MLF政策工具为例》，《江西财经大学学报》2021年第5期。

⑤ Poole W., "Optimal Choice of Monetary Policy Instruments in a Simple Stochastic Macro Model", *The Quarterly Journal of Economics*, Vol. 84, No. 2, May 1970.

⑥ Harry G. Johnson, "A Quantity Theorist's Monetary History of the United States", *The Economic Journal*, Vol. 75, No. 298, June 1965.

⑦ 范从来：《论货币政策中间目标的选择》，《金融研究》2004年第6期。

⑧ 刘明志：《货币供应量和利率作为货币政策中介目标的适用性》，《金融研究》2006年第1期。

币供应量采用 Divisa 加权分析，可以发现 Divisa 加权的货币供应量作为货币政策中介目标比不加权更加有效，就货币供应层次分析，Divisa 加权的 $M_2$ 比 $M_1$ 更加有效[1]。还有些学者针对中国地区的异质性，研究了货币政策中货币供应量对不同地区影响效果的差异，认为中国货币政策效果存在区域差异，这种差异会导致区域经济发展失衡，且东部地区的区域实际产出效应最大[2]。

## 二 价格型货币政策传导机制

大部分学者的研究中，将利率机制、汇率机制与资产价格机制都归并为价格型货币政策传导机制。约翰·梅纳德·凯恩斯[3]早在 20 世纪 30 年代就已经明确了利率对于充分就业的重要影响。Jose Vinals 等[4]对美国通胀率与实际收入进行实证检验，通过建立 VAR 模型研究利率对其影响，结果表明票据与债券利率对宏观经济的预测能力要强于对货币供应量的预测能力。Alan S. Blinder[5]在其"泰勒规则"中指出，在国家进行物价调控过程中，盯住利率目标具有较大的现实意义。从价格型货币政策的利率传导机制与汇率传导机制对比来看，利率机制比汇率机制的调控效果更好[6]。事实上，浮动汇率制度下的利率与汇率传导机制高度相关，Hyunjoo Kim Karlsson 等[7]对利率与汇率关系进行实证研究认为，名义利率对长期汇率会产生显著性影响，但对短期利率影响不显著。从货币政策的资产价格机制来看，John H.

---

[1] 李正辉等：《Divisia 加权货币供应量作为货币政策中介目标有效性研究——基于 LSTAR 模型的实证分析》，《数量经济技术经济研究》2012 年第 3 期。

[2] 李向阳、王淼：《我国货币供应量对区域经济的有效性研究》，《中国软科学》2021 年第 6 期。

[3] [英] 约翰·梅纳德·凯恩斯：《就业、利息和货币通论》（重译本），商务印书馆 1999 年版。

[4] Jose Vinals, "Patrick Minford and Jacques Melitz, Money, Fiscal Policy and the Current Account", *Economic Policy*, Vol. 1, No. 3, October 1986.

[5] Alan S. Blinder, "Monetary Policy at the Zero Lower Bound: Balancing the Risks", *Journal of Money, Credit and Banking*, Vol. 32, No. 4, November 2000.

[6] Philip Arestis & Malcolm Sawyer, "On the Effectiveness of Monetary Policy and of Fiscal Policy", *Review of Social Economy*, Vol. 62, No. 4, December 2004.

[7] Hyunjoo Kim Karlsson et al., "Unveiling the Time-dependent Dynamics between Oil Prices and Exchange Rates", *The Energy Journal*, Vol. 41, No. 6, November 2020.

Rogers 等[①]的研究表明，金融资产价格的改变会影响到消费者财富，进而使消费发生改变，货币流动性也因此发生了变化。

中国对货币政策价格传动机制的研究起步相对较晚，但发展较快。胡援成和程建伟[②]以中国为样本，对货币政策实施到资本市场传导过程进行实证检验，得到的结论是资产价格传导机制效应并不明显。这主要是因为在 21 世纪初期，中国利率管制的实行相对严格，金融资产结构特别是银行资产结构限制了央行的货币政策调控，市场对货币政策利率的反映更多是通过调整资产结构实现的[③]。同时，由于中国汇率管制也相对严格，21 世纪初中国的汇率传导机制作用也未能充分发挥[④]。盛松成和吴培新[⑤]运用 VAR 模型对中国货币政策传导机制进行实证研究指出，利率传导机制在中国还存在一定的缺陷，从中国未来发展模式来看，应采用包含更多信息的利率作为中介，做好这一点的关键是要做好利率与汇率的市场化改革。随着中国利率、汇率等方面市场化改革的不断深入，利率、汇率与资产价格等价格型货币政策传导机制作用也在不断得到充分发挥。中国货币市场利率对金融机构贷款利率的传导效率在不断提高[⑥]。这是因为当银行业贷款利率定价机制市场化程度不断提高时，利率传导机制的效率会不断提高[⑦]。到 2015 年后，利率传导机制的效率趋于稳定，没有出现明显变化[⑧]。在开放经济中，中国的汇率传导机制会显著地受到美国等其他

---

[①] John H. Rogers et al., "Evaluating Asset—Market Effects of Unconventional Monetary Policy: A Multi—Country Review", *Economic Policy*, Vol. 29, No. 80, October 2014.

[②] 胡援成、程建伟：《中国资本市场货币政策传导机制的实证研究》，《数量经济技术经济研究》2003 年第 5 期。

[③] 樊明太：《金融结构及其对货币传导机制的影响》，《经济研究》2004 年第 7 期。

[④] 张庆元：《货币政策传导机制中的汇率》，《南开经济研究》2004 年第 5 期。

[⑤] 盛松成、吴培新：《中国货币政策的二元传导机制——"两中介目标，两调控对象"模式研究》，《经济研究》2008 年第 10 期。

[⑥] 郭豫媚等：《中国货币政策利率传导效率研究：2008—2017》，《金融研究》2018 年第 12 期。

[⑦] 黄佳琳、秦凤鸣：《银行业竞争、市场化利率定价与利率传导效率》，《经济评论》2020 年第 1 期。

[⑧] 全骐：《市场利率传导发生"梗阻"了吗？——基于银行信贷的视角》，《上海金融》2021 年第 1 期。

国家货币政策的冲击,进而正向影响通货膨胀与产出①。与此同时,近些年中国资产价格传导机制作用明显加强,这主要是影子银行等市场形态的发展以及金融市场化的推进所带来的结果②。

## 第三节　国际金融合作与货币政策传导机制关系研究

以往关于国际金融合作影响货币政策传导机制的直接研究较少,主要表现在国家之间资本与货币的流动对于货币政策传导机制影响方面。Mundell③提出了著名的"三元悖论",他认为一个国家或经济体只能选择货币政策独立性、资本流动与汇率稳定之中的两个层面来运行,即在汇率稳定的前提下,资本的流入会使本国货币供给增加。后来这一理论被 Maurice Obstfeld④、保罗·克鲁格曼⑤等发展,认为货币政策独立性、资本流动与汇率稳定三个目标是矛盾的,只能同时实现其中的一个或两个,但在确定第三个目标过程中,可以不必采取完全放弃的做法,而选取折中方案来解决,一个国家即使在汇率浮动的情况下,资本自由流动也是可以抵消货币政策独立性的。同时,金融全球化也给各国的经济增长与管理带来了负向影响⑥,因此在传统"三

---

① 展凯等:《美国货币政策调整对中国的溢出效应与传导机制研究》,《国际经贸探索》2021年第1期。

② 战明华、李欢:《金融市场化进程是否改变了中国货币政策不同传导渠道的相对效应?》,《金融研究》,2018年第5期。

③ R. A. Mundell, "Capital Mobility and Stabilization Policy Under Fixed and Flexible Exchange Rates", *The Canadian Journal of Economics and Political Science*, Vol. 29, No. 4, November 1963.

④ Maurice Obstfeld & Kenneth S. Rogoff, "Global Current Account Imbalances and Exchange Rate Adjustments", *Brookings Papers on Economic Activity*, Vol. 2005, No. 1, 2005.

⑤ [美]保罗·克鲁格曼:《萧条经济学的回归和2008年经济危机》,刘波译,中信出版社2009年版。

⑥ 林楠:《马克思主义政治经济学国际短期资本流动分析——兼论我国跨境资金流动与外部风险考量》,《金融评论》2019年第5期。

元悖论"的基础上，Stefan Avdjiev 等①考虑到了汇率因素，提出新的"金融三元悖论"，即"国内金融政策有效性""国际金融一体化""金融稳定"之间的"不可能三角"。

在金融开放条件下，一个国家在国际上的流动资本会影响到其货币政策传导机制的运行，而国际资本流动对货币政策传导机制的影响主要是通过信贷机制、货币量机制、汇率机制、资产价格机制②以及利率机制③实现的。

### 一 国际金融合作对信贷传导机制的影响

从金融开放条件下资本流动对信贷机制的影响来看，短期国际资本流动会使本国金融机构更容易向国际金融市场进行借贷，最终会促使银行过度放贷。同时，资本流动对银行信贷杠杆率也会产生深远影响，这就进一步加深了对货币政策信贷传导机制的影响④。徐杰⑤研究认为，在金融开放过程中，中央银行在实行紧缩性货币政策时，商业银行通过国际市场的融资，弥补了可贷资金的短缺。

### 二 国际金融合作对货币量传导机制的影响

以 Friedman 为代表的传统货币数量理论学者认为，国际资本流动是否影响货币供给的关键在于中央银行对货币的冲销程度，因此后续的研究都是基于国际资本流动的"抵消系数和冲销系数"模型来进行⑥。但相应的模型在很长一段时间内没有解决净国内与净国外资产变化可能存在的多重共线性问题⑦。在这些研究基础上，中国学者基

---

① Stefan Avdjiev et al., "Breaking Free of the Triple Coincidence in International Finance", *Economic Policy*, Vol. 31, No. 87, July 2016.
② 李文乐、逯宏强：《我国金融开放与短期跨境资本流动风险防范对策研究》，《甘肃金融》2021 年第 4 期。
③ 罗素梅、周光友：《上海自贸区金融开放、资本流动与利率市场化》，《上海经济研究》2015 年第 1 期。
④ 张原劼、施建淮：《短期国际资本流动对企业杠杆率的影响》，《中南财经政法大学学报》2020 年第 2 期。
⑤ 徐杰：《金融开放与货币政策利率传导渠道》，《国家行政学院学报》2008 年第 6 期。
⑥ Obstfeld M., "Can We Sterilize? Theory and Evidence", *American Economic Review*, Vol. 72, No. 2, May 1982.
⑦ Pentti J. K. Kouri & Michael G. Porter, "International Capital Flows and Portfolio Equilibrium", *Political Economy*, Vol. 82, No. 3, May-June 1974.

于中国的现实情况，对国际资本流动影响货币量的研究进行了进一步拓展，发现在较短时间内国际资本流动对货币量具有一定的抵消功能，但从长时间来看效果并不理想①。国际资本流动主要可以通过储备货币、货币乘数以及人民币配套资金来影响中国的货币量机制②，但在固定汇率制度下，一个国家资本流出会减少本国市场中的货币量，资本流入则会增加市场中的货币量，并进一步影响价格③。也有一些学者认为，尽管国际资本流入或流出会影响国内资产，但这种影响力量较弱④，这是由于国际资本的流动严重削弱了中国央行的货币能力⑤。

### 三 国际金融合作对利率传导机制的影响

与对信贷、货币量传导机制影响相比，国内外大部分学者均认为，国际资本流动对货币政策传导机制的影响主要是通过利率机制实现的。Fayyaz Hussain 和 Mehak Ejaz⑥研究发现，当一个国家内部的国际资本流动性增加，则国内的短期利率与长期利率的联动性将会受到影响，长期利率受到国际资本流动的影响更大，短期利率受到影响会变小。李力等⑦研究表明，随着中国资本账户逐步开放，国际资本流动对中国的金融稳定与经济增长会产生有利影响。但是利率市场化的推进会增加商业银行系统性风险，因此应建立好相应的风险预警机制⑧。

### 四 国际金融合作对汇率传导机制的影响

从货币政策的汇率传导机制来说，短期资本流动会使一国汇率产

---

① 武剑：《货币冲销的理论分析与政策选择》，《管理世界》2005 年第 8 期。
② 周晓明、朱光健：《资本流动对我国货币供给的影响与对策》，《国际金融研究》2002 年第 9 期。
③ 熊鹏、方先明：《资本流动、货币供给与价格总水平——一个理论分析框架》，《山西财经大学学报》2005 年第 6 期。
④ 袁仕陈、何国华：《中国国际资本流动的货币效应》，《经济评论》2013 年第 2 期。
⑤ 袁仕陈、范明：《近年来中国国内货币供给源于国际资本流动吗？》，《世界经济研究》2012 年第 3 期。
⑥ Fayyaz Hussain & Mehak Ejaz, "Effectiveness of the Exchange Rate Channel in Monetary Policy Transmission in Pakistan", *The Pakistan Development Review*, Vol. 61, No. 1, 2022.
⑦ 李力等：《短期资本、货币政策和金融稳定》，《金融研究》2016 年第 9 期。
⑧ 裴辉儒、赵婧：《利率市场化与商业银行系统性风险——基于结构异质性视角的实证分析》，《南京审计大学学报》2021 年第 2 期。

生波动①，同时，二者之间也可能会产生双向影响②，可以看出国际资本流动能够影响到货币政策的汇率传导机制。进一步地，路妍和张寒漪③建立了 Markov Switching-VAR 模型，运用实证方法对国际资本流动影响人民币汇率情况进行分析，结果表明通过汇率预期机制，短期国际资本流动会对人民币汇率产生正向影响。具体从资本流向来说，在汇率预期低于真实汇率时，净资本流入会使汇率趋向于回归均衡水平；反之，则会使汇率离散于均衡水平④。Christopher Martin 和 Costas Milas⑤指出汇率是资产价格形成的重要依据，也是制定货币政策所要考量的重要变量，因此汇率属于制定货币政策所要考虑的范畴。王国松和杨扬⑥通过构建中国短期与长期货币需求函数，提出当国际资本流入规模加大时，国外对本国的货币需求也会增加，此时为避免汇率产生较大波动，央行会通过外汇资产渠道释放资金，金融机构与政府债券比重也会相应下降，进而使货币政策通过再贷款、公开市场操作的主动性变差。

## 五 国际金融合作对资产价格传导机制的影响

金融开放中国际资本的流动也会对货币政策资产价格传导机制产生影响，王博和王开元⑦指出，由于资本的逐利性，当本国资产价格变化时，相应的资本会流入本国或流出国外，此时资产价格也会进一

---

① Harald Hau & Hélène Rey, "Exchange Rates, Equity Prices, and Capital Flows", *The Review of Financial Studies*, Vol. 19, No. 1, Spring 2006.
② 田涛:《人民币汇率制度变迁对我国短期资本流动的影响——基于汇率预期与汇率波动的视角》,《管理评论》2016 年第 6 期。
③ 路妍、张寒漪:《短期国际资本流动对人民币汇率波动的影响——基于 Markov Switching-VAR 方法的分析》,《商业研究》2020 年第 8 期。
④ 陈中飞等:《资本流动与汇率失衡——基于跨国经验的实证分析》,《金融论坛》2021 年第 6 期。
⑤ Christopher Martin & Costas Milas, "Modelling Monetary Policy: Inflation Targeting in Practice", *Economica*, Vol. 71, No. 282, May 2004.
⑥ 王国松、杨扬:《国际资本流动下我国货币需求函数稳定性检验》,《财经研究》2006 年第 10 期。
⑦ 王博、王开元:《汇率改革、短期国际资本流动与资产价格》,《金融论坛》2018 年第 4 期。

步发生相应改变。杨蓉[1]提出,随着资本市场逐步开放,大量国际资本会涌入证券市场,证券市场的总价值变化会影响资金总量结构。朱孟楠和闫帅[2]基于异质性视角对短期国际资本流动与资产价格之间关系进行研究,发现以投资为主要目的的短期资本流入会抑制股票市场中价格的波动,而以技术为主要目的的短期资本流动会加剧资本市场中的价格波动。通过风险承担、证券再平衡等途径,国际资本流动可以改变资产价格[3],进而影响货币政策的资产价格传导机制。

## 第四节 国际金融合作与货币政策传导机制中的风险关系研究

通过本章第三节的分析可以看出,国际资本流动可以影响到货币政策传导机制,但国际资本流动中可能会产生短期投机流入和对外债务资金流入、资本流出等方面的风险[4],如果对流入的国际资本不加以管制与监督,这些风险可能会通过汇率的剧烈波动破坏货币政策传导机制的稳定[5]。因此,为降低相关风险对货币政策传导机制的破坏作用,需要建立相应风险的防范与预警机制,通过国际金融合作规范国际资本的自由流动,有利于防范货币政策传导中的风险,稳定货币政策传导机制。

金融合作之所以会产生风险防范作用,是因为风险分担机制发挥了重要作用。Karen K. 和 Lewis[6]通过对国际股票市场与消费市场进

---

[1] 杨蓉:《国际资本流动对我国货币政策有效性的影响》,《西安财经学院学报》2007年第1期。

[2] 朱孟楠、闫帅:《异质性投资视角下短期国际资本流动与资产价格》,《国际金融研究》2017年第2期。

[3] 何雨霖等:《金融开放、资本流动与中美市场联动》,《上海金融》2021年第4期。

[4] 史锦华等:《国际资本流动风险及有效监管》,《财经科学》2008年第3期。

[5] 姚余栋等:《货币政策规则、资本流动与汇率稳定》,《经济研究》2014年第1期。

[6] Karen K. & Lewis, "Trying to Explain Home Bias in Equities and Consumption", *Journal of Economic Literature*, Vol. 37, No. 2, June 1999.

行研究，从收益的风险分担视角提出前者大于后者的观点。Peter Blair Henry[①]通过对股票市场的进一步研究提出，国家之间股票市场的开放通常会伴随15.1%的股价重估以及6.8%的风险下降，约为全部资本流动所产生风险的2/5。汪莹等[②]通过对金砖国家金融合作与风险的防范对策进行研究认为，金砖国家的金融合作可以防范金融运行机制中的各种风险，只有进一步推进金砖国家之间金融领域交易场所、系统以及规则互联互通，实现金融机构、企业与产业发展之间的合作互动，才能稳定各国金融市场运行，化解金融风险。

国家之间进行金融合作来防范风险的另一种方式是金融监管的合作，国内关于金融监管合作的相关研究主要集中在中国进行国际金融监管合作的目的、特征、路径等方面。金融监管合作是防范金融风险的必要措施，潘金生[③]提出了各国之间金融监管合作的必要性，并探讨了具体的金融监管合作方法与路径。林俊国[④]通过对国际金融监管合作理论的分析，提出了金融监管合作的具体路径与对策。中国在开展国际金融监管合作的过程中，应积极进行政策调整，加强与国际金融组织的金融监管机构的协调与合作[⑤]。同时，中国还应加强同区域性与国际性组织的合作，提升金融监管能力[⑥]。这又引出了国外学者的另外两个研究问题：一个是关于金融监管合作过程中合作与竞争的分析，研究这一问题主要使用了博弈分析的方法，Viral V. Acharya 等[⑦]通过使用委托代理理论，提出国际金融创新以及国际金融的波动增加，国家和地区之间会加大监管合作力度；另一个问题是如何促使

---

① Peter Blair Henry, "Stock Market Liberalization, Economic Reform, and Emerging Market Equity Prices", *Journal of Finance*, Vol. 55, No. 2, April 2000.
② 汪莹等：《金砖国家金融合作风险与防范对策研究》，《国际贸易》2017年第12期。
③ 潘金生：《试论加强金融监管的国际合作》，《新金融》1999年第5期。
④ 林俊国：《金融监管的国际合作机制》，社会科学文献出版社2007年版。
⑤ 路妍：《危机后的国际银行业竞争格局新变化及对中国的启示》，《宏观经济研究》2011年第4期。
⑥ 万泰雷等：《国际金融监管合作及中国参与路径》，《国际经济评论》2014年第3期。
⑦ Viral V. Acharya, "Hyun Song Shin and Tanju Yorulmazer, Crisis Resolution and Bank Liquidity", *The Review of Financial Studies*, Vol. 24, No. 6, June 2011.

不同国家之间的金融监管主体进行合作，Murillo 等①从监管的合作与竞争两个角度来研究不同国家之间金融监管合作问题，发现构建金融联盟可以避免各国金融监管主体之间出现博弈论中"囚徒困境"的现象，从而夯实各国之间的金融监管合作。

## 第五节　文献评述

本节通过对前人相关文献进行梳理，发现金融合作、货币政策传导机制的相关研究已经形成较完整体系。对开放经济中货币与资本的流动如何影响货币政策传导机制，以往学者也做了较多研究。同时，开放经济中资本与货币的流动又会增加金融风险的发生概率，给货币政策各传导机制带来不同程度的风险影响。金融合作通过风险分担效应会降低国际资本流动中风险带来的负面影响，通过监管合作又会对相应风险起到防范作用。因此，前人这些文献为本书研究国际金融合作如何影响合作国货币政策传导机制作用的发挥，并防范货币政策传导机制中的风险奠定了基础。

在对国家之间金融合作的相关文献梳理中发现：汇率在中美金融合作中扮演了重要角色，稳定人民币兑美元汇率是中国同美国进行金融合作的重点；而在东亚国家之间、"一带一路"共建国家之间、金砖国家之间的金融合作过程中，防范国际金融风险，增加相应国家在国际金融体系中的话语权，实现互利共赢是这些地区进行金融合作的重要目的。可见，金融合作研究的重点领域已发展到不同类别国家之间以不同目的进行的合作，这些为本书对不同类型金融合作进行划分，并研究其对相应国家货币政策传导机制的影响提供了依据。

总之，在前人研究基础上，本书将对金融合作理论作出拓展，首

---

① Murillo C., John R. G. & Campbell R. H., "The Real Effects of Financial Constraints: Evidence from a Financial Crisis", *Journal of Financial Economics*, Vol. 97, No. 3, September 2010.

先对金融合作作出相对清晰的定义。利用 DSGE 模型分析货币市场合作与资本市场合作对货币政策传导机制的影响及区别，并从理论上分别分析既定货币政策目标下，货币市场合作与资本市场合作对货币政策传导机制的影响机理；进一步构建金融合作指数与金融风险指数，分析金融合作对信贷、利率、汇率、资产价格传导机制的影响程度、方向及风险防范作用；利用合作博弈模型以及实证方法量化分析不同类型国家金融合作对货币政策传导机制的不同影响。

# 第三章

# 国际金融合作现状及货币政策的实践

## 第一节 国际金融合作现状

### 一 国际金融合作环境

近年来，世界各国经济普遍处于增长状态，且相对于发展中国家而言，以美国为首的发达国家在经济、投资、贸易、金融等各个领域的总量都处于遥遥领先地位，但广大发展中国家的经济、投资、贸易、金融等领域增长速度普遍快于发达国家。以2019年为例，国内生产总值排名世界前10的国家中，仅有中国、印度、巴西3个发展中国家，占世界GDP总量的21.72%；发达国家为7个，占世界GDP总量的44%，显著领先于发展中国家。从生产总值增长速度来看，2008年国际金融危机以后，发达国家GDP占世界GDP总量百分比普遍处于下降状态，GDP总量居世界之首的美国虽然占比实现增长，但增长缓慢且波动较大。而中国GDP占世界总量百分比从2011年的10.28%上升到了2019年的16.35%，印度从2011年的2.48%上升到了2019年的3.27%，具体如表3-1所示。特别是新冠疫情以来，由于西方发达国家消极的抗疫政策，各国GDP纷纷出现大幅衰退；中国由于正确的抗疫政策，成为世界上为数不多的实现经济正增长的国家。

表 3-1　　部分国家 2011—2019 年 GDP 占世界总量百分比　　单位:%

| 年份 | 美国 | 中国 | 日本 | 德国 | 印度 | 英国 | 法国 | 意大利 | 巴西 | 加拿大 |
|---|---|---|---|---|---|---|---|---|---|---|
| 2011 | 21.16 | 10.28 | 8.38 | 5.10 | 2.48 | 3.62 | 3.90 | 3.12 | 3.56 | 2.43 |
| 2012 | 21.55 | 11.35 | 8.25 | 4.69 | 2.43 | 3.60 | 3.57 | 2.78 | 3.28 | 2.43 |
| 2013 | 21.71 | 12.38 | 6.67 | 4.83 | 2.40 | 3.60 | 3.64 | 2.77 | 3.20 | 2.39 |
| 2014 | 22.05 | 13.19 | 6.10 | 4.89 | 2.57 | 3.86 | 3.59 | 2.72 | 3.09 | 2.27 |
| 2015 | 24.23 | 14.71 | 5.84 | 4.47 | 2.80 | 3.89 | 3.24 | 2.44 | 2.40 | 2.07 |
| 2016 | 24.51 | 14.72 | 6.45 | 4.54 | 3.00 | 3.53 | 3.24 | 2.45 | 2.35 | 2.00 |
| 2017 | 23.99 | 15.16 | 5.99 | 4.51 | 3.26 | 3.28 | 3.19 | 2.41 | 2.54 | 2.03 |
| 2018 | 23.77 | 16.09 | 5.74 | 4.57 | 3.13 | 3.31 | 3.23 | 2.42 | 2.18 | 1.99 |
| 2019 | 24.37 | 16.35 | 5.79 | 4.39 | 3.27 | 3.22 | 3.09 | 2.28 | 2.10 | 1.98 |

资料来源：EPS 数据库。

从近年来服务贸易额占 GDP 的比重和对外净投资额来看，世界各国总体上呈现不断增长趋势。服务业贸易占比的不断提升以及对外净投资额的增长可为各国之间金融合作创造良好的环境。在各国 2000—2019 年服务业贸易占 GDP 比重中，以世界平均水平为分界线，英国、法国、德国等发达国家历年占比均高于世界平均水平，而中国、巴西、印度、俄罗斯等广大发展中国家普遍低于世界平均水平或与其持平。并且在 2008 年国际金融危机以后，发展中国家服务贸易增长缓慢，而发达国家实现了稳步增长，这可能是由于发达国家在服务贸易中拥有良好基础。从对外投资净额来看，法国、德国、日本等发达国家长期以来处于投资净流出状态，而中国、印度、印度尼西亚、巴西等发展中国家长期以来处于资本流入状态，这也是发展中国家增长速度相对较快的重要因素之一，资本的长期流入也为本国引进外资、开展国际金融合作创造了良好条件。如图 3-1 与图 3-2 所示，两个指标的整体变化情况反映出了世界各国经济环境总体向好的趋势，无论是发达国家还是发展中国家都各有分工，都处在世界经济一体化的浪潮之中，这也为世界各国开展国际金融合作创造了良好的条件。

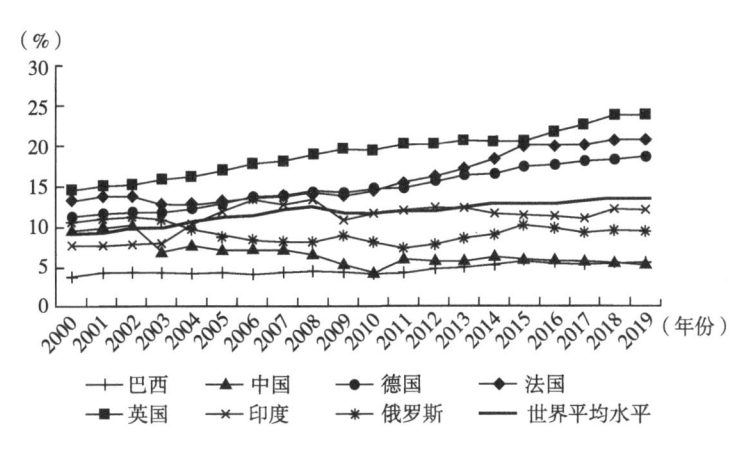

图 3-1 部分国家服务贸易额占 GDP 比重

资料来源：Wind 数据库。

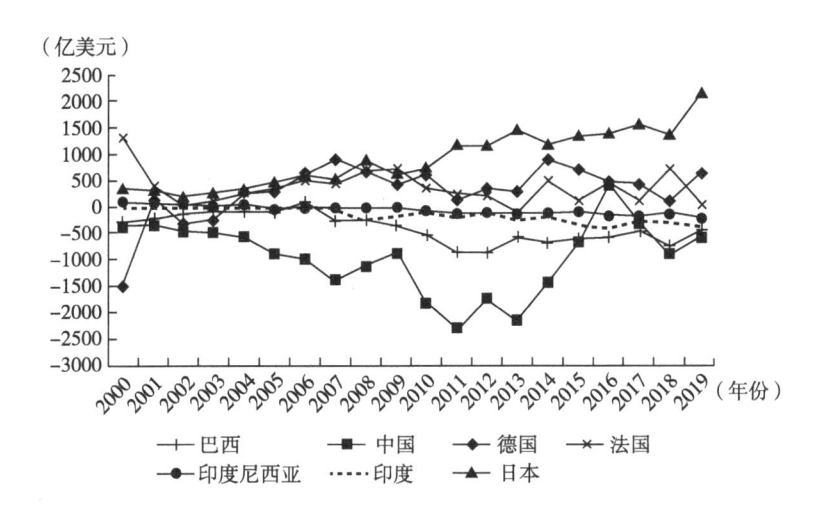

图 3-2 世界部分国家对外净投资额

资料来源：Wind 数据库。

外汇储备是体现一国综合国力的重要指标，外汇储备增加可以提高一个国家的国际资信，同时也可提高一个国家的对外融资能力，促进国内经济的发展。从各国的外汇储备占 GDP 比重来看，中国、俄罗斯、印度、巴西等发展中国家外汇储备占 GDP 比重相对较高，且在 2008 年国际金融危机前呈逐年上升趋势，在 2008 年国际金融危机后占比有所平缓或者下降。而发达国家外汇储备占 GDP 比重普遍较低，外汇储备整体比较稳定，这可能与货币本身在世界金融市场中的地位有关，美国使用的美元目前在世界金融市场占据绝对领导地位，而欧洲各发达国家使用的欧元在世界金融市场中也占据重要地位，因此不需要过多的外汇储备。具体如图 3-3 所示。从世界各国来看，中国外汇储备与世界各国相较一直处于较高水平，这表明中国在国际金融市场中具有较好的信誉，也具备一定的应对国际金融波动与风险的能力，为国内经济、金融发展以及国际金融合作的开展创造了良好稳定的外部条件。

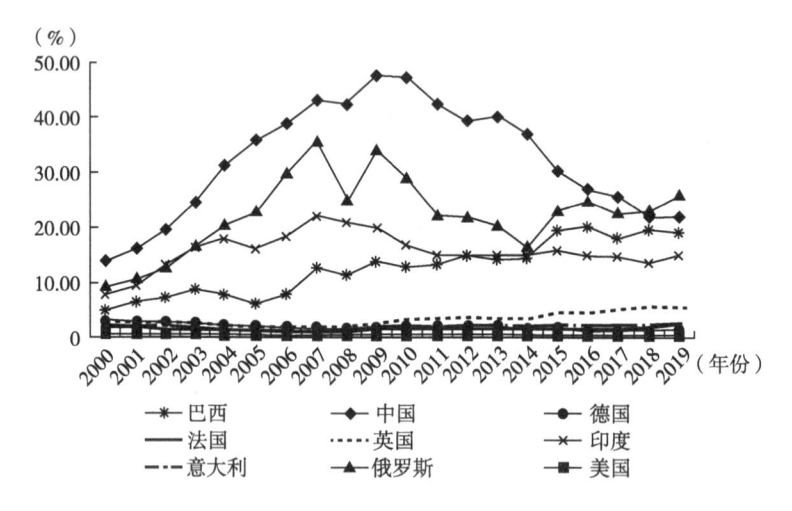

图 3-3　部分国家外汇储备额占 GDP 的百分比

资料来源：Wind 数据库。

## 二　国际金融合作现状

### （一）货币市场合作

货币市场合作最典型的表现是国家之间本币跨境交易、货币互换以及短期信贷等流动性较强的金融资产的业务往来，国家之间货币的金融市场合作程度越高，对合作国家之间货币的需求越高。资本市场合作最典型的表现是合作国家之间在长期金融资本项目业务中的往来与交流，资本项目业务开展越深入，对合作国家之间资本需求程度也越高（详见本书第五章、第六章分析）。

从世界部分国家即期跨境交易额、场外货币互换日均额来看，总体均呈上升趋势，2001—2019 年，美国跨境交易额与货币互换额均为世界最高，最高值分别为2013年的33.797亿美元和2010年的9092.43亿美元。中国跨境交易额与货币互换额虽然较低，但始终保持稳定增长，且2013年后增长相对较快，截至2019年，相应数额分别为2.5196亿美元和344.39亿美元，如图3-4所示。从部分国家场外货币互换日均额来看，美国场外货币互换日均额最高，且发达国家普遍高于发展中国家相应额度，如图3-5所示。

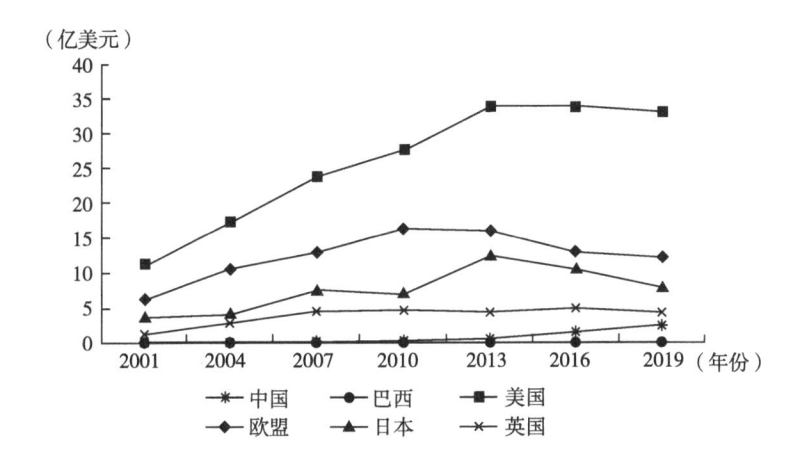

图 3-4　部分国家即期跨境交易额

资料来源：Wind数据库。

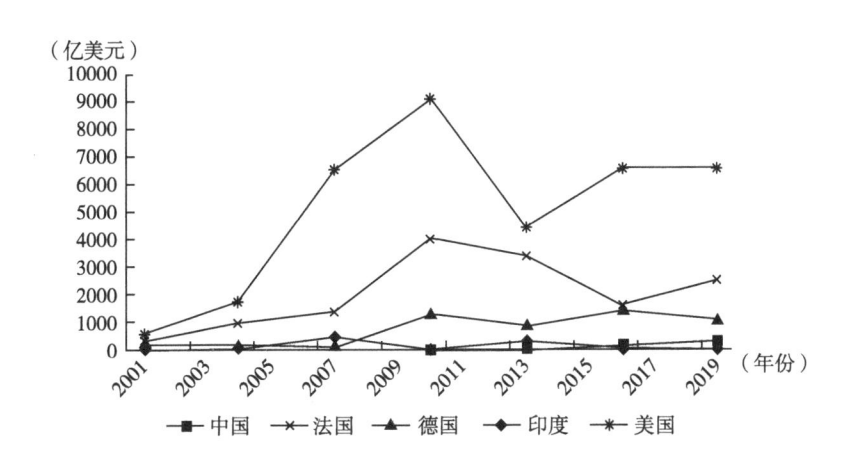

图 3-5　部分国家场外货币互换日均额

资料来源：Wind数据库。

从外汇即期成交额来看，2001—2019年，各个币种交易额度总体呈上升趋势，美元、日元、欧元交易额度远高于人民币、印度卢比与韩元的交易额度，其中美元交易额度最高。2013年以前，美元、欧元、日元交易额均实现了快速增长，2013年交易额分别为1691238万美元、754276万美元、612341万美元；2014—2019年，三个币种交易额出现了波动，有所下降。此外，人民币、印度卢比、韩元交易额均较低，但2001—2019年均实现了缓慢增长，特别是2013年以后，人民币场外交易额增长最为明显，这与美元、欧元、日元等发达国家货币交易额的波动形成鲜明对比。具体如图3-6所示。

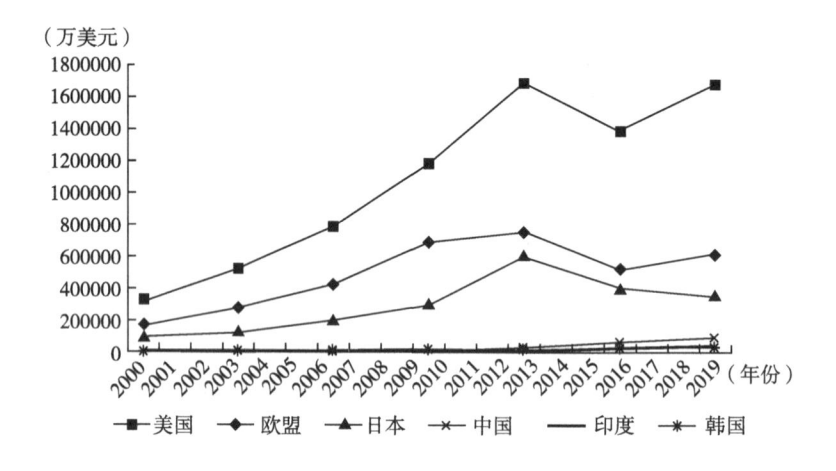

图3-6　部分国家场外外汇即期成交额

资料来源：Wind数据库。

### （二）资本市场合作

国际债券净发行额可以反映一个国家对外资本市场合作情况，从国际债券净发行额来看，2008年国际金融危机以前，各国国际债券发行额总体呈波动上涨趋势，且净发行额为正；2008年国际金融危机以后，各国国际债券发行额出现下滑，且呈现围绕0值上下波动特征。其中2008年第三季度达到最高，为4312.2亿美元，2011年第四季度最低，为-127.15亿美元。具体从发达国家来看，总体呈现与世界所有国家国际债券发行额相同的趋势，且相应的发行数额也与世界总体额度高度拟合，表明国际债券的发行大部分都由发达国家所发行；而发展中国家国际债券发行额一直较平稳，与 0 轴基本拟合，表明发展中国家发行国际债券额度较低。具体如图 3-7 所示。

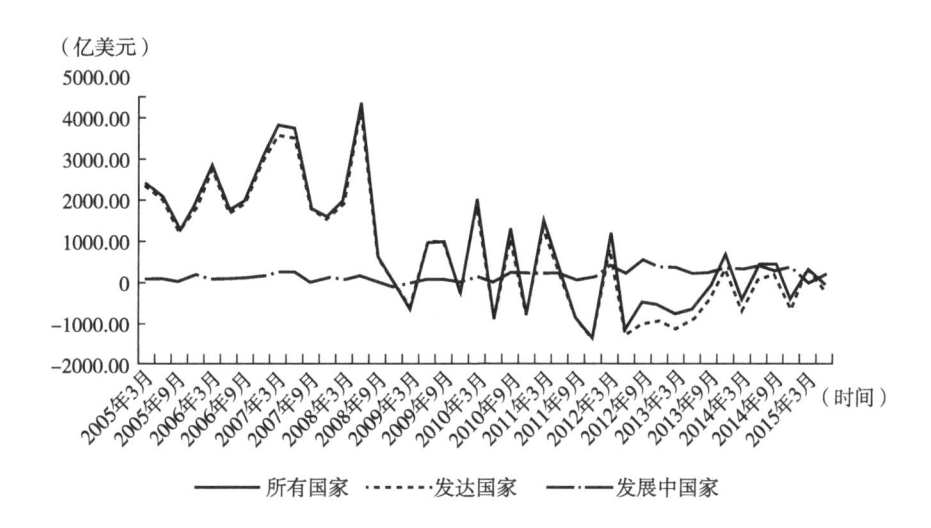

**图 3-7 发达国家与发展中国家国际债券净发行额**

资料来源：Wind 数据库。

由于美国历年发行的国际债券额度较大，且美元是世界最主要货币，各国投资者对美国长期债券的购买大体也可以反映出一个国家对外资本市场合作的情况。总体来看，发达国家历年购买美国长期债券的额度较大，从 2015 年到 2021 年 4 月，呈现增长趋势。其中，法国历年购买的美国长期债券较多，到 2021 年 4 月，为 155444 亿美元；德国从 2018 年开始，投资者购买美国长期债券数量迅速增长，到 2021 年 4 月为 53859 亿美元。具体如图 3-8 所示。从部分发展中国家投资者对于美国长期债券的购买情况来看，总量上远远少于发达国家投资者对于美国长期债券的购买，但总体上仍然呈现出上升的趋势。其中 2015 年至 2021 年 4 月，中国投资者对美国长期债券的购买与其他发展中国家相较处于较高水平，2020 年达到最高，为 7061 亿美元，韩国在 2020 年对于美国长期债券的购买超过了中国,为 9972 亿美元,其他年份均低于中国。具体如图 3-9 所示。

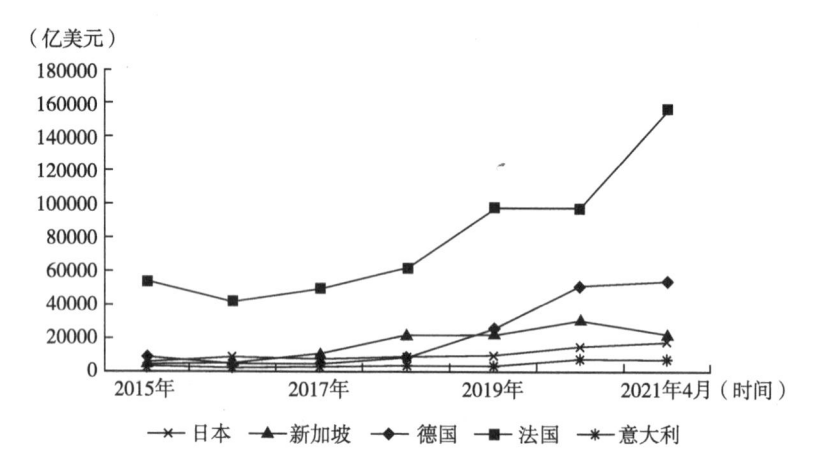

**图 3-8　部分发达国家投资者购买美国长期债券**

资料来源:Wind 数据库。

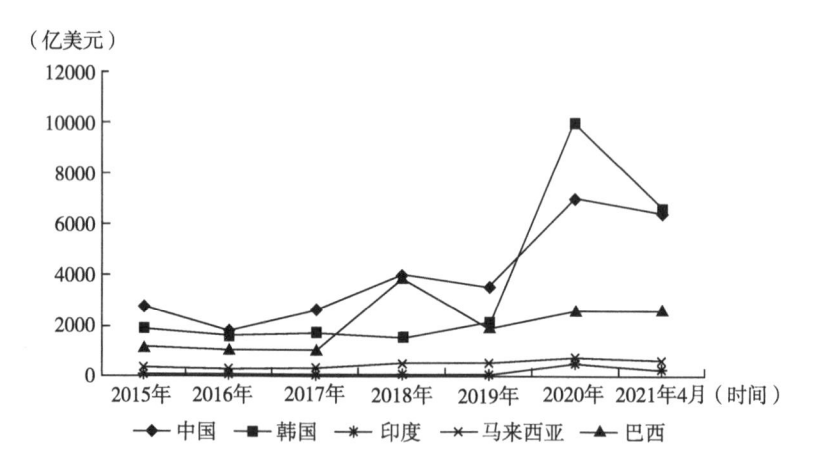

**图 3-9　部分发展中国家投资者购买美国长期债券**

资料来源:Wind 数据库。

### 三　特征总结

(一)国际金融合作需求不断提升

从世界主要国家金融合作环境的分析中可以看出,随着世界各国金融业对外开放力度的加大,国家之间贸易、投资规模不断增长,结

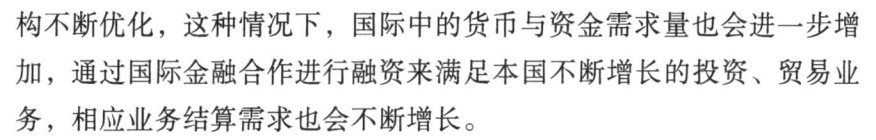

构不断优化，这种情况下，国际中的货币与资金需求量也会进一步增加，通过国际金融合作进行融资来满足本国不断增长的投资、贸易业务，相应业务结算需求也会不断增长。

(二) 国际金融合作业务中的交易金额总量不断增大

从世界各主要国家资本市场合作与货币市场合作的分析中可以看出，无论是发达国家还是发展中国家，进入 21 世纪，国际金融合作的业务规模均不断增大，所涉及的货币与资本的交易数额也不断上升。但国际金融合作业务的主体依然表现为发达国家，虽然 2008 年国际金融危机以后，发达国家国际金融合作业务总量出现一定下滑，且波动明显，但规模依然巨大。以中国为代表的发展中国家在国际金融危机后，国际金融合作业务规模增长迅速，且波动较小，呈现较大的发展潜力。

(三) 国际金融合作防范风险的作用日益凸显

从国际金融监管合作的分析中可以看出，区域性监管合作需求呈现上升趋势，主要目的是防范国际金融业务中产生的可能风险。随着世界金融合作格局的改变，发展中国家在国际金融体系中的地位普遍上升，但由于这些国家发展基础薄弱，与金融体系较完备的欧美发达国家进行金融合作或开展金融业务，自身的金融市场可能会受到冲击，且国际金融市场中的风险也会对其造成较大影响，为降低这些风险带来的损失，各发达国家之间、发展中国家之间、发达国家与发展中国家之间纷纷开展各种形式的金融合作以规避国际金融体系中可能的风险，国际金融合作的风险防范作用也日益突出。

# 第二节 世界各国货币政策的实践

## 一 货币政策目标的变化与选择

从前文文献综述与理论的分析中可以看出，货币政策并不是一成不变的，而是随着经济与金融的发展不断作出调整，制定与经济金融发展相适应的货币政策目标，通过不同货币政策传导机制发挥货币政策对经济与金融的调控作用。不同国家由于发展阶段与具体国情不同，相应的货币政策目标也具有一定差异，同一国家在不同阶段货币政策目标体系与模式也各不相同。本部分将梳理全球代表性国家货币政策目标的选择及其原因。从全球来看，对全球经济金融影响力最大的是美国的货币政策选择，由于美国的货币政策具有较大的溢出效应，且美元是世界最重要的货币，世界各国货币政策目标的变动都会关注美国货币政策的制定；日本的金融市场化水平较高，第二次世界大战后建立起来的利率体系也相对完善，对量化宽松货币政策也进行了较多的实践，且货币政策目标受美国影响较大；欧元在世界金融体系中也占据十分重要的地位，欧盟进行的货币政策调控也会受到世界大多数国家的关注。而中国经历了由计划经济向社会主义市场经济的转变，对外开放程度也不断深化，中央银行货币政策工具也经历了由使用传统数量型工具向以市场化程度更高的价格型货币政策工具转变，具有较强的代表性。因此，本部分以美国、日本、欧盟与中国为例，对各国货币政策目标的历史变化进行分析，寻找并总结国际金融合作可能对各国货币政策所产生的影响。

（一）美国货币政策目标的变化与选择

第二次世界大战结束以来，美国货币政策目标主要分为三个阶段，每一阶段货币政策目标的选择都与当时的经济与金融发展情况密切相关。

具体来说，第一阶段是20世纪五六十年代。这一阶段美国货币政策主要采用价格型中介目标，第二次世界大战期间，凯恩斯主义在美国占据了主导地位，凯恩斯主义认为，利率对投资具有决定性作用，而且在IS-LM分析框架中也有着关键性作用，因此在货币政策选择过程中，认为利率目标对经济的调节具有较高的效率。这一观点在第二次世界大战后初期20年对美国产生着深远影响，对货币政策的使用还遵循凯恩斯主义的观点，将利率作为关键目标对宏观经济进行调控。

第二阶段是20世纪七八十年代。这一阶段爆发了世界性的石油危机，受此影响，以美国为首的资本主义国家产生了较为严重的"滞涨"危机，供给不足使经济增长产生较大的下滑。凯恩斯的利率目标此时已不能取得很好的效果，甚至适得其反，而以弗里德曼为代表的

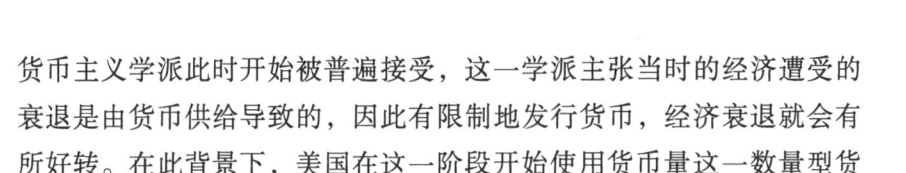

货币主义学派此时开始被普遍接受，这一学派主张当时的经济遭受的衰退是由货币供给导致的，因此有限制地发行货币，经济衰退就会有所好转。在此背景下，美国在这一阶段开始使用货币量这一数量型货币政策目标作为唯一目标来制定货币政策。

第三阶段是20世纪90年代以来，美国的经济金融发展取得显著成效，美国将货币政策目标又转为价格型货币政策目标，货币量与经济金融的发展已无法相互适应，此时美国已经完全实现了金融市场化，金融深化水平也在不断提升，一味地以货币量为目标，控制货币量的发行已无法适应经济金融的发展，在此背景下，美国又一次放弃了数量型货币政策目标，转而使用以市场利率为基准的价格型货币政策目标，直到现在美国仍然在延续使用这一货币政策目标。

（二）日本货币政策目标的变化与选择

第二次世界大战结束以来，日本的货币政策目标以通过公开市场业务工具来影响同业拆借利率的价格型货币政策目标为主，通过货币量工具进行调节的数量型货币政策目标为辅。

具体从数量型货币政策目标来看，日本M3总量从1998年的10420665万亿日元小幅增长到2019年11月的13724362万亿日元，显示出的可测性、可控性以及与最终目标的关联较差，这是由于金融自由化进程使日本央行难以有效控制货币的总数量，也无法预测或控制货币数量。同时，相对较高的金融市场化程度使货币供给量的多少无法反映经济发展程度，2006年后，日本经济持续下滑，货币供给却持续上升，货币供给的上升使利率不断增长，特别是在2008年国际金融危机期间，这种与经济增长不相适应的趋势变得更加明显。

从价格型货币政策目标来看，日本的贴现率和基础货币政策目标利率变化与日本的经济发展趋势十分契合，日本在度过"失去的二十年"后，经济仍然不断下滑，为扭转经济颓势，日本通过降低贴现率向实体经济释放了大量的资金，贴现率不断降低。同时，日本为应对经济自由化导致的贴现率失效问题，还通过对基础货币目标利率的调控，开始不断下调基础货币政策目标利率，这一利率到2016年已下降至-0.1%。

## （三）欧元区货币政策目标的变化与选择

欧元区的利率体系也十分发达，同美国与日本相类似，也将价格型货币政策目标作为最主要的目标。从2000年开始，欧洲央行利率开始不断呈现下降趋势，其中1999—2000年、2006—2008年，欧洲各国经济出现通货膨胀现象，欧洲央行利率持续上调。国际金融危机后，欧洲也爆发了债务危机，经济发展陷入停滞甚至萎缩状态，为扭转颓势，使经济尽快复苏，欧洲央行不断降低利率。截止到2009年5月，再融资利率下降至1%，存款利率下降至0.25%，边际贷款利率下降至1.75%，从2012年到2016年3月，三大政策利率进行6次向下的调整，分别已降至0、-0.4%、0.25%。总体来看，欧洲央行显示了较强的价格型目标货币政策特征。

从数量型货币政策目标来看，欧元区M3总量从20世纪80年代到2007年的年均增速总体保持在8%左右，2008年后，货币供应量迅速下降，但对于衰退的经济并没有起到很好刺激作用，数量型货币政策目标与价格型货币政策目标的关联性在下降。从资产负债表情况来看，为应对2008年国际金融危机的影响，欧洲央行扩大了资产负债表，受美国影响不断实行量化宽松的货币政策。2008年后，欧洲央行资产负债表规模不断增长，到新冠疫情前夕，已经达到4.6万亿欧元。从资产负债表结构来看，流通中的货币比例持续降低，欧洲央行所拥有的债券金额持续增长。

## （四）中国货币政策目标的变化与选择

1984年前，中国中央银行、各大商业银行以及政策性银行没有区分各自明确的职责，因此在此之前没有实行过完全意义上的货币政策。1984—1996年，由于中国处在改革开放初期，稳定物价、平衡信贷是这一时期货币政策主要目标，加上这一时期政府发挥手段进行调节的措施较多，因此这一时期以数量型货币政策目标为主。

随后到1997年，亚洲金融危机爆发，由于当时对资本的管制较严格，中国虽然没有受到很大的影响，但为了应对危机带来的风险隐患，中央银行以稳定汇率、防止通货紧缩为货币政策主要目标；2008年国际金融危机爆发之后，中央银行为应对危机带来的影响，实行了适度宽松货币政策，2008—2012年，央行不断降低人民币存款基准利率，并不断扩大商业银行贷款总量。总体来说，这一阶段政府对2008年国际金融危机给中国所带来深远影响的认识不断深化，再加上中国市场化改革的不断推进，货币政策市场化调节机制作用的发挥开始得到重视，这一时期的货币政策变为直接与间接调控同时进行的格局，货币政策目标以数量型货币政策目标为主，以价格型货币政策目标为辅。

从2013年开始，由于社会融资渠道以及世界金融市场的多元化发展，中国对货币政策目标的选择也开始有所转变，此时数量型货币政策目标无法适应各种形式的融资方式的多样化发展，数量型货币政策目标越来越不足以匹配其中转能力，而汇率、资产价格等价格型货币政策目标可以直接作用到任何一种融资渠道上。因此，这一时期中国的货币政策目标转变为以价格型目标为主。

自20世纪30年代开始，由于受到凯恩斯主义的影响，西方各国在实行货币政策过程中以使用数量型货币政策目标为主，但随着西方各国经济的不断发展以及金融机制的不断完善，再加上受到以弗里德曼为代表的货币主义等思潮的影响，20世纪80年代开始，西方各国在执行货币政策过程中开始转向使用价格型货币政策目标，从理论上讲，这主要是基于世界经济一体化的不断深入发展，开放经济下国家货币成为全球储备资产，各国之间对于国家的货币需求不断上升，受利率、汇率与预期等因素的影响，政府对通过控制本国货币供应量调节利率的能力变弱，从而数量型货币政策目标调节能力也就变弱。数量型货币政策目标与数量型货币政策工具的共同使用会具有显著快捷的调控效果，但可能也会产生调控过度的问题①。相较之下，在开放经济环境中，推动市场化的利率与汇率机制形成，不但货币的可控性不会遭到破坏，而且由于货币政策目标与市场化机制下利率汇率调节的目标联系较密切，可以使调控更有效率，价格型货币政策目标的选择也成为必然趋势②。

改革开放之后，中国深度融入世界经济一体化进程中，经济金融

---

① 周小川：《新世纪以来中国货币政策的主要特点》，《中国金融》2013年第3期。
② 张岩：《新常态下我国数量型和价格型货币政策工具的选择范式——基于引入劳动力市场摩擦的DSGE模型的分析视角》，《华东经济管理》2017年第7期。

也取得了突飞猛进的发展。构建市场化金融体系是推动市场化改革的重要内容之一。而其中利率市场化改革又是金融改革过程中的重要内容，但就目前中国发展情况来看，根据上文分析，完全依赖价格型货币政策目标对经济进行调节需要资本市场与货币市场的高度发达，中国目前尚不具备这一条件，因此还需要兼顾制定数量型货币政策目标，逐渐增加价格型货币政策工具的使用，建立数量型与价格型货币政策目标下货币政策的长短期复合调控机制[①]。

## 二 货币政策传导机制作用的发挥

广义货币量的变化可以反映出各国货币政策中公开市场业务工具、存款准备金率工具与再贴现工具的使用情况。从世界部分国家广义货币量占 GDP 的变动率来看，2013—2017 年，中国、巴西、印度等发展中国家广义货币量占 GDP 的变动率较大，表明三种工具使用较频繁。2017—2019 年，发展中国家与发达国家广义货币增长相对平稳，广义货币占 GDP 的变动率也大体相当。2020 年，由于新冠疫情冲击，受到美国无限量化宽松货币政策影响，各国广义货币量均有较大幅增长。具体如图 3-10 所示。

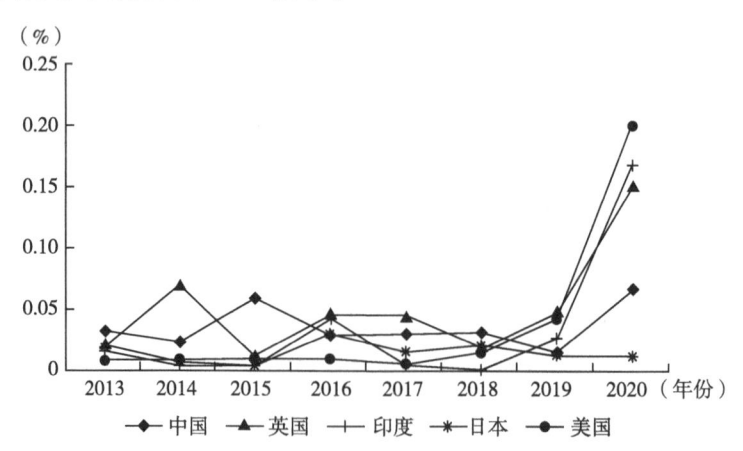

**图 3-10 2013—2020 年部分国家广义货币占 GDP 的变动率**

资料来源：Wind 数据库。

---

[①] 卞志村、胡恒强：《中国货币政策工具的选择：数量型还是价格型？——基于 DSGE 模型的分析》，《国际金融研究》2015 年第 6 期。

国际信贷净增长率可以反映各国在开展国际金融合作时，货币政策中信贷工具的使用情况。具体来看，2013—2020年，巴西、印度、中国等发展中国家的国际信贷净增长率为正，且历年普遍高于欧美发达国家国际净信贷；而发达国家国际信贷净增长率普遍较低，表明发展中国家信贷工具的使用较频繁，而发达国家信贷工具使用率相比发展中国家较低。具体如图3-11所示。

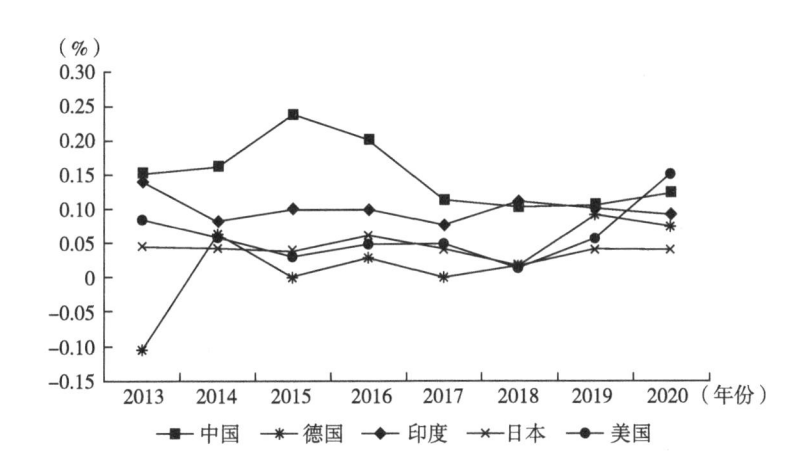

**图3-11　2013—2020年部分国家国际信贷净增长率**

资料来源：Wind数据库。

实际利率与汇率可以分别反映相应国家的货币政策利率工具与汇率工具的使用情况。从世界部分国家实际利率的变动情况来看，2011—2020年，中国、印度实际利率波动相对较大，且实际利率普遍高于欧美发达国家利率，而美国、意大利等发达国家实际利率波动相对较小，这是因为发展中国家经济增长速度较快，利率普遍偏高，而欧美发达国家利率的市场化机制相对成熟，利率波动相对较小。具体如图3-12所示。

从汇率情况来看，各经济体货币在2011—2020年对美元的汇率增长率具有不同幅度的波动，但以中国为代表的发展中国家的货币对美元汇率的波动相对较小，而欧盟、英国、日本等发达经济体的货币

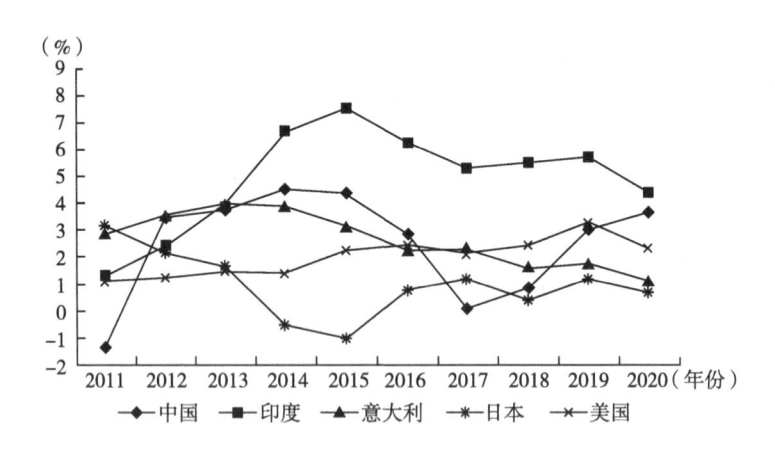

图 3-12　2011—2020 年部分国家实际利率

资料来源：Wind 数据库。

对美元汇率波动相对较大，具体如图 3-13 所示。这表明欧美发达国家的汇率工具使用频率要高于发展中国家的汇率使用频率，同利率工具相类似，这也与欧美国家市场化程度相对较高有关，汇率工具完全属于价格型货币政策工具，在使用过程中需要较高的市场化程度才能更具效力。

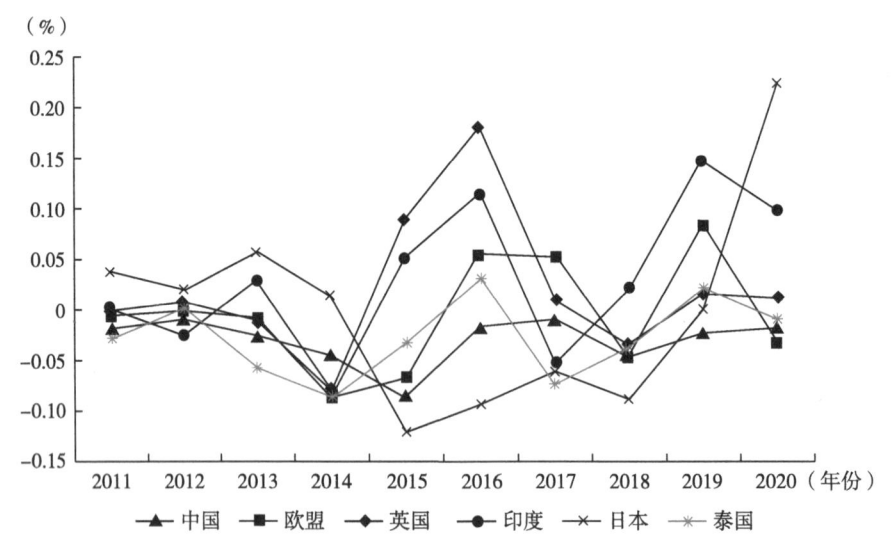

图 3-13　2011—2020 年部分经济体货币对美元汇率增长率

资料来源：Wind 数据库。

### 三 特征总结

根据本章分析可知,国际金融合作中的货币市场合作与资本市场合作通过跨境结算、货币互换、国际债券等业务,促进了世界各国之间融资方式的多元化,各国投资者在融资过程中也有了更多的选择,随着国际金融合作的深入开展,国际金融合作给相应国家的货币政策传导机制也带来了深刻影响。

(一)国际金融合作改变了货币政策传导机制中的货币数量

各国之间通过货币的跨境结算、货币互换等金融合作业务增加了新的金融交易,这就使各国广义货币量的供给增加或减少,而且随着金融合作的不断深入,货币交易量不断扩大,货币政策传导机制中的货币数量也会随之增加或减少,这就使原有的货币政策传导机制中介目标发生改变,货币政策传导机制也就受到了影响。

(二)国际金融合作改变了货币政策传导机制中的货币流通速度

根据欧文·费雪方程式 $MV=PY$ 可得 $V=\dfrac{PY}{M}$,当国际金融合作相应业务增加时,方程中的 $M$ 值会增大,假定一国物价 $P$ 稳定,产出 $Y$ 缓慢增长;当国际金融合作业务的开展增加的 $M$ 大于 $Y$ 时,则货币流通速度 $V$ 会变慢,当国际金融合作业务的开展增加的 $M$ 小于 $Y$ 时,则货币流通速度 $V$ 会变快,从而货币流通速度也就发生了改变。从现实来说,国际金融合作中的债券、股票、基金、长期信贷等业务的开展,使各国的金融交易方式更加丰富,可能涉及的金融衍生品交易使货币、资本的流转更加复杂,市场利率与汇率受到的影响也会更加深刻,协议、电子支付等新兴凭证结算方式会使交易中的现金需求大大降低,货币流通速度也就发生了相应的改变,货币政策传导机制中的时滞也会发生相应变化。

(三)国际金融合作降低了货币政策传导机制中的风险

在各国金融开放过程中,国际金融风险会对开放国家经济产生巨大破坏力,造成局部的或全局性的剧烈震荡和破坏。而且随着经济一体化和金融全球化的发展,一国金融系统发生问题,特别是大国货币政策的改变会对小国会产生较大溢出效应,这种溢出效应也会给货币政策传导机制带来风险，小则会使该国货币政策运行不畅，形成连续震荡；大则可能导致该国货币政策产生风险放大效应，传导到整个金融市场，破坏金融稳定，导致国际金融危机的发生。而国际金融合作，特别是区域之间、非大国之间金融合作可以建立起相互联动的监管机制，对货币政策传导机制中可能的风险具有预警作用，或者通过合作协议对冲货币政策传导机制中金融资产溢出等风险隐患，增强货币政策传导机制的稳定性。

（四）价格型货币政策目标成为主流

从主要国家货币政策目标的制定情况来看，货币量、信贷等数量型货币政策目标近年来开始逐渐减少，使用频率降低，通过信贷、货币量等数量型货币政策机制进行传导的频率也不断降低。无论是发展中国家还是发达国家，利率、汇率等价格型货币政策目标的使用近年来都开始成为主流，利率、汇率、资产价格等价格型货币政策传导机制作用的发挥更加凸显。而价格型货币政策目标的频繁使用是各国金融市场化程度提高的结果，这也说明由数量型货币政策目标向价格型货币政策目标的转变是金融市场化的大势所趋，随着各国之间金融合作程度的不断加深，对于各国金融市场化的要求也在不断提升，加大发挥价格型货币政策传导机制作用也是世界各国进行金融合作所带来的必然结果。

## 第三节　国际金融合作的对比及其对货币政策影响的差异

### 一　"国家大小"的划分

蒙代尔的国家相对大小理论分析了大国与小国之间以及两国之间资本流动在固定汇率制度与浮动汇率制度下对货币政策与财政政策的影响，蒙代尔认为，"大国"可以决定世界利率，而"小国"只能被动接受世界利率，"两国"之间则都无法决定世界利率。事实上，在现实世界中，真正能够对世界利率起到影响的国家只有美国这唯一的"超级大国"，其他国家则可以继续分成经济实力相差较大的"大国"

与"小国",或经济实力相当的"两国",但它们均无法对世界利率产生决定性影响。金融合作是国家与国家或经济体之间开展的金融合作,国家或经济体的相互地位对于金融合作过程中所获得的利益侧重点会有所不同。因此,本书将国家大小分为以下三类。

"绝对大国"与"绝对小国"的金融合作。在"绝对大国"与"绝对小国"的金融合作过程中,"绝对大国"可以主导世界利率,"绝对小国"只能被动接受世界利率,因此在合作过程中,"绝对小国"可能会受到世界利率信息不对称等方面的不良影响。由于大国牢牢掌握了合作中的主动权,一般情况下,金融合作中"绝对大国"获得的利益要大于"绝对小国"。从现实世界来看,能够充当"绝对大国"这一角色的国家只有美国,其他国家在美国面前,均可以称为"绝对小国"。

"相对大国"与"相对小国"的金融合作。在这一类型的金融合作过程中,两个国家均不能决定世界利率,但"相对大国"在经济、金融等方面的发展均要远远强于"相对小国",且二者在金融合作过程中,均要按照"绝对大国"制定的利率开展合作业务,因此在合作过程中,不存在世界利率的信息不对称。且一般情况下,"相对小国"在合作中获得的利益更有利于促进本国经济与金融的快速发展。在现实世界中,这种类型的金融合作也较多,如中国与"一带一路"共建国家、非洲以及拉丁美洲的大部分国家等,这些国家与中国的经济、金融发展程度差距较大,均可以称为"相对小国"。

"两国"之间的金融合作:这一类型的国家在金融合作过程中也均无法决定世界利率,但在经济、金融等方面发展程度不会相差过大,且在金融合作过程中更加注重平等、互利、互惠。现实世界中,这种类型的金融合作存在是最多的,金砖国家之间、中国与欧盟国家之间、非洲国家之间、拉美大部分国家之间等都属于这一类型。

二 "绝对大国"与"绝对小国"金融合作

根据"国家大小"的划分,本部分以美国和中国的金融合作为例来分析"绝对大国"与"绝对小国"金融合作的实践及其对货币政策传导机制的影响。

美国在国际金融体系中占有重要地位,从布雷顿森林体系的建立开始，国际金融就在美国主导的框架下开展各种业务，其中美元占据绝对核心位置，其间，中国同美国的金融合作也是以布雷顿森林体系为基础的。后来由于美国实力的相对衰退，国际金融开始在牙买加体系的框架下运行，但此时美国依然在国际金融体系中占据统治地位，中美之间的金融合作格局依然没有太多改变，中美之间金融合作的相关业务往来深受美国政策的影响。2008年国际金融危机后，美国相对实力及其在世界的影响力进一步衰退，虽然此时其对国际金融的主导权已经大大下滑，但由于强大的金融基础与实力，直到目前美国所采取的金融政策仍会对世界各国金融业产生巨大影响。

在这一背景下，2008年国际金融危机后，中国与美国进行金融合作的话语权已经有了大幅改善，美方先后单方面给予中方商业银行国民待遇，并同意中国工商银行兼并美国东亚银行，而且大部分都已经取得了实质性进展。但是，这并不意味着中美金融合作格局就此改变，美国依然牢牢掌握着中美金融合作的话语权。2008年国际金融危机后，在美国对中方作出单方面承诺同时，中国对美国单方面却作出了更多的承诺，这些承诺主要包括扩大美国在中国资本市场的准入额度、为美国在中国开展保险期货等资本市场业务提供便利化条件、优化金融监管规则等方面。具体协议形式与数量如表3-2所示。这些承诺一方面会使美国金融业务在中国不断扩张；另一方面也给中国金融发展，特别是资本市场的发展带来良好机遇，其中对于资本市场的市场化机制的形成与改革，特别是对于资本市场中利率与汇率市场化机制的形成与发展产生了有利的影响。

表3-2　　　　　　　2008年国际金融危机后中美关于金融
合作达成的共识与协议数量　　　　　　　单位：项

| 类型 | 承诺项目总数量 | 取得实质进展数量 | 进展中数量 |
| --- | --- | --- | --- |
| 中国单方面 | 21 | 13 | 8 |
| 美国单方面 | 10 | 8 | 2 |
| 中美双方 | 11 | 8 | 3 |

资料来源：笔者根据政府官网历年相关新闻整理得出。

中国持有美国国债的情况可以在一定程度上反映美国对中国资金的需求与依赖，从广义上说这也属于金融合作的范畴。2008年国际金融危机以来，中国一直是美国在世界上最大的债权国，虽然从2016年开始，中国开始减持美国国债，但到2019年，中国依然持有11309亿美元的美国国债，具体如图3-14所示。这反映出美国对中国在金融市场中的资金需求较高，中美之间在金融方面具有较强的联系。

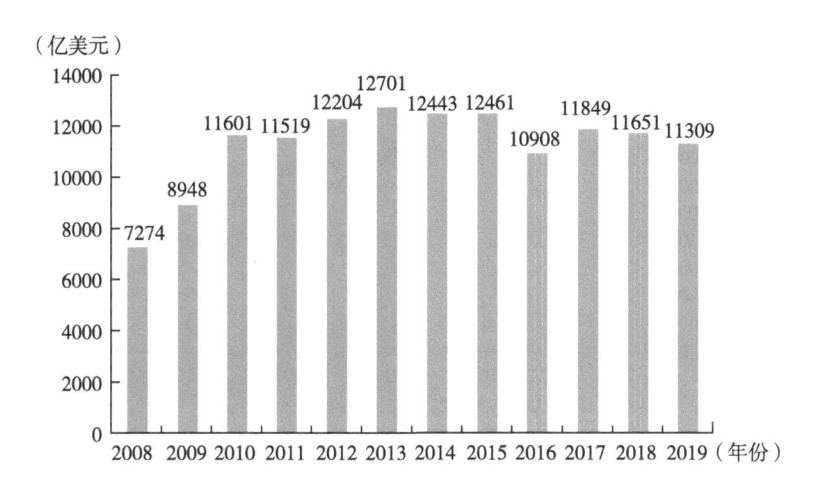

（亿美元）

| 年份 | 金额 |
| --- | --- |
| 2008 | 7274 |
| 2009 | 8948 |
| 2010 | 11601 |
| 2011 | 11519 |
| 2012 | 12204 |
| 2013 | 12701 |
| 2014 | 12443 |
| 2015 | 12461 |
| 2016 | 10908 |
| 2017 | 11849 |
| 2018 | 11651 |
| 2019 | 11309 |

**图3-14 中国持有美国国债数量变化**

资料来源：Wind数据库。

从中国持有美国股本证券金额及其占证券市场比例、合格境外投资者（QFII）投资额度审批情况以及人民币合格境外投资者（RQFII）投资额度审批情况来看，中美之间在资本市场中的合作不断加深。中国持有美国股票金额从2015年的616.2亿美元上升到2019年的939.5亿美元，占证券投资比例从2015年的54.54%上升到2019年的57.70%，具体如图3-15所示。此外，截至2020年1月，中国对美国合格境外投资者（QFII）准入数量为41家，涉及金额累计87.52亿美元，具体如表3-3所示。截至2020年5月，中国在美国的人民币合格境外机构投资者（RQFII）为10家，涉及金额391.7亿美元。可以看出，中美之间金融合作在不断加深，中国对于美国在资本市场准入方面的限制也在不断放宽，越来越多的美国合格境外投资者可以投资中国的资本市场，也愿意通过与中国资本市场的合作来赚取利益。中国在美国的人民币合格境外投资者虽然数量不及合格境外投资者数量多，但其额度要远远高于合格境外投资者的额度，这在一定程度上表明中国资本市场在准入额度上的限制要高于美国，但随着中美金融合作程度的加深，中国资本市场的准入额度也会不断提高。

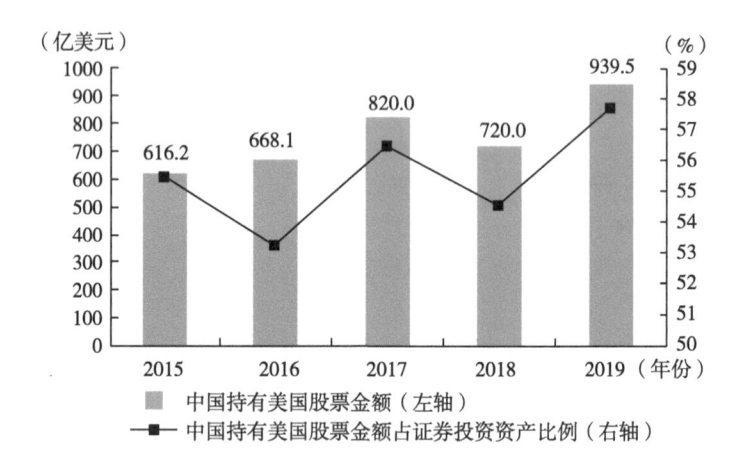

**图3-15 中国持有美国股本证券金额及占证券市场资产比例**

资料来源：国家外汇管理局官网。

**表3-3　　合格境外投资者（QFII）投资额度审批情况　　单位：亿美元**

| 序号 | QFII 名称 | 注册地 | 托管银行 | 最新批准日期 | 累计批准额度 |
|---|---|---|---|---|---|
| 1 | 高盛公司有限责任公司 | 美国 | 汇丰银行 | 2017年2月24日 | 9.00 |
| 2 | 摩根大通银行 | 美国 | 汇丰银行 | 2020年5月28日 | 12.00 |
| 3 | 比尔及梅琳达盖茨信托基金会 | 美国 | 汇丰银行 | 2014年2月25日 | 4.00 |
| 4 | 喀斯喀特有限责任公司 | 美国 | 德意志银行 | 2014年5月30日 | 2.00 |
| 5 | 柏瑞投资有限公司 | 美国 | 中国银行 | 2015年9月28日 | 2.92 |
| 6 | 耶鲁大学 | 美国 | 汇丰银行 | 2008年5月19日 | 1.50 |
| 7 | 斯坦福大学 | 美国 | 汇丰银行 | 2018年10月31日 | 1.77 |
| 8 | 哥伦比亚大学 | 美国 | 汇丰银行 | 2015年9月28日 | 0.20 |

续表

| 序号 | QFII 名称 | 注册地 | 托管银行 | 最新批准日期 | 累计批准额度 |
|---|---|---|---|---|---|
| 9 | 安达国际控股有限公司 | 美国 | 工商银行 | 2008年11月13日 | 1.50 |
| 10 | 哈佛大学 | 美国 | 工商银行 | 2016年3月30日 | 0.50 |
| 11 | 普信投资公司 | 美国 | 汇丰银行 | 2015年11月27日 | 1.60 |
| 12 | 资本国际公司 | 美国 | 汇丰银行 | 2009年3月31日 | 1.00 |
| 13 | 安石股票投资管理有限公司 | 美国 | 汇丰银行 | 2013年5月31日 | 0.25 |
| 14 | 邓普顿投资顾问有限公司 | 美国 | 汇丰银行 | 2012年7月17日 | 3.00 |
| 15 | 常青藤资产管理公司 | 美国 | 汇丰银行 | 2010年9月1日 | 1.00 |
| 16 | GMO 有限责任公司 | 美国 | 汇丰银行 | 2016年1月27日 | 0.50 |
| 17 | 普林斯顿大学 | 美国 | 汇丰银行 | 2014年9月22日 | 2.10 |
| 18 | 全球保险集团美国投资管理有限公司 | 美国 | 花旗银行 | 2013年6月24日 | 1.00 |
| 19 | 贝莱德机构信托公司 | 美国 | 花旗银行 | 2014年12月28日 | 2.50 |
| 20 | 资本研究与管理公司 | 美国 | 汇丰银行 | 2012年6月8日 | 1.00 |
| 21 | 威廉—博莱公司 | 美国 | 汇丰银行 | 2014年6月30日 | 2.00 |
| 22 | 信安环球投资有限公司 | 美国 | 建设银行 | 2012年8月21日 | 1.50 |
| 23 | 安耐德合伙人有限公司 | 美国 | 建设银行 | 2012年9月19日 | 1.50 |
| 24 | 得克萨斯大学体系董事会 | 美国 | 工商银行 | 2015年5月29日 | 6.00 |
| 25 | 骏利资产管理有限公司 | 美国 | 汇丰银行 | 2016年6月29日 | 0.28 |
| 26 | 教会养老基金 | 美国 | 工商银行 | 2012年12月26日 | 0.50 |
| 27 | 杜克大学 | 美国 | 工商银行 | 2017年12月27日 | 1.10 |
| 28 | 兴元资产管理有限公司 | 美国 | 德意志银行 | 2014年9月22日 | 4.00 |
| 29 | 奥博医疗顾问有限公司 | 美国 | 花旗银行 | 2014年8月26日 | 1.00 |
| 30 | 霍尔资本有限公司 | 美国 | 花旗银行 | 2019年3月25日 | 3.15 |
| 31 | 圣母大学 | 美国 | 汇丰银行 | 2013年8月28日 | 0.50 |
| 32 | 纽堡亚洲 | 美国 | 汇丰银行 | 2013年10月30日 | 1.00 |
| 33 | 梅奥诊所 | 美国 | 汇丰银行 | 2013年11月27日 | 0.75 |
| 34 | 华盛顿大学 | 美国 | 汇丰银行 | 2014年4月30日 | 0.50 |
| 35 | 铭基国际投资公司 | 美国 | 汇丰银行 | 2015年6月29日 | 5.40 |
| 36 | 彭博家族基金会 | 美国 | 汇丰银行 | 2014年9月22日 | 0.75 |
| 37 | 麻省理工学院 | 美国 | 汇丰银行 | 2014年11月27日 | 2.00 |

续表

| 序号 | QFII 名称 | 注册地 | 托管银行 | 最新批准日期 | 累计批准额度 |
|---|---|---|---|---|---|
| 38 | 石溪集团 | 美国 | 汇丰银行 | 2014年12月28日 | 0.50 |
| 39 | 宾夕法尼亚大学校董会 | 美国 | 汇丰银行 | 2015年2月13日 | 0.75 |
| 40 | 加利福尼亚大学校董会 | 美国 | 德意志银行 | 2015年5月29日 | 4.00 |
| 41 | 范德堡大学 | 美国 | 汇丰银行 | 2020年1月22日 | 1.00 |
|  |  |  |  | 总计: | 87.52 |

资料来源：国家外汇管理局官网。

从1980年以来的中国贷款利率与美国贷款利率来看，改革开放后中国利率持续升高，到1996年达到最高为12.6%，之后逐渐下降，到2018年为4.35%，美国贷款利率从1980年以后呈现逐渐下降趋势，1981年最高为18.87%，到2018年为5.28%。可以看出中美金融合作总体情况保持平稳，但美国的汇率、利率政策影响着中国的利率与汇率，从图3-16可以看出：中国改革开放后的利率变动与美国的利率变动大体吻合，美国利率上升则中国利率也上升，美国利率下降则中国利率往往也会下降。

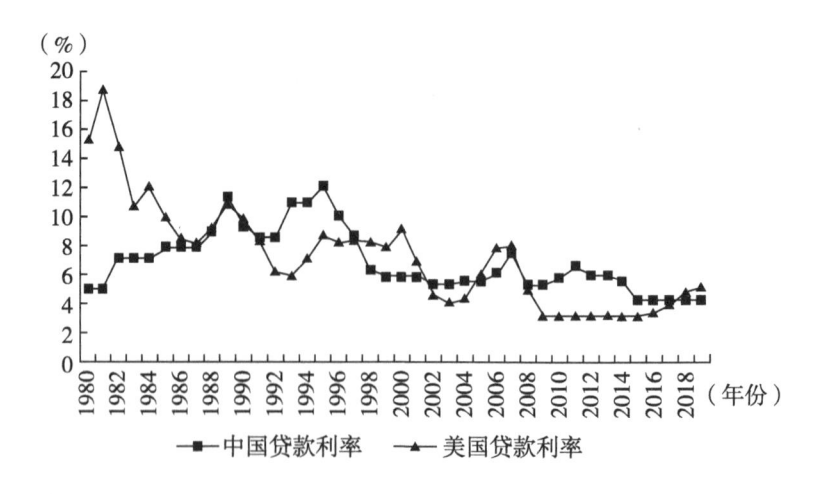

图3-16 中美贷款利率变化对比

资料来源：Wind 数据库。

通过以上对中美金融合作现状的分析，可以看出中美之间金融合作具有比较深厚的合作基础以及合作共识。中美合作有利于美国扩大自身金融市场的业务范围，扩大金融的业务规模；对于中国来说则在有利于拓展自身金融业务规模同时也有利于更好地融入世界金融体系，推动中国金融市场化改革。此外，在合作过程中美国对中国的影响更加深刻。总的来看，中美之间的金融合作主要有以下三个方面的特征。

第一，资本市场合作开展广泛。从中美金融合作的现状分析中可以发现，中美金融合作的领域主要集中在资本市场领域，包括对美国的股票投资、合格境外投资者的投资等，这些都主要集中在了资本市场领域，而货币市场领域的合作较少，这主要是因为美元在世界金融体系中占有绝对主导地位，在与各国的贸易、投资中都可以使用美元来结算，对于大量持有他国货币、购买他国短期债券等方面的需求不大。而对于资本市场的合作，美国可以通过美元在世界货币体系中的定价机制影响世界汇率与世界利率，进而在资本市场的合作中获取更多的利益。

第二，有利于价格型货币政策传导机制作用的发挥。由于中国目前还处在市场化改革的进程之中，政府在汇率、利率等价格型货币政策工具发挥作用过程中会产生一定的影响。而在中美金融合作过程中，双方已达成过相关协议，中国承诺将不断推进汇率与利率的市场化改革，美方也会协助中方进行汇率与利率的市场化改革。这反映出通过中美金融合作有利于中国汇率与利率的市场化机制的改革，进而推动货币政策传导机制的市场化。

第三，金融监管领域缺乏实质性合作。从中美金融合作的现状可以看出，中美之间关于金融监管领域的协议与承诺较少，仅有的关于双方同意在审计方面开展监管的合作还在谈判中，而且目前还未取得实质性的进展。可见中美金融监管领域合作是十分匮乏的。这主要也是源于美国拥有发达的金融市场与金融体系，其抵御金融风险、防范国际金融危机的能力相对较强，与中国在金融监管领域的合作需求较小。同时也可以看出，由于中美之间的金融合作主要表现在资本市场合作，且监管合作较薄弱，中美在金融合作过程中风险防范作用可能得不到充分发挥，在开展合作业务时可能仍会产生一些风险。

### 三 "相对大国"与"相对小国"金融合作

根据上文"国家大小"划分，本部分以中国和"一带一路"共建国家金融合作为例来分析"相对大国"与"相对小国"金融合作的实践及其对货币政策传导机制的影响。

"一带一路"倡议是习近平总书记在2013年提出的，"一带一路"共建国家蕴含着大量的促使各国金融业实现发展的机会，这也为扩大中国金融业的不断开放提供了良好机遇。中国的经济发展水平、金融市场发展水平与"一带一路"共建国家相比较高，但中国与"一带一路"共建国家的金融合作过程中的业务往来主要都在美元主导的国际金融体系下进行。

2014年后，中国对"一带一路"共建国家直接投资额占对外直接投资的比重呈现不断增长的趋势，2014年为121.23亿美元，2019年为150.4亿美元，具体如图3-17所示。此外，中国在"一带一路"共建国家的贸易额则呈现显著上升趋势，2014年，进出口贸易总额为8370亿美元，到2019年上升到了13495亿美元，贸易额占中国对外贸易总额比重从2014年的24.7%上升到了2019年的29.6%，具体如图3-18所示。中国同"一带一路"共建国家投资与贸易额的不断上升间接反映出了金融合作的潜力，表明这一区域中对于融资与货币的需求在不断增长。

从国家开发银行向"一带一路"共建国家的贷款总额来看，自2014年以来，贷款额度每年都在持续上涨，2014年为926亿美元，到2019年已经上涨到2607亿美元，6年间国家开发银行向"一带一路"共建国家的贷款额总和超过9300亿美元，且呈现快速增长的趋势，具体如图3-19所示。此外，根据伦敦精品投资银行Grison's Peak的统计数据，中国国家开发银行和中国进出口银行的67笔海外贷款都承诺面向"一带一路"共建国家，除拉丁美洲、西非和中非外，在所有海外国家贷款项目中，"一带一路"共建国家或附近国家占到国家开发银行与进出口银行贷款总数量的76%。这反映出"一带一路"共建国家的金融合作具有较大的发展空间。

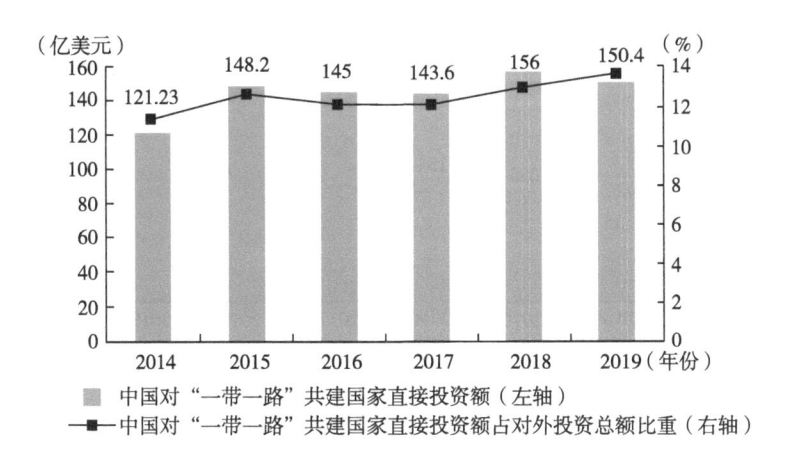

图 3-17 中国对"一带一路"共建国家直接投资额及其占对外投资总额比重

资料来源：世界银行官方网站。

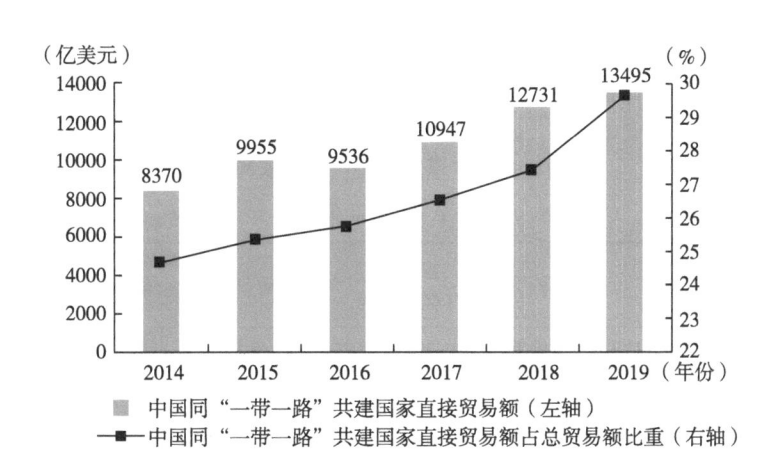

图 3-18 中国同"一带一路"共建国家贸易情况

资料来源：世界银行官方网站。

（亿元）

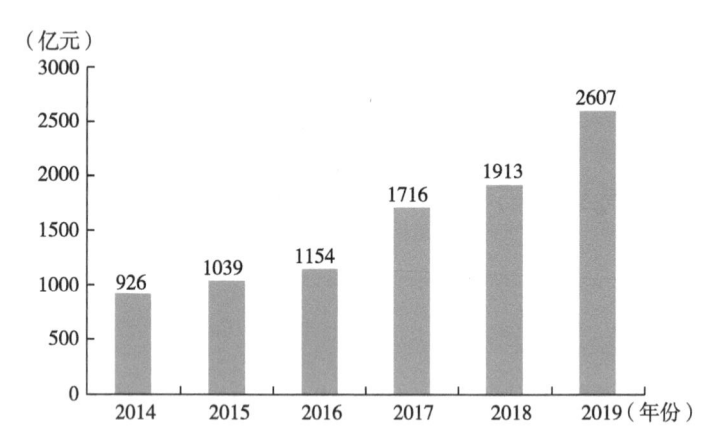

图 3-19 国家开发银行向"一带一路"共建国家贷款情况

资料来源：笔者根据国家开发银行历年工作报告整理得出。

从在同中国签署人民币互换协议的国家和地区来看，截至 2020 年，同中国签署的人民币互换协议数量为 39 个，其中 24 个与"一带一路"共建国家有关，占签订国家总数的 61.5%，累计金额为 15235 亿元，具体如表 3-4 所示。人民币互换协议的签署一方面可以加速货币市场合作过程中货币量的流动；另一方面可以降低交易成本，稳定交易中的汇率风险[①]。

表 3-4　　　　　中国已签署本币互换协议的国家和地区

（截至 2020 年 6 月）

| 序号 | 签署日期 | 国家/地区 | 规模（亿元） | 序号 | 签署日期 | 国家/地区 | 规模（亿元） |
| --- | --- | --- | --- | --- | --- | --- | --- |
| 1 | 2009年3月11日 | 白俄罗斯 | 200 | 7 | 2011年6月13日 | 哈萨克斯坦 | 70 |
| 2 | 2009年3月23日 | 印度尼西亚 | 1000 | 8 | 2011年10月26日 | 韩国 | 3600 |
| 3 | 2009年4月2日 | 阿根廷 | 700 | 9 | 2011年11月22日 | 中国香港 | 4000 |
| 4 | 2010年6月9日 | 冰岛 | 35 | 10 | 2011年12月22日 | 泰国 | 700 |
| 5 | 2011年4月18日 | 新西兰 | 250 | 11 | 2011年12月23日 | 巴基斯坦 | 100 |
| 6 | 2011年4月19日 | 乌兹别克斯坦 | 7 | 12 | 2012年1月17日 | 阿拉伯联合酋长国 | 350 |

① 朱孟楠等：《区域金融合作提升了人民币货币锚效应吗？——基于签订货币互换协议的证据》，《国际金融研究》2020 年第 11 期。

续表

| 序号 | 签署日期 | 国家/地区 | 规模（亿元） | 序号 | 签署日期 | 国家/地区 | 规模（亿元） |
|---|---|---|---|---|---|---|---|
| 13 | 2012年2月8日 | 马来西亚 | 1800 | 27 | 2014年11月8日 | 加拿大 | 2000 |
| 14 | 2012年2月21日 | 土耳其 | 100 | 28 | 2015年3月18日 | 苏里南 | 10 |
| 15 | 2012年3月20日 | 蒙古国 | 100 | 29 | 2015年3月25日 | 亚美尼亚 | 10 |
| 16 | 2012年3月22日 | 澳大利亚 | 2000 | 30 | 2015年4月10日 | 南非 | 300 |
| 17 | 2012年6月26日 | 乌克兰 | 150 | 31 | 2015年5月25日 | 智利 | 220 |
| 18 | 2013年3月7日 | 新加坡 | 3000 | 32 | 2015年9月7日 | 塔吉克斯坦 | 30 |
| 19 | 2013年3月26日 | 巴西 | 1900 | 33 | 2016年5月11日 | 摩洛哥 | 100 |
| 20 | 2013年6月22日 | 英国 | 2000 | 34 | 2016年6月17日 | 塞尔维亚 | 18 |
| 21 | 2013年9月9日 | 匈牙利 | 100 | 35 | 2016年12月6日 | 埃及 | 180 |
| 22 | 2013年9月12日 | 阿尔巴尼亚 | 20 | 36 | 2018年4月27日 | 尼日利亚 | 150 |
| 23 | 2013年10月10日 | 欧洲央行 | 3500 | 37 | 2018年10月26日 | 日本 | 2000 |
| 24 | 2014年7月21日 | 瑞士 | 1500 | 38 | 2019年12月5日 | 中国澳门 | 300 |
| 25 | 2014年9月16日 | 斯里兰卡 | 100 | 39 | 2020年5月20日 | 老挝 | 60 |
| 26 | 2014年10月13日 | 俄罗斯 | 1500 | | | | |
| | | | | | 涉及金额合计34160亿元 | | |

资料来源：笔者根据中国人民银行历年货币政策日志整理得出。

从监管合作备忘录签订情况来看，截至2019年6月，中国证监会有79项监管合作备忘录协议，其中涉及30个"一带一路"共建国家和地区的34类相关协议。这反映了中国同"一带一路"共建国家进行金融合作的过程中对金融监管合作的需求不断增加，对共同防范区域金融风险、国际金融风险的意识也在不断增强。

通过以上分析，可以看出中国与"一带一路"共建国家之间虽然金融合作体量较小，但具有较好的合作前景。对中国来说，这一地区的金融合作有利于进一步扩大中国在国际金融市场中的业务范围，增加业务规模，对于"一带一路"共建国家和地区来说，有利于增加所需融资资金的来源渠道，助推本国经济发展与建设。此外，对于二者来说，还可以增强在国际金融市场中的联动性，共同防范金融风险，稳定金融市场，为本国的发展创造良好稳定的条件。总的来看，中国与"一带一路"共建国家之间的金融合作主要有以下三个方面的特征。

第一，货币市场合作广泛开展。从以上分析可以看出，二者合作的范畴主要集中在了货币市场领域，中国对"一带一路"共建国家贷款量的不断增长以及人民币互换额度的不断增长都反映出这一地区对于人民币的大量需求，对于货币的大量需求也必将影响到中国货币供给的结构与数量，进而影响到中国信贷、公开市场业务等数量型货币政策工具的使用，从而对货币政策传导机制产生影响。此外，由于"一带一路"共建国家金融发展的基础普遍薄弱，各国的资本市场不完善，资本市场合作业务相对较少，对货币政策传导机制的影响要小于货币市场合作所带来的影响。

第二，金融监管领域合作深入。由于中国与"一带一路"共建国家距离较近，对于区域金融风险防范的需求较高，中国与一些"一带一路"共建国家与地区签订了货币互换、证券监管备忘录、银行业监管备忘录等协议以及《清迈协议》等共同防范区域性金融风险的协议。协定中涉及扩大货币互换业务、经济金融数据共享、建立国际金融危机预警系统等方面的内容。表明这一地区金融合作对风险防范的作用得到了较大发挥，通过对风险的防范也可以确保货币政策传导机制的稳定性，减轻在传导过程中由国际汇率剧烈波动导致的传导机制不稳定情况的发生。

第三，金融合作基础薄弱，但发展空间广泛。虽然从现阶段来看，二者合作的体量还偏小，但"一带一路"为共建国家提供了很多投资机会，在一定程度上解决了一些国家资金短缺、项目技术匮乏的问题。相关的金融合作也拓宽了各国家投资者的投资渠道与种类。贸易量的不断扩大也会不断增加对人民币的需求。在此基础上，2020年11月，中国签署了区域全面经济伙伴关系（RCEP）的协议，这一协议中的成员大部分都是"一带一路"共建国家，这样就更有利于拓展中国同"一带一路"共建国家的金融合作业务，促进金融合作向更宽领域、更深层次发展。

### 四 "两国"金融合作

根据上文"国家大小"划分的论述，本部分以中国和欧盟国家金融合作为例来分析"两国"金融合作的实践及其对货币政策传导机制的影响。

通过对中国国际金融合作环境分析可知，中国与欧盟经济体量大致相同，2019年欧盟成为中国最大的贸易伙伴，2020年，中国成为欧盟最大的贸易合作伙伴。中国与欧盟的金融业是可以实现互惠互利的，中国工业产能根基较好，但是资本市场发展相对滞后；欧盟的成员国大部分都是老牌发达的资本主义国家，其金融基础相对较好，金融市场与金融体系相对中国也较完善，因此，二者具备较好的金融合作基础。同时，中国与欧盟在国际金融市场中的运行也都在美国主导的国际金融体系下进行，因此中国与欧盟的金融合作可以视为两个对等经济体之间的金融合作。

从中国同欧盟各国家的QFII、RQFII以及货币互换协议情况来看，中国与匈牙利等4个欧洲成员国签订了本币互换协议，涉及金额7100亿元，12个成员国成为合格境外投资者（QFII），涉及金额228亿美元，5个国家成为人民币合格境外投资者，涉及金额1078.14亿美元，均远高于美国的额度。同时，在金融监管领域，中国与欧盟及其成员国也具有较深厚的合作基础，在银行、证券领域与欧盟大部分成员国均签订了相关谅解备忘录，广泛开展金融监管方面的合作。从1996年开始，先后与20个成员国签订了25份相关协议。可以看出，中国与欧盟及其成员国之间既有货币市场合作，也有资本市场合作，开始合作时间较早，合作领域也较为广泛。

中国与欧盟及其成员国在绿色金融与科技金融方面合作也在不断推进。2005年10月28日，中国与欧盟对双方的金融服务与监管进行商讨，双方在金融服务与监管会议中均表示对中欧金融合作的前景十分乐观，汇丰等欧洲各国家商业银行近年来对中国基准利率的影响力不断提升[1]。2017年11月。中国与欧盟公开的绿色金融报告中提出，

---

[1] 刘翔峰：《中欧金融合作的前景分析》，《国际贸易》2013年第4期。

中国与欧盟会不断加大绿色金融领域的合作力度。2018年4月，中欧有关部门出版了《探寻绿色金融的共同语言》一书，书中对2018年之前双方进行的绿色金融相关工作进行列举。建立绿色金融体系已经成为中国的国家战略，而欧盟在2019年12月11日也发布了《绿色新政》，确定2050年之前在欧洲大陆实现经济发展与环境污染相脱节，加强与其他国家及国际金融机构的合作成为主要途径，这也为中国与欧盟的绿色金融合作深入展开创造了条件。

此外，中国与欧盟及其各国在等新兴科技领域均有较好的发展基础，二者也具有较好的金融科技市场。2015年3月，中国与欧盟国家联合成立了中欧国际交易所，并于2015年11月正式运行，这是中国与欧盟国家在金融领域创新合作的一个成果，是境内交易所主动"走出去"拓展国际业务，促进中国资本市场双向开放的举措，也是中欧双边经贸合作从贸易投资走向金融机构股权合作的一次新的探索和尝试。2017年，中欧金融科技产业发展论坛在深圳召开，这次会议后，中国与欧盟的金融科技研究院正式挂牌成立，其目的就是将深圳设置成为金融科技人才聚集地与金融科技产业发展基地，这是中国与欧盟成员国在金融科技领域合作的又一体现。

通过以上对于中国与欧盟及其成员国金融合作的分析可以看出，二者的金融合作开始时间较早，金融合作基础良好。对于中国与欧盟及其各国来说，进行金融合作的主要目的都是扩大本国或本地区金融业务，推动本国或本地区货币市场与资本市场的发展，共同防范国际金融危机风险。在货币市场合作与资本市场合作方面，中国与欧盟互相之间都有相关合作，总的来看，中国与欧盟成员国之间的金融合作也产生了相应特征。

金融合作基础良好且深入各个领域。通过以上对中国与欧盟及其成员国金融合作的现状分析可知中国与欧盟及其成员国金融合作广泛开展，欧盟国家具有良好的金融发展基础，而中国又具有较好的金融发展环境，再加上中欧合作时间开始较早，双方又具有类似的金融发展目标，在国际上彼此之间综合差距较小，因此"两国"的合作体现在了货币市场与资本市场两个方面，且二者的合作程度相差不大。

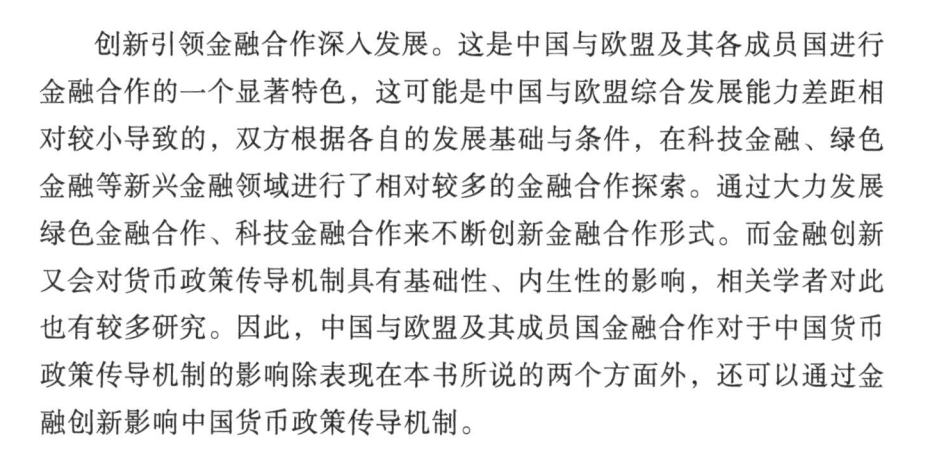

创新引领金融合作深入发展。这是中国与欧盟及其各成员国进行金融合作的一个显著特色,这可能是中国与欧盟综合发展能力差距相对较小导致的,双方根据各自的发展基础与条件,在科技金融、绿色金融等新兴金融领域进行了相对较多的金融合作探索。通过大力发展绿色金融合作、科技金融合作来不断创新金融合作形式。而金融创新又会对货币政策传导机制具有基础性、内生性的影响,相关学者对此也有较多研究。因此,中国与欧盟及其成员国金融合作对于中国货币政策传导机制的影响除表现在本书所说的两个方面外,还可以通过金融创新影响中国货币政策传导机制。

## 第四节 本章小结

本节首先梳理了世界主要国家之间开展的货币市场合作、资本市场合作、金融监管合作现状,总结出各国之间金融合作呈现合作需求不断提升、合作业务中的交易金额总量不断增大、合作防范风险的作用日益凸显的特征。其次通过对世界各主要国家货币政策传导机制作用发挥的相关现状进行梳理,总结出在当代国际金融合作格局下,国际金融合作通过影响货币政策传导机制中的货币数量、货币流通速度,以及降低货币政策传导机制中的风险对货币政策传导机制产生了显著影响。最后梳理了不同"大小国家"之间的货币市场与资本市场合作的现状,以中美金融合作为例分析得出"绝对大国"与"绝对小国"金融合作主要表现为资本市场合作,但中美之间金融监管方面的合作以及以风险防范为主要目的的合作相对匮乏,还没有实质性进展。以中国与"一带一路"共建国家金融合作为例分析得出"相对大国"与"相对小国"金融合作主要表现为货币市场合作,同时中国与"一带一路"共建国家金融风险防范与金融监管合作较多,且取得了实质性进展。以中国与欧盟及其成员国之间金融合作为例,分析得出"两国"金融合作兼具货币市场与资本市场合作的特征,并且金融创新合作发展相对较好,通过金融创新合作也可能对货币政策传导机制产生影响。

# 第四章

# 国际金融合作影响货币政策传导机制的理论分析

国际金融合作通过"货币溢出"以及"资本溢出"可以影响到合作国的货币政策传导机制，相应的"货币溢出"理论与"资本市场溢出"理论也奠定了货币市场合作影响货币政策传导机制与资本市场合作影响货币政策传导机制的理论基础。进一步地，将国际金融合作影响货币政策传导机制纳入动态随机一般均衡分析框架，从理论上拓展研究货币市场合作与资本市场合作影响货币政策传导机制的差异性，并建立CB-CR模型，全面展开国际金融合作影响货币政策传导机制的理论分析。

## 第一节 国际金融合作影响货币政策传导机制的理论

**一 国际金融合作影响货币政策传导机制的理论基础**

（一）"货币溢出"理论

最早提出"货币溢出"国际金融合作理论的代表人物是理查德·库珀，他指出，如果在开放经济条件下没有考虑货币合作，就会大幅削减一国金融政策效能，且相互矛盾的货币政策不利于各国经济发展。理查德·库珀将经济学中的边际分析引入基于"货币溢出"的国际金融合作理论之中。本部分以一个开放经济中的一般均衡模型为例，对这一理论进行分析。

首先，设定一国内部经济运行中，国民收支账户均衡式、货币市场均衡式、国际收支均衡式分别表示为式（4-1）、式（4-2）、式（4-3）：

$$Y=C(Y, r)+I(r)+NE(Y, Y')+G \qquad (4-1)$$

$$M=H+R=L(Y, r) \qquad (4-2)$$

$$B=\Delta R=NE(Y, Y')-\Delta F \qquad (4-3)$$

式（4-1）至式（4-3）中：国民收支账户均衡式中，$Y$ 为总产出；$C$ 为消费，由产出与利率 $r$ 共同决定；$I$ 为投资，由利率决定；$NE$ 为净出口，由本国产出与国外产出 $Y'$ 决定；$G$ 为政府支出。货币市场中，$M$ 为货币供给；由央行的国内债券持有量 $H$ 与国内持有的外国债券量 $R$ 决定；$L$ 为货币需求，由产出与利率决定。国际收支中，$B$ 为国际收支余额，由净出口额与外国持有的本国净债券量 $\Delta F$ 之差决定。

其次，假设经济处在市场出清状态，此时汇率 $B=0$ 也为市场出清状态，且 $dY'=dr'=0$，金融合作双方国家的利率差异会影响到本国对外国的需求 $\Delta F$，可以由式（4-4）来表示上述关系：

$$\Delta F = dr' - dr \qquad (4-4)$$

继续对式（4-1）、式（4-2）求全微分可得：

$$(s+m)dY-(C_r+I_r)dr=dG \qquad (4-5)$$

$$L_y dY+(L_r-F_r)dr=dH \qquad (4-6)$$

式（4-5）中：$m$ 为国民收入对净出口边际影响，$m=-NE_y$，且 $m>0$；$s$ 为本国储蓄水平，$s=1-C_y$。则式（4-5）与式（4-6）的矩阵形式可以表示为

$$\begin{bmatrix} s+m & -(C_r+I_r) \\ L_y & L_r-F_r \end{bmatrix} \begin{bmatrix} dY \\ dr \end{bmatrix} = \begin{bmatrix} dG \\ dH \end{bmatrix} \qquad (4-7)$$

对式（4-7）进行分解，令 $A = \begin{bmatrix} s+m & -(C_r+I_r) \\ L_y & L_r-F_r \end{bmatrix}$，$x = \begin{bmatrix} dY \\ dr \end{bmatrix}$，$y = \begin{bmatrix} dG \\ dH \end{bmatrix}$，可以看出，矩阵 $A$ 中参数大体可以反映出宏观经济中的

"结构性参数", $m$ 与 $F_r$ 共同决定了本国与其他国家的联系,根据这一矩阵,$Y$ 与 $r$ 受到 $G$ 与 $H$ 的影响可以表示为

$$\frac{dY}{dG}=\frac{L_r-F_r}{\Lambda}, \quad \frac{dr}{dG}=\frac{-L_y}{\Lambda} \tag{4-8}$$

$$\frac{dy}{dH}=\frac{C_r}{\Lambda}, \quad \frac{dr}{dH}=\frac{s+m}{\Lambda} \tag{4-9}$$

$$\Lambda=(s+m)(L_y-F_r)+(C_r+I_r)L_y<0 \tag{4-10}$$

由式 (4-8)、式 (4-9)、式 (4-10) 可以看出,本国的结构性参数决定了政策变量对经济变量的影响程度。假定国外与本国进行合作,将国外经济运行也设定为与式 (4-1)、式 (4-2)、式 (4-3) 类似的均衡式,本国收入 $Y$、利率 $r$ 会引起外国收入 $Y'$、利率 $r'$ 的变化,则可将式 (4-7) 扩展为

$$\begin{bmatrix} s+m & -(C_r+I_r) & 0 & -m \\ L_y & L_r-F_r & F_r & 0 \\ 0 & F_r & L'_r-F'_r & L'_y \\ -m & 0 & -(C'_r+I'_r) & s'+m' \end{bmatrix} \begin{bmatrix} dY \\ dr \\ dr' \\ dY' \end{bmatrix} = \begin{bmatrix} dG \\ dH \\ dH' \\ dG \end{bmatrix} \tag{4-11}$$

由式 (4-11) 可以看出,本国和外国的经济发展程度与结构会影响到本国所采取的政策相对应的变量。相应变量关系见表 4-1。

**表 4-1　"货币溢出"条件下的相应变量关系**

| 微分 | 结果 |
|---|---|
| $\dfrac{dY}{dG}$ | $\dfrac{1}{\Lambda}\{(s'+m')[L_rL'_r-F_r(L_r+L'_r)]+(L_r-F_r)(C'_r+I'_r)L'_y\}$ |
| $\dfrac{dr}{dG}$ | $\dfrac{1}{\Lambda}[L'_y(s'+m')(L'_r-F_r)+L_yL'_y(C'_r+I'_r)]$ |
| $\dfrac{dy}{dH}$ | $\dfrac{1}{\Lambda}(C_r+I_r)[(s'+m')(L'_r-F'_r)+L'_y(C'_r+I'_r)]$ |
| $\dfrac{dr}{dH}$ | $\dfrac{1}{\Lambda}(s+m)[(s'+m')(L'_r-F'_r)+L'_y(C'_r+I'_r)]$ |
|  | $\Lambda=(ss'+m's+ms')[L_rL'_r-F_r(L_r+L'_r)]+(s+m)(L_r-F_r)C'_rL'_y+(s+m')(L'_r-F_r)$ $C_rL_y+C_rL_yC'_rL'_y-F_r(mC_rL'_y+m'C'_rL_y)$ |

在这一框架下,货币溢出主要表现在国家之间贸易投资的增多使金融与货币联系增加,这样就会造成其他国家经济结构变化改变本国包括货币政策工具在内的宏观经济政策工具对宏观经济变量的调控程度,也就是说国外的政策行为在本国成为一种冲击①。

但如果本国与外国经济结构差异较大,两国之间货币溢出关系也会有所差异。如果本国对外国长期以来保持净出口为正,则外国收入对本国净出口边际影响会较大,也即式中的 $m'$ 较大;但因经济结构差异,如果本国对资本账户控制严格,则 $F_r(F_r')$ 所表示的边际量就会较小,这就会导致国外货币市场条件的变化对本国所采取的货币政策产生影响。

(二)"资本市场溢出"理论

罗伯特·蒙代尔②提出不同的汇率制度中资本流动会产生不同的溢出效应,这也就开创了"资本市场溢出"的国际金融合作理论。从资本流动角度来看,资本的完全自由流动与资本完全不流动是两种极端情况,在现实社会中,这两种极端情况通常是不存在的,大部分国家的情况是资本有限制地自由流动,有些国家对资本流动管制较多,有些国家对资本管制较少,进而造成有些国家资本流动程度较高,有些国家资本流动程度较低。如图 4-1 所示。以蒙代尔弗莱明模型为基础,不同的资本流动程度也会对货币政策与财政政策效用的发挥产生影响,下面将分别分析不同汇率制度下,资本流动三种情况所带来的影响。

1. 资本完全自由流动对货币政策的影响

资本完全自由流动条件下,可以用初始蒙代尔弗莱明模型来解释,主要由三个方程构成,其中商品市场均衡曲线(IS 曲线)为 $Y=H(i,Y)+T(Y,Y^*,EP^*/P)$。式中:$Y$ 为国内产出;$Y^*$ 为国外产出;$H(i,Y)$ 为国内的产出部分;$i$ 为利率;$T(Y,Y^*,EP^*/P)$ 为净出口部分;$E$ 为名义汇率;$EP^*/P$ 为用价格折算后的实际汇率。

---

① 项卫星、王冠楠:《中美经济相互依赖中的消极依赖与积极依赖——基于敏感性视角的分析》,《经济学家》2015 年第 8 期。

② [美]蒙代尔:《蒙代尔经济学文集·第三卷·国际宏观经济模型》,向松祚译,中国金融出版社 2003 年版。

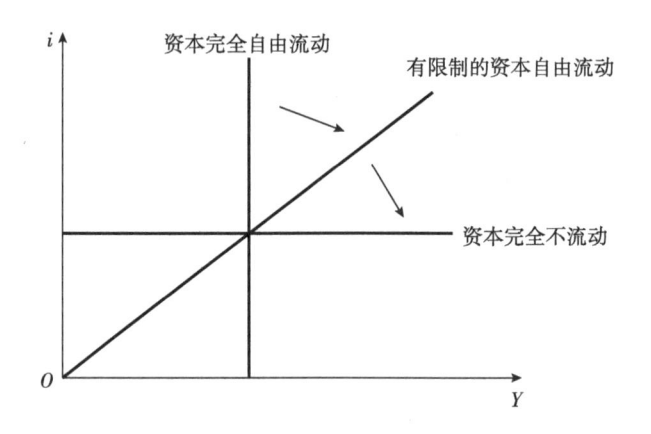

**图 4-1　国家资本流动的分类和变化**

货币市场均衡曲线（LM 曲线）为 $M_s = M_d = PL(Y, i)$。式中：等式左端 $M_s$ 为货币供给，沿用凯恩斯货币供给与需求假定，为外生变量；等式右端 $M_d = PL(Y, i)$ 为货币需求，与利率 $i$ 呈负相关关系，$P$ 为价格水平。

国际收支平衡曲线（BP 曲线）为 $i = i^*$。式中：$i$ 与 $i^*$ 分别为本国与世界的利率水平，等式所代表的意义是在资本完全自由流动情况下国内利率与世界利率趋于相等。

根据蒙代尔弗莱明模型，假设小国经济中采用固定汇率制度，IS、LM、BP 曲线的初始均衡点为 A，在扩张性货币政策下，LM 曲线向右移动到 LM' 曲线，新的均衡点为 A' 点，此时利率下降，产出升高，但在资本自由流动情况下，利率下降会使本国资本流出，造成本国货币贬值，为保持原有汇率，中央银行会买入本国货币，卖出外国货币，进而使本国货币供给减少，此时 LM' 曲线向左移动，直到与原来的 LM 曲线重合，因此固定汇率制度下，扩大产出的货币政策是无效的（见图 4-2）。

浮动汇率制度分析与之相类似，当利率下降产出升高时，本国出口会增加，IS 曲线会向右移动，直到利率水平上升到与世界利率相同，此时 IS 曲线移动到 IS' 的位置，具体如图 4-3 所示。这表明浮动汇率制度下增加产出的货币政策是有效的。

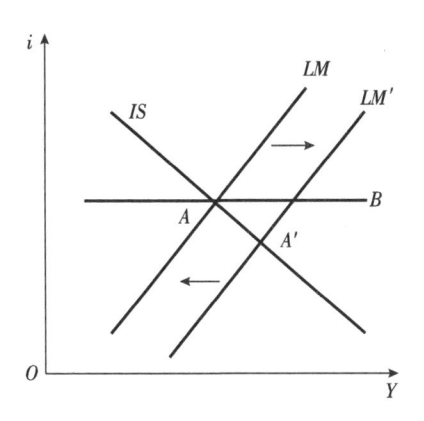

图 4-2 资本完全自由流动下固定汇率制 IS、LM、BP 曲线变动

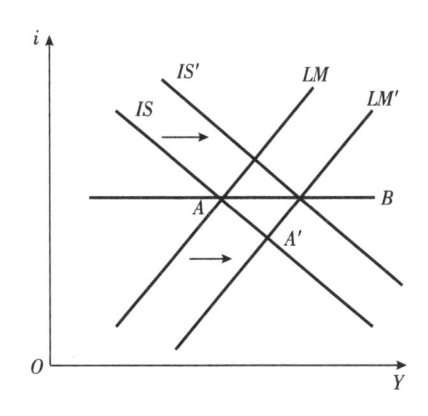

图 4-3 资本完全自由流动下浮动汇率制 IS、LM、BP 曲线变动

如果将资本完全自由流动看作各国之间全方面深度金融合作所带来的结果，可以得到推论，固定汇率制度国家，全方面深度的国际金融合作会影响货币政策效果的发挥，而浮动汇率制度国家国际金融合作可以使货币政策发挥不改变利率且增加产出的作用。

2. 资本有限制地自由流动对货币政策的影响

资本有限制的自由流动条件下，BP 曲线不再垂直于横坐标或纵坐标，LM 与 IS 曲线的移动会导致世界利率的变化，具体来说，在固定汇率制度下，扩张性货币政策使 LM 移动到 LM′ 位置，与 BP 曲线交点变为 A′ 点，此时收入与产出增加，利率下降，但同时世界均衡利率在上升，这会使国际资本大量流出，产生较大国际收支逆差，此时国内货币供给会持续下降，国内利率又会上升，资本流动具有流回国内的倾向，直到 $LM'$ 向左移动回 $LM$ 的位置，如图4-4所示。

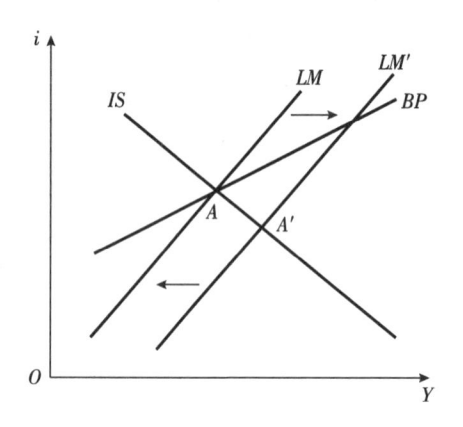

**图4-4　资本有限制自由流动下固定汇率制 $IS$、$LM$、$BP$ 曲线变动**

在浮动汇率制度下，扩张性货币政策在引起国际收支逆差后，会引起汇率贬值现象，此时国内商品价格会相对下降，外国商品价格相对升高，进而出口增加、进口减少，产出会进一步增加，同时世界利率也会上升，如图4-5所示。

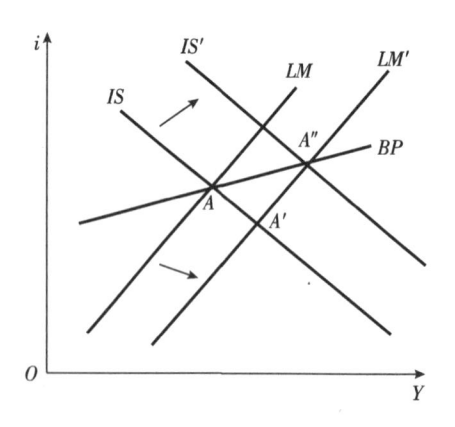

**图4-5　资本有限制自由流动下浮动汇率制 $IS$、$LM$、$BP$ 曲线变动**

如果将资本有限制的自由流动看作国家有选择地进行国际金融合作所带来的结果，则可以得到推论：固定汇率制度国家，有选择的国际金融合作会影响货币政策作用的发挥；而浮动汇率制度国家，有选择的国际金融合作会使货币政策发挥增加产出的作用，但世界利率也会发生相应改变。

3. 资本完全不流动对货币政策的影响

在资本完全不流动的情况下，固定汇率制度条件下，采取扩张性的货币政策会使货币供给增加，表现在图中，LM 曲线会向右移动至 LM' 曲线位置，新的交点为 A' 点，此时利率下降，产出上升，同时会导致进口增加，并产生国际收支逆差，由于资本不能自由流动且为固定汇率制度，为维持原有汇率，货币当局会减少货币供应量，直到 LM' 曲线回移到 LM 曲线位置，如图 4-6 所示。

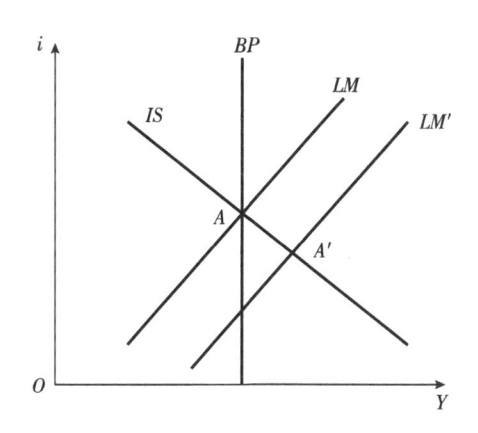

**图 4-6　资本完全不流动下固定汇率制 IS、LM、BP 曲线变动**

同理，在浮动汇率制度的条件下，扩张性货币政策使 IS 曲线与 BP 曲线会同时向右移动，与 LM' 曲线相交于新的均衡点 A'，此时世界利率不变，如图 4-7 所示。可以看出，在资本完全不流动条件下，浮动汇率下的扩张性货币政策使产出增加。通过图 4-6 与图 4-7 可以发现，在资本无法自由流动与资本完全自由流动条件下，货币政策所带来的效果是相同的。

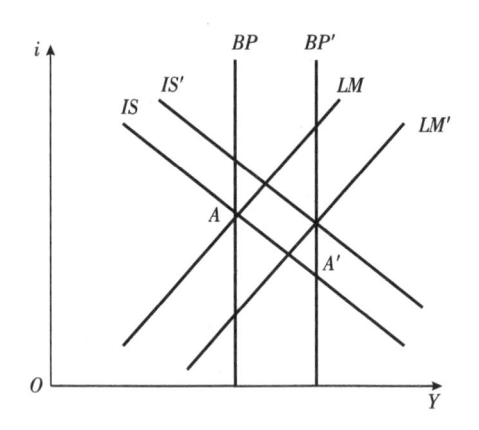

图 4-7　资本完全不流动下浮动汇率制 *IS*、*LM*、*BP* 曲线变动

## 二　国际金融合作影响货币政策传导机制的总体框架

(一) 宏观视角下国际金融合作对货币政策传导机制的影响

从整体上分析金融合作对货币政策传导机制的影响，就货币政策传导机制来说，在开放经济中，央行根据本国与外国经济发展实际情况确定扩张、紧缩、温和等货币政策，进而使用数量型与价格型货币政策工具并进行组合，这些货币政策工具又会通过相应传导机制向实体经济进行传导。通过货币市场合作以及资本市场合作的开展，一方面会增加或减少本国金融市场中的货币数量；另一方面会影响到资本市场中股票、债券等资产的价格，进而改变货币政策传导机制。根据凯恩斯货币供给理论，金融合作可以影响金融市场中货币的数量或改变货币结构，使利率与汇率发生变化，最终影响到宏观经济变量；根据资产价格理论，金融合作又可以影响到金融市场中资产的价格，进一步影响利率与汇率，进而影响到宏观经济变量。同时，在货币市场合作与资本市场合作过程中，还可以防范货币政策传导机制中可能存在的金融风险，进而保证货币政策传导机制的整体稳定性。在实体经济系统中，国际资本供给者通过与合作国签订金融合作协议，以国际贸易、投资传导到合作国的金融系统，影响合作国的货币政策传导机制，通过直接融资与间接融资最终影响国际资金的需求者。具体如图 4-8 所示。

第四章　国际金融合作影响货币政策传导机制的理论分析

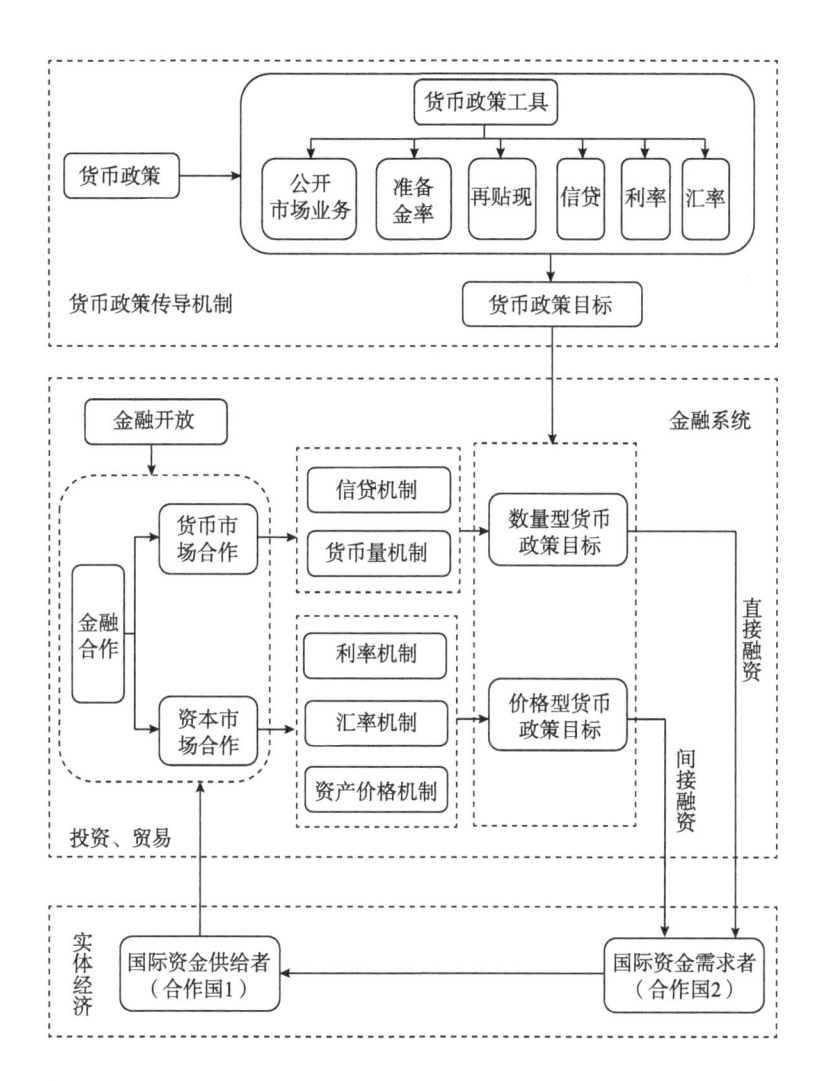

**图 4-8　国际金融合作影响货币政策传导机制的宏观框架**

（二）微观视角下国际金融合作对货币政策传导机制的影响

继续深入分析，可以将开放经济条件下国家之间的金融合作看作本国与外国两个子系统之间的金融合作，根据上文分析，假设每个子系统拥有本国居民、金融企业、非金融企业、中央银行四个微观行为主体。

Martin Brown 等[1]提出,本国在与外国进行金融合作的过程中,本国居民既可以从本国债券、股票市场进行投资,又可以在外国债券、股票市场投资,投资渠道的多样化会使居民的总财富增加,而债券、股票等资本市场上的金融资产比传统的信贷等金融资产对货币政策的敏感性要强,总财富的增加刺激了社会总体消费的增加,进而加快了货币政策传导速度。巴曙松和王文强[2]认为,亚洲金融合作以债券市场为起点做出了有益探索,随着合作国家之间的合作程度不断深入发展,金融业务往来不断增加,必然会在一定程度上增加国家的融资规模,针对单个货币政策传导机制而言,金融合作促进了基于传导机制变量的金融企业业务规模扩张。

从风险分担角度而言,国家之间金融合作通过金融市场横向风险分担原理,保证了投资收益稳定,在这种情况下,银行等金融中介机构会采取增加信贷规模等方面的应对措施,这样在信贷、利率与汇率的作用过程中,既缓解了货币政策传导的风险,也稳定了企业运营中的风险,增强了货币政策传导机制的稳定性。

此外,国家之间在进行金融合作的过程中,国外与本国非金融企业之间的贸易与投资规模、结构会发生相应改变,进而影响到汇率水平,使国际储备发生相应变化,进一步又通过汇率与利率机制影响到了本国货币政策传导机制。具体影响过程如图 4-9 所示。

---

[1] Martin Brown et al., "Who Needs Credit and Who Gets Credit in Eastern Europe?", *Economic Policy*, Vol. 26, No. 65, January 2011.

[2] 巴曙松、王文强:《当前中国债券基金的困境与发展趋势》,《武汉金融》2005 年第 7 期。

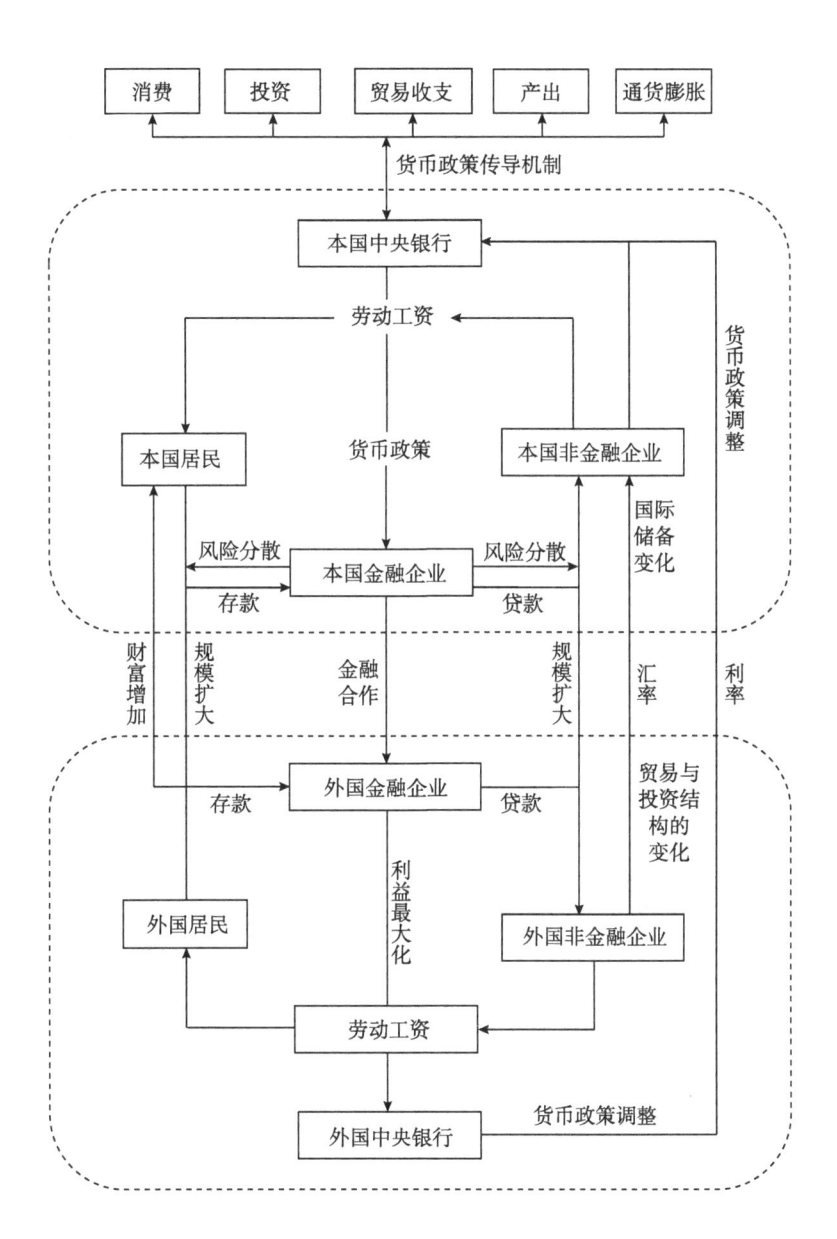

图 4-9　微观视角下国际金融合作影响货币政策传导机制的过程

## 第二节 国际金融合作影响货币政策传导机制的动态随机一般均衡

根据总体理论机制中的分析，虽然一般均衡模型可以得出偏导矩阵，模型中的总投资、总储蓄、总货币供给与需求函数从宏观角度刻画了货币溢出下的金融合作，但现实中的经济主体是由微观主体构成的，DSGE 模型可以从微观角度描述经济运行机制，同时还引入了市场经济垄断和价格黏性的设定，从而更好地刻画金融合作影响货币政策传导机制的规律。因此，本节将构建 DSGE 模型，根据动态随机一般均衡理论深入分析货币市场合作与资本市场合作对货币政策传导机制的影响。

### 一 假定条件

经典的新凯恩斯主义 DSGE 模型假定封闭经济条件下，一个家庭努力实现消费与闲暇效用的最大化，同时接受消费约束，而所有的厂商都是同质的，无法进行内生性的技术创新，只能接受来自外部的技术变动，产品市场为不完全竞争市场，价格和工资由经济个体最大化其目标函数来确定。

在开放经济条件下，除考虑上述的基本假定，还要考虑各国家庭、厂商、政府之间进行商品、服务、金融资产之间的交易与往来情况，各主体在考虑本国市场情况进行决策的基础上，还要考虑国外市场因素。从产品市场来说，消费者在本国与外国的产品之间进行消费决策，面对的价格是不同的，且本国与外国的消费主体所拥有的消费预期不同，预算约束也不同。一个国家生产者所面对的消费需求是不同的，不同国家的生产成本也有差异。开放经济条件下使模型中各部门最优目标函数与约束条件更加复杂。从金融市场来说，两国之间的金融市场变成了国际金融市场，金融市场中的货币市场与资本市场开展业务方式又各不相同，货币市场开展的业务时间较短、风险较小，资本市场开展的业务时间较长、风险较大，两个市场中合作互利主要表现在金融机构既可以向本国居民、企业开展存款、贷款、股票买卖等金融业务，又可以向国外居民、企业开展存款、贷款、股票买卖等金融业务。而且对于开展业务过程中的风险可以通过签订合约等方式进行防范与规避，还可以通过监管合作稳定金融市场的运行，对市场风险进行预警与防范。同时，各国中央银行的决策也将受到国际金融市场影响，根据国际金融市场变化，制定符合本国实际情况的数量型与价格型货币政策。

基于以上分析，为了将开放经济条件下两国金融合作行为刻画清晰，又不失一般性，且简化计算，本部分的假设条件如下。

（1）经济中只存在本国与外国两个国家，每个国家均存在家庭、厂商、金融机构、中央银行四个部门。

（2）各国金融市场中的金融产品，分为短期与长期，短期产品属于国际货币市场中的业务范畴，长期产品属于国际资本市场的业务范畴，家庭部门可以在国际货币市场与资本市场上自由选择投资组合，以达到收益最大化。

（3）一价定律在模型中是成立的。

（4）各国之间只开展货币市场合作与资本市场合作业务，且不存在金融摩擦。合作主要体现在各国金融机构部门之间相互设立分支机构、针对各国消费者与生产者开展存款、贷款、债券融资等业务，合作过程中国际金融市场风险是存在的。

（5）各国中央银行作为政府调控部门，根据金融市场变化制定符合本国需要的货币政策，通过价格型与数量型货币工具来实施。

二　货币市场合作下的模型设定

（一）家庭部门

假设本国和外国家庭人口总量为 1，本国家庭的人口由 $[0, k]$ 区间上的点组成，国外家庭人口由 $(k, 1]$ 区间上的点组成。$H$ 表示本国生产的产品，$F$ 表示外国生产的产品。国内产品之间替代弹性为 $\varepsilon$，国家之间产品替代弹性为 $\nu$，到第 $t$ 期为止所有的异质信息的预期算子用 $E_t$ 表示。国外对应变量用加"*"号的相同字母表示。

设效用最大化函数为 $E_t \sum_{t=0}^{\infty} \beta^i U(C_t, N_t)$，式中：$N_t$ 为劳动时间；$C_t$ 为消费情况。由以下函数确定：

$$C_t = \left[ (1-\alpha)^{\frac{1}{\eta}} (C_{H,t})^{\frac{\eta-1}{\eta}} + \alpha^{\frac{1}{\eta}} (C_{F,t})^{\frac{\eta-1}{\eta}} \right]^{\frac{\eta}{\eta-1}} \tag{4-12}$$

式（4-12）中：$C_{H,t}$ 为国内商品消费指数，其表达式为 $C_{H,t} = \left[ \int_0^m C_{H,t}(j)^{\frac{\varepsilon-1}{\varepsilon}} d(j) \right]^{\frac{1}{\varepsilon-1}}$，$j \in [0, 1]$ 为商品变化区间；$C_{F,t}$ 进口商品指数，$C_{F,t} = \left[ \int_m^1 C_{F,t}(j)^{\frac{\varepsilon-1}{\varepsilon}} d(j) \right]^{\frac{1}{\varepsilon-1}}$；$(1-\alpha)$ 为本国产品的权重；$\alpha$ 为进口的外国产品的权重。同理，国外家庭部门消费函数 $C_t^*$ 为

$$C_t^* = \left[ (1-\alpha^*)^{\frac{1}{\nu}} (C_{H,t}^*)^{\frac{\nu-1}{\nu}} + \alpha^* (C_{F,t}^*)^{\frac{\nu-1}{\nu}} \right]^{\frac{\nu}{\nu-1}} \tag{4-13}$$

式（4-13）中：$C_{H,t}^*$ 为国外商品消费指数，其表达式为 $C_{H,t}^* = \left[ \int_0^m C_{H,t}^*(j)^{\frac{\varepsilon-1}{\varepsilon}} d(j) \right]^{\frac{1}{\varepsilon-1}}$；$j \in [0, 1]$ 为商品变化区间；$C_{F,t}^*$ 为国外进口商品指数，$C_{F,t}^* = \left[ \int_m^1 C_{F,t}^*(j)^{\frac{\varepsilon-1}{\varepsilon}} d(j) \right]^{\frac{1}{\varepsilon-1}}$。

根据已知 $P_t C_t = P_{H,t} C_{H,t} + P_{F,t} C_{F,t}$，$C_t = \left[ (1-\alpha)^{\frac{1}{\nu}} (C_{H,t})^{\frac{\nu-1}{\nu}} + \alpha^{\frac{1}{\nu}} (C_{F,t})^{\frac{\nu-1}{\nu}} \right]^{\frac{\nu}{\nu-1}}$，可以推出 $P_t C_t = P_{H,t} C_{H,t} \left[ 1 + \frac{1-\alpha}{\alpha} \left( \frac{P_{F,t}}{P_{H,t}} \right)^{1-\nu} \right]$，其中，国内产品与国外产品最优分配支出，即最优消费组合分别为 $C_{H,t} = (1-\alpha) \left( \frac{P_{H,t}}{P_t} \right)^{-\nu} C_t$、$C_{F,t} = \alpha \left( \frac{P_{F,t}}{P_t} \right)^{-\nu} C_t$，消去 $\frac{C_{H,t}}{C_t}$ 可得本国消费者价格指数表达式：

$$P_t = \left[ (1-\alpha) P_{H,t}^{1-\nu} + \alpha P_{F,t}^{1-\nu} \right]^{\frac{1}{1-\nu}} \tag{4-14}$$

根据上文定义 $C_{H,t} = \left[ \int_0^1 C_{H,t}(j)^{\frac{\varepsilon-1}{\varepsilon}} d(j) \right]^{\frac{1}{\varepsilon-1}}$，以及成本最小化原则可得

$$\min \left[ \int_0^1 P_{H,t}(j) C_{H,t}(j) dj \right] \left[ \int_0^1 C_{H,t}(j)^{\frac{\varepsilon-1}{\varepsilon}} d(j) \right]^{\frac{1}{\varepsilon-1}} = 1 \tag{4-15}$$

构造 Lagrange 函数可得：

$$C_{H,t}(h) = \left[P_{H,t}(j)/(\int_0^1 P_{H,t}(j)\mathrm{d}j)^{\frac{1}{1-\varepsilon}}\right]^{-\varepsilon} \tag{4-16}$$

代入目标函数可得本国的国内价格指数与国外价格指数：

$$\begin{cases} P_{H,t} = \left(\int_0^1 P_{H,t}(j)^{1-\varepsilon}\mathrm{d}j\right)^{\frac{1}{1-\varepsilon}} \\ P_{F,t} = \left(\int_0^1 P_{F,t}(j)^{1-\varepsilon}\mathrm{d}j\right)^{\frac{1}{1-\varepsilon}} \end{cases} \tag{4-17}$$

根据对称性原理，外国消费者价格指数表达式为

$$P_t^* = \left[(1-\alpha^*)P_{H,t}^{*1-\nu} + \alpha^* P_{F,t}^{*1-\nu}\right]^{\frac{1}{1-\nu}} \tag{4-18}$$

同理，外国的国内价格指数与国外价格指数表达式分别为

$$\begin{cases} P_{H,t}^* = \left(\int_0^1 P_{H,t}^*(j)^{1-\varepsilon}\mathrm{d}j\right)^{\frac{1}{1-\varepsilon}} \\ P_{F,t}^* = \left(\int_0^1 P_{F,t}^*(j)^{1-\varepsilon}\mathrm{d}j\right)^{\frac{1}{1-\varepsilon}} \end{cases} \tag{4-19}$$

假定模型中一价定律成立可得

$$\begin{cases} P_{H,t} = e_t P_{H,t}^* \\ P_{F,t} = e_t P_{F,t}^* \end{cases} \tag{4-20}$$

定义本国购买的外国产品价格与国内产品价格之比为

$$T = \frac{P_{F,t}}{P_{H,t}} = \frac{P_{F,t}^*}{P_{H,t}^*} \tag{4-21}$$

令 $\dfrac{P_t}{P_{H,t}} = g_t$，$\dfrac{P_t^*}{P_{F,t}^*} = g_t^*$，则可得实际汇率

$$\frac{e_t P_t^*}{p_t} = \frac{e_t P_{F,t}^* g_t^*}{P_{H,t} g_t} = T\frac{g_t^*}{g_t} \tag{4-22}$$

令 $\Pi_t$、$\Pi_{H,t}$ 分别代表本国与国外的通货膨胀率，则二者可表示为

$$\frac{\Pi_t}{\Pi_{H,t}} = \frac{\dfrac{P_t}{P_{t-1}}}{\dfrac{P_{H,t}}{P_{H,t-1}}} = \frac{g_t}{g_{t-1}} \tag{4-23}$$

由于国家之间开展了货币市场与资本市场的合作，家庭部门可以本币在本国和国外的货币市场与资本市场分别购买产品进行投资组合，且由于金融合作，购买外国债券的交易成本降为 0。令 $P_t$ 表示本国消费者价格指数，$D_{t+1}$ 表示本国与外国家庭部门投资于第 $t$ 期的本国货币市场资产在 $t+1$ 时期所取得的回报总和，$S_{t+1}$ 表示本国与外国家庭部门投资于第 $t$ 期的本国资本市场资产在 $t+1$ 时期所取得的回报总和。假定本国与外国家庭部门投资于本国货币市场的利率相等为 $R_t^d$，投资于本国资本市场的利率相等为 $R_t^s$。继续令 $e_t$ 为名义汇率，$W_t$ 与 $W_t^*$ 分别为本国与外国的工资水平，$M_{t-1}$ 为本国居民部门持有的财富，并假定持有的财富只有货币，也是社会货币量的唯一来源。$\Psi_t$ 表示资本生产企业推导出的利润，则可以定义本国家庭部门的预算约束式为

$$P_tC_t+D_t+D_t^*+S_t+S_t^*+M_t \leq M_{t-1}+R_t^d(D_{t-1}+D_{t-1}^*)+R_t^s(S_t+S_t^*)+\Psi_t+W_tL_t \tag{4-24}$$

假定本国家庭部门效用函数表示为

$$E_t\sum_{i=0}^{\infty}\beta^i\left\{\ln(C_{t+i})+\frac{\gamma}{\gamma-1}\left(\frac{M_{t+i}}{P_{t+i}}\right)^{\frac{\gamma-1}{\gamma}}-\frac{\chi L_{t+i}^{1+\eta}}{1+\eta}\right\} \tag{4-25}$$

式（4-25）中：$E_t$ 为预期算子；$\eta$ 为劳动力供给弹性倒数，可以继续构造 Lagrange 函数为

$$L=E_t\sum_{i=0}^{\infty}\beta^i\left\{\ln(C_{t+i})+\frac{\gamma}{\gamma-1}\left(\frac{M_{t+i}}{P_{t+i}}\right)^{\frac{\gamma-1}{\gamma}}-\frac{\chi L_{t+i}^{1+\eta}}{1+\eta}\right\}-\lambda_t(P_tC_t+D_t+D_t^*+S_t+S_t^*+M_t \leq M_{t-1}+R_t^d(D_{t-1}+D_{t-1}^*)+R_t^s(S_t+S_t^*)+\Psi_t+W_tL_t) \tag{4-26}$$

通过对式（4-26）求导可以得到

$$\frac{\partial L}{\partial C_t}=C_t^{-1}-\lambda_tP_t=0 \Rightarrow C_t=\frac{1}{\lambda_tP_t} \tag{4-27}$$

$$\frac{\partial L}{\partial D_t}=E_t\beta\Lambda R_{t+1}^d=1 \tag{4-28}$$

$$\frac{\partial L}{\partial S_t}=E_t\beta\Lambda R_{t+1}^S=1 \tag{4-29}$$

$$\frac{\partial L}{\partial M_t} = \left(\frac{M_t}{P_t}\right)^{-\left(\frac{1}{\gamma}\right)} + \beta P_t E_t \{\lambda_{t+1}\} = \lambda_t P_t \qquad (4-30)$$

$$\frac{\partial L}{\partial W_t} = \lambda_t W_t = \chi(L^S)_t^\eta \Rightarrow W_t = \frac{1}{\lambda_t}\chi(L^S)_t^\eta \qquad (4-31)$$

以上所得均衡式中，令 $\Lambda_{t,t+1} = \frac{\lambda_{t+1}}{\lambda_t}$，式（4-27）至式（4-31）分别为消费的欧拉方程、家庭部门货币市场最优投资决策方程资本市场最优投资决策方程、货币需求方程与劳动供给方程。

(二) 厂商部门

假定厂商在生产过程中，通过金融机构在货币市场进行贷款的利率为 $R_t^{ck}$，在资本市场进行贷款的利率为 $R_t^{sk}$，但厂商贷款的金额会受到银行所具有的存款与贷款金额限制，因此厂商部门需要经过生产与外部融资需求进行最终贷款决策。同时假定厂商中还存在资本品生产商这一类型。

1. 企业生产

根据假定，由于本国与外国的产品市场均为垄断竞争市场，各国厂商都会进行相同的最优决策，假定本国与外国生产函数跟劳动时间、资本积累与技术正相关，产出 $Y_t$ 符合 Cobb-Douglas 函数形式，则生产函数可定义为

$$Y_t = A_t \overline{K}_t^\alpha L_t^{1-\alpha} \qquad (4-32)$$

式（4-32）中：$\overline{K}_t$ 为有效生产资本；$L_t$ 为劳动力；$A_t$ 为生产力外生冲击，定义 $a_t = \log A_t$ 服从 AR（1）自回归过程，可得 $a_t = \rho_a a_{t-1} + \mu_t$。

由假设可知厂商部门定价规则采用卡尔沃定价规则，具体到每个国内与国外的厂商，他们将以 $(1-\theta)$ 的概率进行新一轮定价，也就是说，将有一些厂商 $(1-\theta)$ 对价格进行新一轮的制定，$\theta$ 比例的厂商价格保持不变，每一次调整好的价格所持续的时间为 $(1-\theta)^{-1}$，厂商为了使 $t$ 时期的利润最大化，假定选择的价格为 $\overline{P}_t$，可以表示为

$$\max_{K_{t+1}, L_t} \theta^k E_t \sum_{i=0}^{\infty} \beta^i \Lambda_{t,t+1} [P_t Y_t + (1-\delta) Q \overline{K}_t - W_t L_t - R_t^{jk} \overline{K}_t Q_{t-1}], \text{其中}$$

$$j \in (c, s) \qquad (4-33)$$

式（4-33）中：$Q_{t+k}$ 为资本价格；$\delta$ 为资本折旧率，将式（4-32）与式（4-33）联立，并构造拉格朗日函数求解，可得

$$\frac{\partial L}{\partial K_{t+1}} = R_{t+1}^{jk} Q_t = P_t \alpha \left( \frac{Y_{t+1}}{\overline{K}_{t+1}} \right) + (1-\delta) Q_{t+1} \tag{4-34}$$

$$\frac{\partial L}{\partial W_t} = P_t (1-\alpha) \frac{Y_t}{L_t} = W_t \tag{4-35}$$

设厂商的最小成本为

$$\min_{L_t, K_{t-1}} \left\{ \frac{W_t L_t}{P_t} + Z_t \overline{K}_{t-1} \right\} \tag{4-36}$$

式中：$Z_t$ 为资本使用价格；$\frac{W_t}{P_{mt}} = \omega_t$ 为实际工资。联立式 4-31，并构造拉格朗日函数：

$$L = \min_{L_t, K_{t-1}} \left\{ \frac{W_t L_t}{P_t} + Z_t \overline{K}_{t-1} \right\} - \lambda_t (Y_t - A_t \overline{K}_t^\alpha L_t^{1-\alpha}) \tag{4-37}$$

求偏导可得：

$$\begin{cases} \dfrac{\partial L_c}{\partial K_t} = Z_t + \lambda_t A_t \alpha \overline{K}_t^{1-\alpha} L_t^{1-\alpha} = 0 \\ \dfrac{\partial L_c}{\partial L_t} = \dfrac{W_t}{P_{mt}} + \lambda_t (1-\alpha) A_t \overline{K}_t^\alpha L_t^{-\alpha} = 0 \end{cases} \tag{4-38}$$

解得

$$\frac{\overline{K}_{t-1}}{L_t} = \left( \frac{\alpha}{1-\alpha} \right) \frac{W_t}{P_t Z_t} \tag{4-39}$$

根据生产要素价格与边际生产率的比例可以得到厂商的边际成本函数如式（4-40）所示：

$$MC_t = A_t^{-1} (Z_t)^\alpha \omega_t^{1-\alpha} \alpha^{-\alpha} (1-\alpha)^{\alpha-1} \tag{4-40}$$

根据式（4-29）与 $MC_t = \omega / MPT_t$ 可以求得劳动力需求方程为

$$L_t^Q = (1-\alpha) \alpha^{-1} K_t \omega_t^{-1} \tag{4-41}$$

2. 厂商融资

参考巴企平[①]的研究，本部分首先构建资产池模型，进而分析厂

---

① 巴企平：《辨析资产证券化的实质》，《新金融》2007年第4期。

商如何通过国际货币市场以及国际资本市场进行融资贷款，假定厂商融资程度的难易会受到金融中介开展货币市场合作与资本市场合作程度的影响，通过国际资本市场与国际货币市场的合作程度，厂商可以增强对项目选择的判断力。资产池的运转有三个步骤：第一步是发起人根据市场需求设定资产池运转的最终目标，主要包括资产池中的现金流动、风险大小、金额规模、行业的构成与分布等。第二步是根据第一步确定的资产池的目标，进一步确定使用货币市场资金还是资本市场资金的具体标准，通过开展国际货币市场合作与国际资本市场的合作，一方面要确定项目是否进入稳定的还款期并且得到了融资后的贷款；另一方面要确定资产池总体的还款期限要长于所确定的每笔资产的还款期限，且每笔资产金额都设定了最高额度与最低额度。第三步是从所有可选择的资产中，根据风险分散原则以及设定的目标、标准，挑选出最优组合以达到降低风险、实现整体组合收益最优的目标。

厂商运用资产池进行目标设定、融资组合可以实现生产资本的更新，并降低项目的风险。下面通过分析企业在每个部门中融资成功的概率来确定项目的成功率，假定厂商选择了一个风险性项目，项目的成功率分为高和低两种，高成功率用 $\theta_H$ 表示，低成功率用 $\theta_L$ 表示，如果项目在 $t$ 时期是成功的，则厂商原有资本 $K_t$ 将变为 $\theta_H K_t$ 单位的生产性资本；同理，如果项目在 $t$ 时期是失败的，则厂商原有资本 $K_t$ 将变为 $\theta_L K_t$ 单位的生产性资本，$\theta_H > \theta_L$。

假定部门类型分为"好"与"差"两种，"好"的部门中，贷款成功率在项目成功时为 $P^G$，在项目失败时为 $1-P^G$；同理，在"差"的部门中，贷款成功率在项目成功时为 $P^B$，在项目失败时为 $1-P^B$，可以确定在"好"的部门与"差"的部门，各自的平均成功率分别为

$$\begin{cases} \bar{\theta}^G = P^G \theta_H + (1-P^G) \theta_L \\ \bar{\theta}^B = P^B \theta_H + (1-P^B) \theta_L \end{cases} \tag{4-42}$$

进一步假定厂商在获得融资贷款过程中，金融中介无法确定厂商

所选择投资的项目是"好"还是"差",且不能确定其中的风险,但金融中介通过加强国际金融合作程度,可以直接影响资金对项目变"好"与变"差"的筛选能力,进而降低融资风险,提高融资收益的成功率,金融合作程度用 $\pi_t$ 来表示,因此,将金融合作水平融入贷款期望质量的方程,可以得到

$$E_t[H_{t+1}(\pi_t)] = E_t[\pi_t \bar{\theta}^G + (1-\pi_t)\bar{\theta}^B] \tag{4-43}$$

进一步对国际金融合作程度进行划分,可设定为国际货币市场合作与国际资本市场合作,分别用 $\pi_t^{cb}$ 与 $\pi_t^{sb}$ 来表示,同时定义通过货币市场在 $t$ 时期的项目融资资本为 $K_t^{cb}$,通过资本市场在 $t$ 时期的项目融资资本为 $K_t^{sb}$,融资总量为 $K_t = K_t^{cb} + K_t^{sb}$,即资本市场与货币市场融资资本总额。厂商在每个市场中所得到的有效融资资本为

$$\bar{K}_t^i = H_t(\pi_{t-1}^i) K_{t-1}^i \tag{4-44}$$

同时,厂商融资的有效资本来自货币市场与资本市场资本之和,具体如式(4-45)所示:

$$\bar{K}_t = \bar{K}_t^{cb} + \bar{K}_t^{sb} \tag{4-45}$$

定义金融合作程度为货币市场合作程度与资本市场合作程度之和,且与各自有效资本和总资本相关,具体关系为

$$\bar{\pi}_t = \frac{\pi_t^{cb} K_t^{cb} + \pi_t^{sb} K_t^{sb}}{K_t} \tag{4-46}$$

参考 Gertler 和 Karadi[①] 的研究,将金融合作水平下的总资产质量定义为 $H_t(\bar{\pi}_{t-1}) = \dfrac{\bar{K}_t}{K_{t-1}}$。

3. 资本品生产部门

假定通过购买最终产品方式,资本品生产厂商可以创造新的资本,资本更新的情况用投资调整函数 $f(I_t/I_{t-1})I_t$ 表示,$I_t$ 为总投资,其中 $f(1)=f'(1)=0$,$f''(1)>0$,进一步地,资本品生产商将新的资本出售给生产厂商,价格为 $Q_t$,假定家庭部门是资本品生产商的唯一来

---

① Gertler M. & Karadi P., "A Model of Unconventional Monetary Policy", *Journal of Monetary Economics*, Vol. 58, No. 1, January 2011.

源，为使利润最大化，投资的 $I_t$ 满足式（4-47）：

$$\max_{I_\tau} \sum_{\tau=t}^{\infty} \beta^{\tau-t} \Lambda_{t,\tau+1} \{Q_t I_\tau - I_\tau - f(I_\tau/I_{\tau-1})/I_\tau\} \tag{4-47}$$

代表性家庭 $j$ 的资本积累方程为

$$K_t = (1-\delta)\overline{K}_t + [1 - f(I_t/I_{t-1})]I_t \tag{4-48}$$

联立式（4-47）与式（4-48），构造拉格朗日函数可解的资本价格等式，如式（4-49）所示：

$$Q_t = 1 + f\left(\frac{I_t}{I_{t+1}}\right) + \frac{I_t}{I_{t-1}} f'\left(\frac{I_t}{I_{t-1}}\right) - E_t \beta \Lambda_{t,t+1} f'\left(\frac{I_t}{I_{t-1}}\right)\left(\frac{I_t}{I_{t-1}}\right)^2 \tag{4-49}$$

（三）货币市场业务下的金融机构

本部分借鉴并发展 Ferrante[①] 等的模型，主要金融机构开展的业务为货币市场业务，并对金融机构在各市场中存在的国际金融合作进行刻画。货币市场收益率为 $R_t^{ck}$，假定在开展国际货币市场合作中为避免合作本身所产生的信息不对称、道德风险，需提前付出一定的成本，且合作后有特定的方法来识别其融资项目的质量。在进行融资时，假定金融机构通过货币市场的合作仅能对单一区域内的风险项目进行融资，如果成功，则金融机构通过货币市场投入的生产性资本为 $\theta_H$；如果失败，则在货币市场投入的生产性资本为 $\theta_L$。金融机构开展国际货币市场合作业务时，可以吸收本国与外国家庭部门存款，并贷款给本国与外国厂商，金融部门通过前期开展货币市场业务后自身净值为 $N_t^{cb}$，从第 $t$ 期开始，金融机构通过货币市场开展短期存款等业务将拥有资产量 $D_t$ 为项目进行融资，融资额为 $Q_t K_t^{cb}$，则货币市场业务下资产与负债满足如下关系式：

$$Q_t K_t^{cb} = N_t^{cb} + D_t \tag{4-50}$$

式（4-50）中：$Q_t$ 为当期资本价格；$K_t^{cb}$ 为金融机构在第 $t$ 期通过货币市场向厂商投资的资本数量。

---

① Ferrante F., "A Model of Endogenous Loan Quality and the Collapse of the Shadow Banking System", *Social Science Electronic Publishing*, Vol. 10, No. 4, October 2018.

参考并引申 Gertler 和 Karadi[①] 研究，根据上述假定，金融机构在通过货币市场开展合作业务的过程中也会存在风险，风险主要来自商业银行与本国和外国家庭部门等债权人之间双方的信息不对称，在此情况下，货币市场的业务量会受到合约中约定的给本国与外国家庭部门等债权人资本量的限制，假定只考虑一期债权人在货币市场中的合约问题。债权人应该在货币市场中得到的金融机构给付的单位资本量 $b_{t+1}$ 需满足的偿付能力约束如式（4-51）所示：

$$b_{t+1} \leq \theta_L R_{t+1}^{ck} \tag{4-51}$$

货币市场所涉及业务期限较短，家庭部门等债权人在货币市场合作中因不能发觉金融机构持有的贷款是否存在拖欠现象而造成了偿债能力约束，因此设定家庭部门得到的来自金融机构通过货币市场业务的资本量与项目失败时贷款收益率相关，只有在满足式（4-51）约束条件下，金融机构才会继续通过货币市场开展业务，以此确保通过货币市场业务可以随时偿还家庭部门资本量。通过开展货币市场对外业务合作，能够确定部门在下期变好的概率，但合作会产生防范金融风险的成本，对应的成本函数为凸函数 $c(\pi_t^{cb})$，因此金融机构开展货币市场业务期望收益目标函数可定义为

$$E_t\{Q_t K_t^{cb} [H_{t+1}(\pi_t^{cb}) R_{t+1}^{ck} - c(\pi_t^{cb}) - b_{t+1}]\} \tag{4-52}$$

在求最优解时，需要考虑保证家庭部门获得货币市场合作过程中相应收入的约束条件，可设定为

$$D_t \leq E_t \beta^i \Lambda_{t,t+1} b_{t+1} Q_t K_c^b \tag{4-53}$$

则将式（4-50）、式（4-51）、式（4-53）定义为约束条件，求解式（4-52）最大化问题，可构造拉格朗日函数：

$$L_1 = \max_{K_t^{cb}, b_{t+1}, \pi_t^{cb}} E_t\{Q_t K_t^{cb}[H_{t+1}(\pi_t^{cb}) R_{t+1}^{ck} - c(\pi_t^{cb}) - b_{t+1}]\} - \lambda_t^{cb}(Q_t K_t^{cb} - N_t^{cb} - D_t) \tag{4-54}$$

$$L_2 = \max_{K_t^{cb}, b_{t+1}, \pi_t^{cb}} E_t\{Q_t K_t^{cb}[H_{t+1}(\pi_t^{cb}) R_{t+1}^{ck} - c(\pi_t^{cb}) - b_{t+1}]\} - \omega_t^{cb}(b_{t+1} - \theta_L R_{t+1}^k) \tag{4-55}$$

---

① Gertler M. & Karadi P., "A Model of Unconventional Monetary Policy", *Journal of Monetary Economics*, Vol. 58, No. 1, January 2011.

$$L_3 = \max_{K_t^{cb}, b_{t+1}, \pi_t^{cb}} E_t \{ Q_t K_t^{cb} [ H_{t+1}(\pi_t^{cb}) R_{t+1}^{ck} - c(\pi_t^{cb}) - b_{t+1} ] \} - \xi_t^{cb}(D_t - E_t \beta \Lambda_{t,t+1} b_{t+1} Q_t K_c^b) \tag{4-56}$$

可解得 $K_t^{cb}$、$b_{t+1}$、$\pi_t^{cb}$ 一阶条件如下：

$$E[H_{t+1}(\pi_t^{cb}) R_{t+1}^{ck} - c(\pi_t^{cb}) - b_{t+1}] = \lambda_t^{cb}[1 - E_t \beta^i \Lambda_{t,t+1} b_{t+1}] \tag{4-57}$$

$$Q_t K_t^{cb} [\lambda_t^{cb} \beta \Lambda_{t,t+1} - 1] = \omega_{t+1} \tag{4-58}$$

$$c'(\pi_t^{cb}) = E_t(\bar{\theta}^G - \bar{\theta}^B) R_{t+1}^{ck} \tag{4-59}$$

假定货币市场合作过程中防范金融风险的成本函数形式为

$$c(\pi_t^{cb}) = \frac{\zeta[(\pi_t^{cb})^2 - \kappa]}{2}, \quad c'(\pi_t^{cb}) = \zeta \pi_t^{cb} \tag{4-60}$$

式（4-60）中：$\zeta$ 与 $\kappa$ 为厂商破产时，金融机构的监督参数。将式（4-60）与式（4-59）相结合可得货币市场合作程度均衡式为

$$\pi_t^{cb} = \frac{[E_t(\bar{\theta}^G - \bar{\theta}^B) R_{t+1}^{ck}]}{\zeta} \tag{4-61}$$

假定货币市场融资受到货币市场杠杆率 $\phi_t^{cb}$ 的约束，定义为

$$Q_t K_t^{cb} = \phi_t^{cb} N_t^{cb} \tag{4-62}$$

继续将式（4-43）代入式（4-40）可得

$$Q_t K_t^{cb} [1 - E_t \theta_L \beta \Lambda_{t,t+1} R_{t+1}^{ck}] = N_t^{cb} \tag{4-63}$$

将式（4-62）与式（4-63）相结合可得

$$Q_t K_t^{cb} = \frac{1}{[1 - E_t \theta_L \beta \Lambda_{t,t+1} R_{t+1}^{ck}]} N_t^{cb} = \phi_t^{cb} N_t^{cb} \tag{4-64}$$

可以求出货币市场的杠杆率为

$$\phi_t^{cb} = \frac{1}{[1 - E_t \theta_L \beta \Lambda_{t,t+1} R_{t+1}^{ck}]} \tag{4-65}$$

可以看出，货币市场中的杠杆率会随货币市场中期望资本收益 $E_t R_{t+1}^{ck}$ 的增加而增加。但杠杆率与金融合作成本无关，表明货币市场合作中，业务量的提升不会受到风险防范成本的影响，也可以说明货币市场中的风险是有限的。将式（4-62）与式（4-38）相结合，可得家庭在货币市场合作情况下的投资收益率为

$$R_t^d = \frac{\theta_L R_t^{ck} \phi_{t-1}^{cb}}{\phi_{t-1}^{cb} - 1} \tag{4-66}$$

为避免出现金融机构在货币市场无限期积累净资产的情况,假定金融机构的货币市场业务开展到下一期的概率为 $\phi^c$,金融机构退出当期货币市场业务的概率为 $1-\phi^c$。金融机构开展新一轮货币市场业务第一期带来的财富为 $\omega^{cb}$,则金融机构开展货币市场业务总净值为

$$N_t^{cb} = \phi^c \{H_t(\pi_{t-1}^{cb}) - \theta\} R_t^{ck} Q_{t-1} K_{t-1}^{cb} + W^{cb} \qquad (4-67)$$

式(4-67)中:$W^{cb} = (1-\phi^c)\omega^{cb}$。从式(4-56)中可以看出货币市场业务的净值与货币市场合作程度 $H_t(\pi_{t-1}^{cb})$ 相关联,且货币市场合作防风险成本不会影响货币市场业务净值。

### 三 资本市场合作下的模型设定

为使货币市场合作与资本市场合作对货币政策传导机制影响的对比更加直观,本部分沿用货币市场合作下模型设定中的家庭部门与厂商部门相关函数,在原有假设的基础上重新构建金融机构函数,并构建统一的中央银行部门函数。

#### (一)资本市场业务下的金融机构

本部分继续借鉴并发展 Ferrante 等的模型,并对金融机构在金融市场中存在的资本市场合作进行刻画。与货币市场相对应,资本市场收益率为 $R_t^{sk}$,在开展资本市场合作过程中也需提前付出一定的成本。与货币市场合作不同的是,在进行融资时,资本市场中的金融机构可以通过开展资本市场业务在同一个部门的"贷款池"中进行投资,在"好"的部门中,资本市场投资组合为 $\bar{\theta}^G$;在"差"的部门中,投资组合为 $\bar{\theta}^B$。同时,与货币市场合作不同的是,假定资本市场合作中的金融机构可以通过资本市场业务中的净值 $N_t^{sb}$ 向投资者提供证券、长期贷款等业务,业务资产量为 $S_t$,金融机构通过资本市场向厂商提供的资本量为 $K_t^{sb}$,对项目进行的融资量(贷款总额)为 $Q_t K_t^{sb}$。可得金融机构通过开展资本市场业务的均衡式为

$$Q_t K_t^{sb} = N_t^{sb} + S_t \qquad (4-68)$$

假定与货币市场业务不同的是,由于资本市场所涉及业务期限较长,金融机构通过资本市场业务支付给家庭部门的单位资本量 $b_{t+1}^j$,其中 $j \in (G, B)$,需按部门类型而定,设通过资本市场业务进行的贷

款收益为 $r_{t+1}^{j}$，由式（4-69）给出：

$$r_{t+1}^{j} = \bar{\theta}^{j} R_{t+1}^{sk} - b_{t+1}^{j}, \quad j \in (G, B) \tag{4-69}$$

如果金融机构退出资本市场业务时，需支付给家庭部门的单位收益大于 0，即满足

$$r_{t+1}^{j} \geq 0 \Rightarrow b_{t+1}^{j} \leq \bar{\theta}^{j} R_{t+1}^{sk} \tag{4-70}$$

可得资本市场期望目标收益函数为

$$Q_t K_t^{sb} \{ \pi_t^{sb} r_{t+1}^{G} + (1-\pi_t^{sb}) r_{t+1}^{B} - c(\pi_t^{sb}) \} \tag{4-71}$$

假定金融机构通过资本市场支付给厂商的贷款与资本市场合作水平有较大关联，其中仍然存在信息不对称、道德风险等问题，在资本市场对项目进行选择的过程中，资本市场最优对外合作水平下的激励约束条件为

$$\pi_t^{sb} = \underset{\pi_t^{sb}}{\operatorname{argmax}} Q_t K_t^{sb} \{ \pi_t^{sb} r_{t+1}^{G} + (1-\pi_t^{sb}) r_{t+1}^{B} - c(\pi_t^{sb}) \} \tag{4-72}$$

由于金融业务影响贷款收入函数为凸函数，对式（4-71）求解可以得到凸合作成本函数一阶条件 $c'(\pi_t^{sb})$，如式（4-73）所示：

$$c'(\pi_t^{sb}) = E_t (r_{t+1}^{G} - r_{t+1}^{B}) \tag{4-73}$$

为保证资本市场中的家庭部门在合作中多获得的收益等于资金机会成本，假定机会成本为资本市场业务（证券业务等）投资中的收益率 $R_{t+1}^{cs}$，则资本市场中贷款人参与的约束条件为

$$Q_t K_t^{sb} \{ H_{t+1}(\pi_t^{sb}) R_{t+1}^{k} - [\pi_t^{sb} r_{t+1}^{G} + (1-\pi_t^{sb}) r_{t+1}^{B}] \} \geq S_t R_{t+1}^{s} \tag{4-74}$$

当金融机构通过资本市场与家庭部门之间的合约规定，如果金融机构通过资本市场所投资的项目是差的，则金融机构在资本市场的收益全部归还给家庭部门，金融机构在资本市场的业务将会停止。假定金融机构愿意承担资本市场合作业务中的全部风险，以保证厂商的支付等于期望的投资收益率，同时只考虑"好"的项目部门，而"差"的项目部门收益率 $r_{t+1}^{B} = 0$。

根据上述假定，可以得到金融机构在资本市场业务中与家庭部门之间的合约关系为

$$\underset{K_t^{sb}, \pi_t^{sb}, b_{t+1}^{G}}{\max} Q_t K_t^{sb} [\pi_t^{sb} r_{t+1}^{G} - c(\pi_t^{sb})] \tag{4-75}$$

约束条件为

$$\begin{cases} c'(\pi_t^{sb}) = E_t r_{t+1}^G \\ Q_t K_t^{sb}\{H_{t+1}(\pi_t^{sb})R_{t+1}^{sk} - \pi_t^{sb} r_{t+1}^G \geq S_t R_{t+1}^s\} \end{cases} \quad (4-76)$$

与金融机构开展货币市场业务类似,资本市场融资杠杆率同样会约束到资本市场业务,假定资本市场融资杠杆率为 $\phi_t^{sb}$,则有式(4-77)成立:

$$Q_t K_t^{sb} = \phi_t^{sb} N_t^{sb} \quad (4-77)$$

将式(4-77)、式(4-73)代入式(4-64)中可得

$$R_{t+1}^s = \phi_t^{sb}\{R_{t+1}^s - E[H_{t+1}(\pi_t^{sb})R_{t+1}^{sk}] + \pi_t^{sb} c'(\pi_t^{sb})\} \quad (4-78)$$

通过化简可以得到金融机构与家庭部门在 $t$ 时期资本市场业务合约关系如式(4-79)所示

$$\max_{K_t^{sb},\pi_t^{sb},b_{t+1}^G} \phi_t^{sb} N_t^{sb}\{E_t H_{t+1}(\pi_t^{sb})R_{t+1}^k - R_{t+1}^s - c(\pi_t^{sb})\} + N_t^{sb} R_{t+1}^s$$

$$s.t. \quad R_{t+1}^s = \phi_t^{sb}\{R_{t+1}^s - E[H_{t+1}(\pi_t^{sb})R_{t+1}^{sk}] + \pi_t^{sb} c'(\pi_t^{sb})\} \quad (4-79)$$

对式(4-79)构造拉格朗日乘数,可得资本市场融资杠杆率以及资本市场合作程度为

$$E_t H_{t+1}(\pi_t^{sb})R_{t+1}^s - c(\pi_t^{sb}) = \lambda_t\{R_{t+1}^s - E_t[H_{t+1}(\pi_t^{sb})R_{t+1}^k] + \pi_t^{sb} c'(\pi_t^{sb})\}$$
$$(4-80)$$

$$E_t(\bar{\theta}^G - \bar{\theta}^B)R_{t+1}^k - c'(\pi_t^{sb}) = \lambda_t\{\pi_t^{sb} c''(\pi_t^{sb}) + c'(\pi_t^{sb}) - E_t(\bar{\theta}^G - \bar{\theta}^B)R_{t+1}^k\}$$
$$(4-81)$$

将式(4-80)与式(4-81)合并后可得

$$\{E_t H_{t+1}(\pi_t^{sb})R_{t+1}^k - R_{t+1}^s - c(\pi_t^{sb})\}\pi_t^{sb} c''(\pi_t^{sb}) = [E_t(\bar{\theta}^G - \bar{\theta}^B)R_{t+1}^k - c'(\pi_t^{sb})]\{\pi_t^{sb} c'(\pi_t^{sb}) - c(\pi_t^{sb})\} \quad (4-82)$$

式(4-82)决定了国际资本市场合作水平 $\pi_t^{sb}$,假定资本市场合作中的风险防范成本函数形式为

$$c(\pi_t^{sb}) = \frac{\zeta[(\pi_t^{sb})^2 - \kappa]}{2} \quad (4-83)$$

求导后可得

$$\begin{cases} c'(\pi_t^{sb}) = \zeta \pi_t^{sb} \\ c''(\pi_t^{sb}) = \zeta \end{cases} \quad (4-84)$$

将以上结果代入成本函数中,可得开展资本市场合作程度 $\pi_t^{sb}$ 表达式为

$$\pi_t^{sb} = \frac{(R_{t+1}^s - E_t\bar{\theta}^B R_{t+1}^{sk} - \zeta\kappa) + [(R_{t+1}^s - E_t\bar{\theta}^B R_{t+1}^{sk} - \zeta\kappa)^2 + \kappa(E_t(\bar{\theta}^G - \bar{\theta}^B)R_{t+1}^{sk}]^{\frac{1}{2}}}{E_t(\bar{\theta}^G - \bar{\theta}^B)R_{t+1}^{sk}}$$

(4-85)

进一步替代式(4-77)中的 $r_t^G$,得到资本市场融资的杠杆率 $\phi_t^{sb}$ 为

$$\phi_t^{sb} = \frac{R_{t+1}^s}{\{R_{t+1}^s + E_t[H_{t+1}(\pi_t^{sb})R_{t+1}^{sk}] + \pi_t^{sb}c'(\pi_t^{sb})\}}$$

(4-86)

从式(4-86)中可以看出,开展国际资本市场合作的过程中,风险防范成本与杠杆率是相关的,资本市场防风险合作成本越高,企业所得到的融资量就越少,相对于货币市场,开展国际资本市场合作需要进行更多的风险防范。

为避免出现金融机构在资本市场无限期积累净资产的情况,假定金融机构的货币市场业务开展到下一期的概率为 $\phi^s$,金融机构退出当期资本市场业务的概率为 $1-\phi^s$。金融机构开展新一轮资本市场业务第一期带来的财富为 $\omega^{sb}$,则金融机构开展资本市场业务总净值为

$$N_t^{sb} = \phi^s\{H_t(\pi_{t-1}^{sb})[Z_t + (1-\delta)Q_t]K_{t-1}^{sb} - R_t^s S_{t-1}\} + (1-\phi^s)\omega^{sb} \quad (4-87)$$

(二)中央银行

假定中央银行是国家货币政策的唯一制定者,本国中央银行可根据国际经济与金融形势变化对已有的货币政策进行调整,根据前人进行的研究,假设本国与外国中央银行分别采用数量型货币政策目标以及价格型货币政策目标,相应的工具使用根据 Taylor 规则进行货币政策调整,以通货膨胀、产出缺口、消费、投资、贸易支出为目标,这样可以比较客观地反映货币政策紧缩与扩张的情况,价格型货币政策工具对不同资产将赋予不同资本金要求。

1. 数量型货币政策目标模型

借鉴张龙等[①]所建立的模型,建立模型具体形式如下:

---

① 张龙等:《数量型还是价格型——来自货币政策"非线性"有效性的经验证据》,《中国工业经济》2020年第7期。

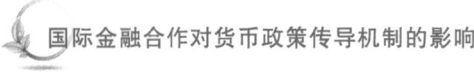

$$\ln\left(\frac{M_t}{M}\right) = \phi_{hm}\ln\left(\frac{M_{t-1}}{M}\right) + \phi_{h\pi}\ln\left(\frac{\Pi_{t-1}}{\Pi}\right) + \phi_{hy}\ln\left(\frac{Y_{t-1}}{Y}\right) + \phi_{hr}\ln\left(\frac{R_{t-1}}{R}\right) +$$

$$\varepsilon_t(\pi_t^{jb}) \tag{4-88}$$

式 (4-88) 中: $j \in (c, s)$; $\varepsilon_t(\pi_t^{jb})$ 为货币市场合作与资本市场合作的冲击, 服从 AR(1) 自回归过程; $M$、$\Pi$、$Y$、$R$ 分别为本国稳态下的货币供给量、通货膨胀、产出、利率水平。

2. 价格型货币政策目标模型

继续借鉴张龙等建立的模型, 价格型货币政策目标建立的模型为

$$\ln\left(\frac{R_t}{R}\right) = \phi_{jr}\ln\left(\frac{R_{t-1}}{R}\right) + \phi_{j\pi}\ln\left(\frac{\Pi_{t-1}}{\Pi}\right) + \phi_{jy}\ln\left(\frac{Y_{t-1}}{Y}\right) + \phi_{jm}\ln\left(\frac{M_{t-1}}{M}\right) +$$

$$\phi_{je}\ln\left(\frac{e_{t-1}}{e}\right) + \varepsilon_t(\pi_t^{jb}) \tag{4-89}$$

式 (4-89) 中: $j \in (c, s)$, 与数量型货币政策工具类似; $\varepsilon_t(\pi_t^{jb})$ 为货币市场合作与资本市场合作的冲击, 服从 AR(1) 自回归过程; $M$、$\Pi$、$Y$、$R$、$e$ 分别为本国稳态下的货币供给量、通货膨胀、产出、市场利率、市场汇率水平。

### 四 均衡方程

根据产品市场的出清为总产出等于总消费与总投资的和, 将式 (4-26) 与式 (4-48) 代入 $Y_t = C_t + I_t$, 可得

$$Y_t = \frac{1}{\lambda_t P_t} + [1 + f(I_t/I_{t-1})]I_t \tag{4-90}$$

根据劳动力市场的均衡式 $L^S = L^Q$, 将式 (4-31) 与式 (4-41) 相结合可得

$$\frac{(1-\alpha)K_t}{\alpha\omega_t} = \frac{W_t\lambda_t}{\chi} \tag{4-91}$$

### 五 货币市场合作与资本市场合作对货币政策传导机制的影响对比

首先, 将前述相关变量进行平稳化处理, 求出相应变量的稳态值, 得到稳态系统。因得到的结果为非线性化结果, 故对各变量进行一阶泰勒展开, 进行线性化处理。本书直接利用 matlab9.1 软件对各稳态值进行线性化处理, 得到了相应函数结果变量。然后, 利用 dynare6.0软件，将函数编入程序，得到运算结果。根据前人的研究，采用文献总结方法对外生变量参数进行校准，对于内生变量参数，使用贝叶斯估计。最后，通过软件制作出脉冲响应图，观察在货币市场合作与资本市场合作冲击影响下，不同货币政策传导机制变量以及各经济变量带来的冲击，进一步分析开展金融合作对货币政策传导机制的影响，为合作本国协调相应货币政策与国际金融合作关系、保证货币政策的有效实施提供理论上的支持。

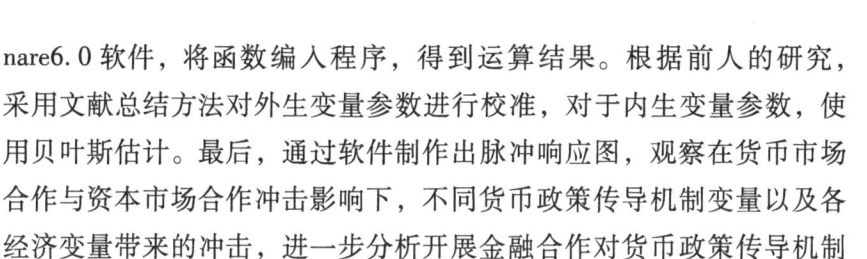

（一）参数校准

一般来说，外生性参数无法进行贝叶斯估计，故采用文献校准方法。参数校准主要针对本国方程中的参数，共有19个，具体校准过程如下。

1. 家庭部门

根据王曦等[1]、林仁文和杨熠[2]的研究，将主观贴现率 $\beta^i$ 的估计值设定为0.985；根据赵星和崔百胜[3]、刘晓星和姚登宝[4]等的研究，将在国内、国外商品替代弹性设定为2；对于需求利率弹性 $\gamma$ 与劳动供给弹性 $\eta$ 的估计，参考 Jordi Galí 等[5]的研究，将二者分别赋值为0.15与0.20，对于劳动负重效应设定为 $\chi$，Gertler 和 Karadi[6] 将其设定为3.4。

2. 厂商部门

本书中厂商部门所涉及的参数有：资本投入份额 $\alpha$，价格黏性系数 $\theta^k$，资本折旧率 $\delta$，厂商项目高成功率 $\theta_H$、低成功率 $\theta_L$，"好"的贷款成功率 $P^G$ 与"差"的贷款成功率 $P^B$。关于资本投入份额 $\alpha$，参照中国全部从业人员劳动报酬占 GDP 百分比将其设定为0.33，关于价格黏性

---

[1] 王曦等：《货币政策预期与通货膨胀管理——基于消息冲击的 DSGE 分析》，《经济研究》2016年第2期。

[2] 林仁文、杨熠：《中国市场化改革与货币政策有效性演变——基于 DSGE 的模型分析》，《管理世界》2014年第6期。

[3] 赵星、崔百胜：《中国货币政策对美国的溢出效应研究——基于两国开放经济 DSGE 模型的分析》，《中国管理科学》2020年第7期。

[4] 刘晓星、姚登宝：《金融脱媒、资产价格与经济波动：基于 DNK-DSGE 模型分析》，《世界经济》2016年第6期。

[5] Jordi Galíet al., "Understanding the Effects of Government Spending on Consumption", *Journal of the European Economic Association*, Vol. 5, No. 1, March 2007.

[6] Gertler M. & Karadi P., "A Model of Unconventional Monetary Policy", *Journal of Monetary Economics*, Vol. 58, No. 1, January 2011.

系数 $\theta^k$，它表示厂商价格固定的概率，金中夏和洪浩①将其取值为 0.75，侯成琪和龚六堂②根据中国的市场化建设过程中的情况，将其总体均值设定为 0.78，其他学者对于价格黏性系数的赋值也都集中在 0.75—0.80，本书采用侯成琪和龚六堂的研究，也将其设定为 0.78。对于资本折旧率，参照 Mark Gertler③ 研究，将年折旧率设定为 0.025。对于厂商项目高成功率 $\theta_H$、低成功率 $\theta_L$，好的贷款成功率 $P^G$ 与差的贷款成功率 $P^B$ 取值均参考 Ferrante④ 的设定，分别为 1.026、0.66、1、0.66。

3. 金融部门

金融部门校准参数主要包括金融机构监督厂商成本 $\zeta$ 与 $\kappa$、货币市场业务留存概率 $\phi^c$、资本市场业务留存概率 $\phi^s$。参照 BGG 模型将 $\zeta$ 取值设定为 0.15，继续参考 Ferrante 的设定，将 $\kappa$ 取值设定为 0.65。根据裘翔和周强龙⑤对于银行企业退出概率的设定，将货币市场业务留存概率 $\phi^c$、资本市场业务留存概率 $\phi^s$ 分别取值为 0.15、0.65。

4. 中央银行

中央银行部门中各变量需要校准的参数主要为相应货币政策目标下货币政策工具对经济各变量的反应程度系数，根据上文对各变量的校准赋值说明，可整理成表 4-2。

表 4-2　　　　　　　　部分变量校准值

| 变量 | 意义 | 校准值 | 变量 | 意义 | 校准值 |
| --- | --- | --- | --- | --- | --- |
| $\beta^i$ | 家庭部门主观贴现率 | 0.985 | $\theta_L$ | 厂商项目低成功率 | 0.66 |
| $\varepsilon$ | 国内商品替代弹性 | 2 | $P^G$ | "好"的贷款成功率 | 1 |

---

① 金中夏、洪浩：《开放经济条件下均衡利率形成机制——基于动态随机一般均衡模型（DSGE）对中国利率变动规律的解释》，《金融研究》2013 年第 7 期。

② 侯成琪、龚六堂：《货币政策应该对住房价格波动作出反应吗——基于两部门动态随机一般均衡模型的分析》，《金融研究》2014 年第 10 期。

③ Mark Gertler, "Financial Capacity and Output Fluctuations in an Economy with Multi-Period Financial Relationships", *The Review of Economic Studies*, Vol. 59, No. 3, July 1992.

④ Ferrante F., "A Model of Endogenous Loan Quality and the Collapse of the Shadow Banking System", *Social Science Electronic Publishing*, Vol. 10, No. 4, October 2018.

⑤ 裘翔、周强龙：《影子银行与货币政策传导》，《经济研究》2014 年第 5 期。

续表

| 变量 | 意义 | 校准值 | 变量 | 意义 | 校准值 |
| --- | --- | --- | --- | --- | --- |
| $\nu$ | 国外商品替代弹性 | 2 | $P^B$ | "差"的贷款成功率 | 0.66 |
| $\gamma$ | 需求的利率弹性 | 0.15 | $\zeta$ | 货币市场中金融机构监督厂商成本 | 0.15 |
| $\chi$ | 劳动负重效应权重 | 3.4 | $\kappa$ | 资本市场中金融机构监督厂商成本 | 0.65 |
| $\eta$ | 劳动供给弹性 | 1.2 | $\phi^c$ | 货币市场业务留存概率 | 0.95 |
| $\alpha$ | 资本投入份额 | 0.33 | $\phi^s$ | 资本市场业务留存概率 | 0.93 |
| $\theta^k$ | 价格黏性系数 | 0.78 | $\varepsilon_{ht}$ | 货币市场合作冲击系数 | 0.75 |
| $\delta$ | 资本折旧率 | 0.025 | $\varepsilon_{zt}$ | 资本市场合作冲击系数 | 0.80 |
| $\theta_H$ | 厂商项目高成功率 | 1.026 | | | |

(二) 贝叶斯估计

上一部分校准的参数主要是根据前人的研究文献，采用校准的方式对外生参数进行估计与赋值，这样做虽然简便易行，但会有很多影响参数数值准确性的因素。此外，本书还涉及一些不确定性参数，需采用贝叶斯估计的方法，对无法校准的参数进行进一步的分析估计。在贝叶斯估计方法中，各参数不再是确定的变量，而是具有很大的随机性，之后用相应现实数据对模型所涉及的各部门方程结构以及相应参数的先验分布进行不断修正，为了保证先验分布设定的准确性，防止出现非奇异矩阵问题，本书在贝叶斯估计中选取的观测变量个数与除校准外的剩余待估参数数量相同。观测变量分别选取2009—2018年中国的经济增长情况（经济景气指数）、总投资、货币供应量M2与GDP之比、CPI指数、各年平均基准利率、长期贷款利率、长期存款利率、短期贷款利率、实际有效汇率（人民币兑美元），因涉及名义变量，故将其均折算为以2010年为基期的实际变量，并检验其平稳性，使用一阶差分方法将非平稳变量转换为平稳变量。

首先设定相关参数的先验分布，根据 Andrea Gerali 等[1]、Jordi Galí 和 Tommaso Monacelli[2]、康立和龚六堂[3]、李雪松和王秀丽[4]、刘斌[5]的文献进行设定。然后采用 MCMC 方法进行后验分布的计算。

关于先验概率分布，主要有贝塔分布（Beta）、伽马分布 Gamma 与正态分布 Moraml 三种类型，其相应的取值范围如表 4-3 所示

表 4-3　　　　　　　　　三种分布类型取值范围

| 分布类型 | 取值范围 |
| --- | --- |
| 贝塔分布（Beta） | [0.1] |
| 伽马分布（Gamma） | [0, +∞] |
| 正态分布（Normal） | [-∞, +∞] |

根据 Malin Adolfson 等[6]的研究，汇率风险溢价弹性（杠杆率）$\phi$ 服从 Gamma 分布，陈师等[7]研究后也得到了同样的结果，因此本书根据他们的研究，设定货币市场与资本市场的汇率风险溢价弹性（杠杆率）$\phi_t^{cb}$、$\phi_t^{sb}$ 均服从 Gamma 分布，先验均值为 0.1，标准差取 0.2。继续参考张龙等（2020）、卞志村等[8]所建立的模型中的参数取值，货币性政策工具中货币供应量、通货膨胀、产出水平、利率水平的反

---

[1] Andrea Gerali et al., "Credit and Banking in a DSGE Model of the Euro Area", *Journal of Money, Credit and Banking*, Vol. 42, No. 1, September 2010.

[2] Jordi Galí & Tommaso Monacelli, "Monetary Policy and Exchange Rate Volatility in a Small Open Economy", *The Review of Economic Studies*, Vol. 72, No. 3, July 2005.

[3] 康立、龚六堂:《金融摩擦、银行净资产与国际经济危机传导——基于多部门 DSGE 模型分析》,《经济研究》2014 年第 5 期。

[4] 李雪松、王秀丽:《工资粘性、经济波动与货币政策模拟——基于 DSGE 模型的分析》,《数量经济技术经济研究》2011 年第 11 期。

[5] 刘斌:《我国 DSGE 模型的开发及在货币政策分析中的应用》,《金融研究》2008 年第 10 期。

[6] Malin Adolfson et al., "Empirical Properties of Closed And Open-Economy DSGE Models Of The EURO AREA", *Macroeconomic Dynamics*, Vol. 12, Supplement S1, April 2008.

[7] 陈师等:《中国货币政策规则、最优单一规则与宏观效应》,《统计研究》2015 年第 1 期。

[8] 卞志村等:《货币政策调控框架转型、财政乘数非线性变动与新时代财政工具选择》,《经济研究》2019 年第 9 期。

映程度系数与价格型货币政策工具中对利率、通货膨胀、产出、货币供应量、汇率反应程度系数的分布类型、先验分布均值、标准差值，以及所得相应后验均值与标准差值如表4-4所示。

表4-4　　　　　　　　部分贝叶斯估计结果

| 参数 | 代表意义 | 分布类型 | 先验分布均值 | 先验分布标准差 | 后验分布均值 | 后验分布标准差 |
|---|---|---|---|---|---|---|
| $\phi_t^{cb}$ | 货币市场汇率风险溢价弹性 | Gamma | 0.01 | 0.2 | 0.8241 | 0.4834 |
| $\phi_t^{sb}$ | 资本市场汇率风险溢价弹性 | Gamma | 0.01 | 0.2 | 0.7458 | 0.3226 |
| $\phi_{hm}$ | 数量型货币政策工具中货币供应量反映程度 | Gamma | 0.5 | 0.1 | 0.2935 | 0.3512 |
| $\phi_{h\pi}$ | 数量型货币政策工具中通货膨胀反映程度 | Gamma | 0.1 | 0.2 | 0.3110 | 0.4828 |
| $\phi_{hy}$ | 数量型货币政策工具中产出水平反映程度 | Gamma | 0.4 | 0.1 | 0.4834 | 0.6017 |
| $\phi_{hr}$ | 数量型货币政策工具中利率反映程度 | Beta | 0.1 | 0.1 | 0.2650 | 0.3329 |
| $\phi_{jr}$ | 价格型货币政策工具中对利率反映程度 | Beta | 0.5 | 0.2 | 0.7674 | 0.8136 |
| $\phi_{j\pi}$ | 价格型货币政策工具中对通货膨胀反映程度 | Normal | 0.5 | 0.1 | 1.7683 | 1.9354 |
| $\phi_{jy}$ | 价格型货币政策工具中对产出反映程度 | Normal | 0.4 | 0.1 | 1.4230 | 1.5638 |
| $\phi_{jm}$ | 价格型货币政策工具中对货币供应量反映程度 | Normal | 0.3 | 0.2 | 1.3657 | 1.6687 |
| $\phi_{je}$ | 价格型货币政策工具中对汇率反映程度 | Normal | 0.5 | 0.2 | 1.2457 | 1.4182 |

（三）脉冲分析

根据前文分析，货币市场合作与资本市场合作既可以影响到利率、汇率、资产价格等价格型货币政策传导机制，又可以影响信贷、货币量等数量型货币政策传导机制。故根据模型的设定，可以分析在货币市场合作与资本市场合作冲击下，经济系统中的经济增长 Y、消费量 C、消费价格 P、货币供应量 M、资本价格 Q、工资 W、通货膨胀 Π、利率 R、汇率 e 发生的变化来反映货币市场合作与资本市场合作对货币政策传导机制影响的反应。具体如图 4-10 所示。

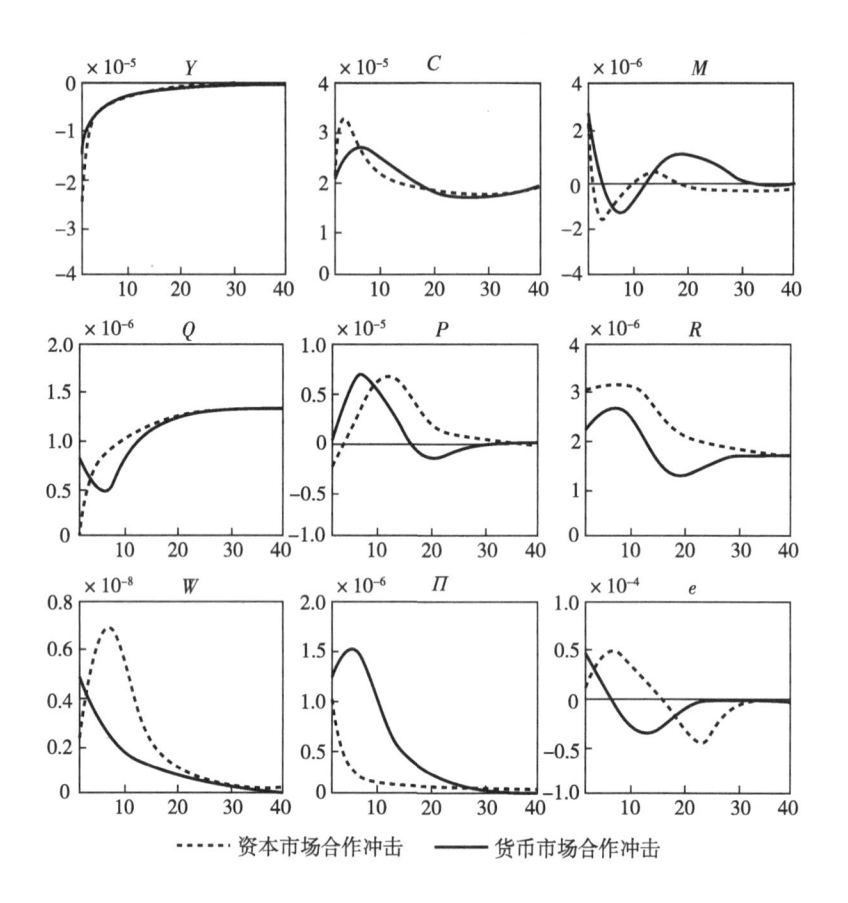

**图 4-10　货币市场合作与资本市场合作冲击**

注：虚线代表资本市场合作冲击，实线代表货币市场合作冲击。

从图 4-10 可以看出，货币市场金融合作与资本市场金融合作对经济系统中的产出 Y、消费量 C、消费价格 P、货币供应量 M、资本价格 Q、工资 W、通货膨胀 Π、利率 R、汇率 e 都会产生冲击，且冲击趋势大体相同，所有冲击在第 30 期后基本回归到平稳状态，具体来看：

资本市场合作与货币市场合作对产出的冲击在周期内基本相同，只有在开始阶段，货币市场合作对产出的冲击略小于资本市场合作对产出的冲击，到第20期后逐渐恢复到平稳。而无论是货币市场合作还是资本市场合作20期内对于产出的冲击均为负，表明开展货币市场合作与资本市场合作在短期内可能不利于产出的增长。从对消费水平的冲击来看，资本市场合作在前期的冲击力度大于货币市场合作的冲击力度，后逐渐减小回归到平稳。

对于市场中货币量的冲击，货币市场合作冲击的力度在初始要大于资本市场合作冲击力度，后迅速下降转变为负向冲击，之后又逐渐上升，但货币市场合作对于货币量的冲击力度始终大于资本市场合作对于货币量的冲击力度，回归平稳的周期也要长于资本市场合作。从传导工具上说，这表明货币市场合作对于数量型货币政策目标的冲击要大于资本市场合作对于数量型货币政策目标的冲击；从传导机制上说，这又表明货币市场合作对信贷传导机制的冲击要大于资本市场合作对信贷传导机制的冲击。

货币市场合作与资本市场合作对于资本价格的冲击都是发散的，且到第20期后冲击趋势相同，但二者均没有回归稳态水平。对于价格，货币市场合作一开始对其有正向冲击，之后逐渐加大，到第18期又开始产生负向冲击，于第25期逐渐平稳。资本市场合作一开始会对其产生负向冲击，之后逐渐变为正向冲击，到第30期回归平稳，与货币市场合作冲击趋势相同。

从利率来看，资本市场合作冲击在30期以前始终强于货币市场的合作冲击，到第30期后资本市场合作冲击与货币市场合作冲击开始逐渐趋于平稳，这表明资本市场合作对利率传导机制的冲击更大。

从对工资的冲击情况来看，资本市场对其冲击在初始时期小于货币市场对其冲击力度，但其冲击迅速上升，到第10期又迅速下降，货币市场合作在初始时期对其具有较大冲击，但之后逐渐下降，第20期后逐渐与资本市场合作冲击的下降趋势相同。

从对于通货膨胀的冲击来看，货币市场合作对通货膨胀的冲击始终高于资本市场合作对于通货膨胀的冲击，货币市场合作直到第30期才恢复平稳；而资本市场合作在初始时期产生较大正向冲击后迅速下降，到第10期已经基本恢复平稳状态，表明货币市场合作对于通货膨胀的冲击更大。

货币市场合作与资本市场合作对汇率的冲击均实现由正向冲击向负向冲击的转变，但资本市场合作对汇率的冲击持续时间更长，表明资本市场合作对汇率传导机制的冲击更大。

根据以上模型推导以及数值模拟结果分析，我们可以得到如下推论。

推论4-1：开展货币市场金融合作与开展资本市场金融合作都可以对货币政策的信贷、货币量、利率、汇率、资产价格传导机制产生影响。

推论4-2：货币市场合作与资本市场合作影响货币政策传导机制的方式不同，货币市场合作主要影响到信贷、货币量等数量型货币政策传导机制，而资本市场合作主要影响市场利率、汇率、资产价格等价格型货币政策传导机制。

推论4-3：相对于开展货币市场合作而言，开展资本市场合作中风险防范成本与杠杆率是相关的，开展资本市场合作风险防范成本越高，企业所得到的融资量也就越少，同时，开展资本市场合作需要发挥更多的风险防范功能。

## 第三节 国际金融合作影响货币政策传导机制的收益—风险模型分析

### 一 基本假定

金融合作与开展一般国际金融业务的最大区别是可以防范在国际金融业务中的风险。IB-IR（Innovation-Benefit and Innovation-Risk Model）模型论证了金融创新过程中金融风险与金融收益的关系，本书将IB-IR模型发展为CB-CR（Corperation-Benefit and Corperation-

Risk Model）模型，即金融合作风险效益模型，分析金融合作、经济收益与金融风险三者之间的关系。

首先，假定有两个经济行为主体，他们在经济活动中追求的目标都是收益最大化，两个经济行为主体既可以单独开展经济活动赚取利润，也可以选择金融合作，共同赚取利润。各个经济行为主体在参与经济活动过程中，还会面临各种经济中存在的风险。

## 二 模型设定与分析

根据本章第二节的假定，继续令 $B$ 表示国家 1 赚取的收益，$C$ 表示国家 1 与国家 2 开展的金融合作，$M_1$ 表示国家 1 与国家 2 之间开展金融合作来增加收益所具备的制度条件等，$\alpha$ 表示两国之间开展金融合作产出的收益弹性，根据经济学边际效益递减规律，金融合作产出收益也符合边际效益递减规律，因此 $0<\alpha<1$。则国家 1 赚取的收益可表示为 $B=M_1C^{\alpha}$。继续令 $\theta$ 表示风险发生的概率，$R$ 表示两国在经济活动中所存在的风险损失，$M_2$ 表示国家 1 与国家 2 影响金融合作风险的制度变量，$\beta$ 表示两国之间金融合作风险损失的弹性，假定金融合作会使经济活动中的风险螺旋下降，即 $\beta<-1$。则国家 1 与国家 2 在金融合作过程中的风险可以表示为 $R=\theta M_2 C^{-\beta}$。根据以上假定，参照 IB-IR 模型框架，可以得到 CB-CR 模型关系。首先令利润方程式为

$$\pi = B - R = M_1 C^{\alpha} - \theta M_2 C^{-\beta} \tag{4-92}$$

根据利润最大化原则

$$\max \pi = \frac{\partial \pi}{\partial c} = \alpha M_1 C^{\alpha-1} + \beta \theta M_2 C^{-\beta-1} \tag{4-93}$$

整理式（4-93）得

$$C^* = \left(\delta \theta \frac{M_2}{M_1}\right)^{\frac{1}{\alpha+\beta}} \left(\text{其中 } \delta = -\frac{\alpha}{\beta}\right) \tag{4-94}$$

式（4-94）结果即国家 1 与国家 2 在开展金融合作过程中，最优金融合作程度。对式（4-94）中的 $M_1$ 继续求导可得

$$\frac{\partial C}{\partial M_1} = \left(\frac{1}{\alpha+\beta}\right) \left(\delta \cdot \theta \frac{M_2}{M_1}\right)^{\frac{1-\alpha-\beta}{\alpha+\beta}} \left(-\frac{\delta \theta M_2}{M_1^2}\right) > 0 \tag{4-95}$$

式（4-95）结果表明，金融合作程度会随着本国金融制度环境的变好而加深，进而会增加两国之间金融合作对经济增长的促进作用，提高社会整体的经济效益。由此可以得到以下推论。

推论4-4：两国之间的金融合作程度随金融合作制度等经济因素的改善而加深。

继续对式（4-95）中的 $M_1$ 求导可得

$$\frac{\partial^2 C}{\partial M_1^2} = \left[\left(\frac{1}{\alpha+\beta}\right)\left(\delta\theta\frac{M_2}{M_1}\right)^{\frac{1-\alpha-\beta}{\alpha+\beta}}\left(-\frac{\delta\phi M_2}{M_1^2}\right)\right]\left[\frac{1+\alpha+\beta}{M_1(\alpha+\beta)}\right] \quad (4-96)$$

式（4-96）结果的符号取决于 $1+\alpha+\beta$，当 $\alpha+\beta<-1$ 时，结果为正；当 $\alpha+\beta>-1$ 时，结果为负。也就是说，金融合作制度环境对改善金融合作程度的边际水平受到金融合作的产出弹性与风险效应弹性相对大小的影响。如果金融合作风险弹性很小，则金融合作制度环境对金融合作程度的激励作用较大；而当金融合作风险弹性很大时，金融合作制度环境对金融合作的激励作用会变小甚至为负。这表明金融风险的存在是两国之间进行金融合作的一个重要因素。由此可以得到以下推论。

推论4-5：在均衡条件下，金融合作的制度等环境因素提高金融合作边际水平的能力取决于金融合作的产出效益弹性和风险效应弹性之间的关系。

继续整理式（4-93），可变为 $M_2 = \frac{C^{(\alpha+\beta)}M_1}{\delta\theta}$，对 $C$ 求偏导可得

$$\frac{\partial M_2}{\partial C} = \frac{(\alpha+\beta)\cdot C^{(\alpha+\beta)-1}M_1}{\delta\theta} < 0 \quad (4-97)$$

将式（4-97）整理为 $\theta = \frac{C^{(\alpha+\beta)}M_1}{M_2\delta}$，对 $C$ 求偏导可得

$$\frac{\partial\theta}{\partial C} = (\alpha+\beta)C^{(\alpha+\beta)-1}\cdot\frac{M_1}{M_2\delta} < 0 \quad (4-98)$$

式（4-97）与式（4-98）表明，随着金融合作程度的加深，经济活动中的风险效应的制度环境会得到改善，发生风险的概率也会降低。也就是说，各国之间为预防经济活动中的风险给生产活动带来了

负面影响，应加强相互之间的金融合作，进而降低风险发生的概率。由此可以得到以下推论。

推论4-6：在均衡条件下，金融风险环境会随着金融合作程度的加深而改善，同时，金融风险发生的概率也会降低。

## 第四节　本章小结

本章建立了一个国际金融合作影响货币政策传导机制的理论分析框架。首先，根据"货币溢出"影响货币政策相关理论与"资本市场溢出"影响货币政策相关理论，将国际金融合作划分为货币市场合作与资本市场合作。其次，通过建立一般动态随机均衡模型，分别分析货币市场合作与资本市场合作对货币政策传导机制的影响差异，得到的主要结论为，货币市场金融合作主要影响到信贷、货币量等数量型货币政策传导机制，而资本市场合作主要影响市场利率、汇率、资产价格等价格型货币政策传导机制。最后，建立了一个CB-CR模型，进一步分析国际金融合作对风险防范的作用，得到的主要结论为，随着国际金融合作程度的加深，货币政策传导机制中的风险也会相应降低。总体来说，本章建立的理论框架逻辑是从货币市场合作对数量型货币政策传导机制影响理论，到资本市场合作对价格型货币政策传导机制影响理论，再到两种国际金融合作方式对货币政策传导机制中风险的影响理论。

# 第五章

# 货币市场合作对货币政策传导机制的影响

## 第一节 货币市场合作对货币政策传导机制的影响机理

数量型货币政策目标主要包括以调节货币数量为主要目的的信贷目标和货币数量目标。其中，信贷目标主要通过货币政策传导机制中的信贷渠道进行传导，货币数量目标主要通过货币供应量渠道进行传导。二者均会使经济活动中流通的货币数量发生变化，货币数量的变化进一步又会对宏观经济中价格、就业、通货膨胀等因素产生显著影响。而货币量目标主要通过各国央行使用相应的公开市场业务等货币政策工具来实现，信贷目标主要通过央行使用信贷工具来实现，具体如图5-1所示。从图5-1可以看出，在数量型货币政策目标实现体系中，货币政策工具是整个体系的起始阶段，进一步通过货币政策传导机制的作用，来达到既定的货币政策中介目标，也就是实现数量型货币政策目标，最终使整个宏观经济发生变化。在这一体系中，央行使用相应货币政策工具对市场中的货币进行吸收或释放，进而达到数量型货币政策既定目标，在这一过程中，央行可以更加主动地通过货币政策中介目标实现对宏观经济变量的调节。从图5-1中也可以看出，在数量型货币政策目标下,货币政策传导机制主要通过货币量渠道与信贷渠道来发挥调节市场中货币供应量的作用,如果央行在调节经济中使用了某一项数量型货币政策工具,而此时市场中又有一笔新的现金、货币注入货币量渠道与信贷渠道或从两个渠道中流出,那么可能会影响既定货币政策目标的实现。

```
┌─────────┐
│公开市场业务│─┐
├─────────┤ │  ┌──────┐
│  再贴现  │─┼─→│货币量机制│─┐
├─────────┤ │  └──────┘ │   ┌────────┐   ┌────────┐
│存款准备金 │─┘            ├──→│货币供应量│──→│经济增长  │
├─────────┤               │   │  变化   │   │物价稳定  │
│  信贷    │────→┌──────┐ │   └────────┘   │充分就业  │
└─────────┘     │信贷机制│─┘                │国际收支平衡│
                └──────┘                    └────────┘
  货币政策工具    货币政策传导机制   货币政策中介目标   货币政策最终目标
```

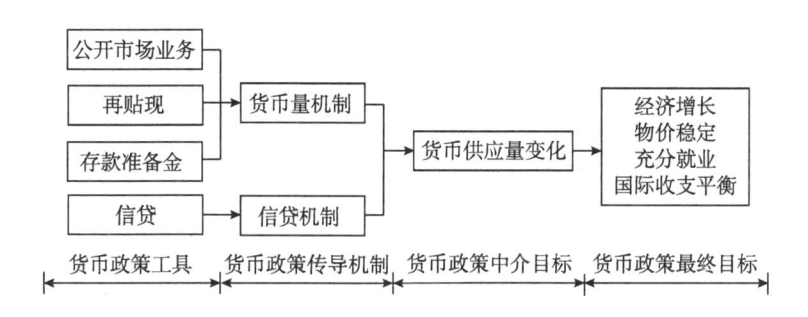

**图 5-1　数量型货币政策目标实现体系**

货币市场是金融市场中的一个种类,其开展相关业务的期限都相对较短,通常在几天、几个月之内,最长不超过一年。在货币市场中,相关业务所涉及的货币资金流通较快。货币市场的具体业务主要有国库券、回购协议等种类①。货币市场合作在前文已经作出定义,开展货币市场合作领域主要包含了本币跨境结算业务、本币互换业务、短期信贷业务的合作。这些业务的开展可以增加合作本国的货币业务总量,改变货币业务结构,进而改变市场中货币供求数量、货币结构、基础货币范畴。根据凯恩斯货币供给理论,货币供给的改变又会影响市场中的利率与汇率。政府是调控市场中货币供给数量与货币供给结构的主要执行者,通过对货币数量与结构的调整会影响利率和汇率作用的发挥。总体来说,货币市场合作主要通过影响市场中基础货币的数量,改变市场中的货币流通数量与流通速度来影响货币政策传导机制,进而影响宏观经济变量。在货币政策工具中可以体现在对

---

① 王重润主编:《金融市场学》,高等教育出版社 2014 年版。

公开市场业务工具、信贷工具等数量型货币政策工具的影响，货币市场的金融合作影响货币政策传导机制的总体逻辑如图5-2所示。从传导机制上说，通过开展货币市场合作业务主要会影响信贷传导机制与货币量传导机制。

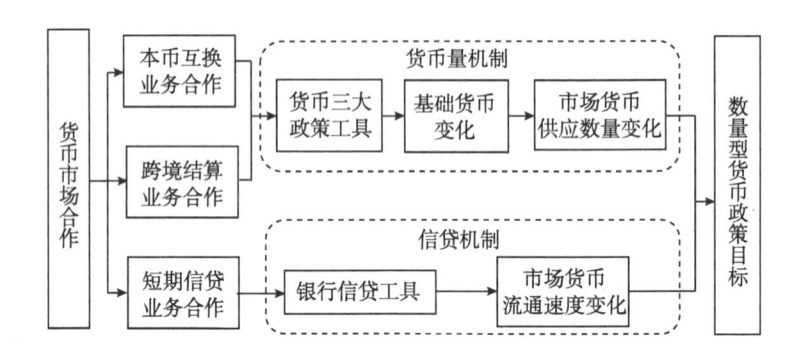

**图5-2 货币市场的金融合作影响货币政策传导机制的总体逻辑**

## 一 货币市场合作对信贷传导机制的影响机理

（一）信贷目标下货币政策传导机制作用机理

银行贷款（信贷）政策由央行直接调控，最终影响到宏观经济变量，信贷目标是货币政策调控的一个重要中介目标。货币政策传导机制中的信贷机制主要通过两种途径发挥作用，分别是银行贷款渠道和资产负债表渠道。

银行贷款渠道被视为狭义的信贷传导机制，主要是通过使用信贷工具，进而改变货币供给数量与方向，例如当央行实施宽松货币政策时，会增加银行存款规模，增强银行对外贷款能力，进而改变宏观经济中的消费与投资，影响货币政策信贷目标。资产负债表渠道被视为广义的信贷传导机制，这一机制提出由于企业的外部融资与内部融资存在差异，在信用市场中信息不对称的影响下，央行通过使用信贷工具，可以改变企业外部融资溢价，进一步从微观上改变了企业资产负债表，使借款人投融资与支出等行为发生变化，从宏观上改变了消费、投资、就业等变量。

在两种渠道的共同作用下，信贷渠道影响到了信贷目标，最终通过消费、投资与总产出改变了宏观经济变量。具体如图 5-3 所示。从货币政策传导机制来看，信贷工具使贷款规模与贷款方向改变主要影响的是信贷机制，通过信贷传导机制最终影响到宏观经济变量。

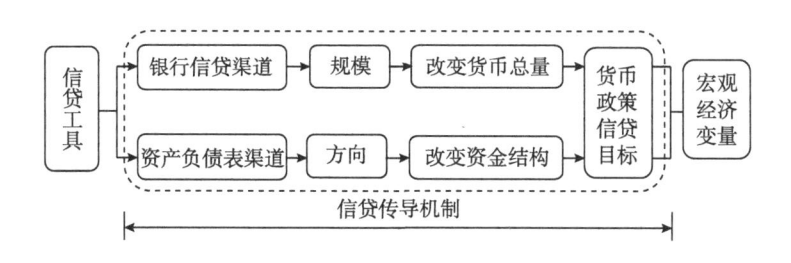

**图 5-3 信贷目标下货币政策传导机制作用机理**

（二）货币市场合作对信贷传导机制的影响

货币市场合作主要通过国家之间短期信贷业务合作影响各国的信贷传导机制，进而影响货币政策的信贷目标。国际短期贷款合作是在国际金融市场中的国际信贷活动，合作国一方的银行此时充当开展国际业务的中介机构，合作国另一方则会得到相应短期贷款。短期贷款合作属货币市场合作范畴，这一业务的开展会完善全球价值链体系，同时也成为解决各国在本国基础设施建设等方面的资金短缺问题、便利各国之间贸易往来、保证各国之间货币汇率稳定的一种较好的路径。本国向合作国家进行国际贷款时，需要签订相应的贷款协议，约定各方权利与义务，同时对其中存在的汇率等国际金融风险也会作出相应防范协定，因此国际贷款也属于国际金融合作范畴。在短期国际贷款中，所涉业务量较小，开展业务主要凭借的是信用，借款人无须缴纳抵押品等，开展业务流程十分简便，效率也较高，具有期限短、资金回笼速度较快、所涉及金额相对较小的特点，因此本国向合作国家提供的短期国际贷款在短期内会加快本国货币市场中的资金流动速度，进而对市场中的货币流量产生影响，最终影响到货币政策信贷目标。具体如图 5-4 所示。

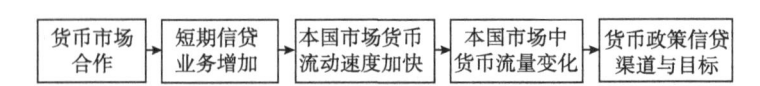

货币市场合作 → 短期信贷业务增加 → 本国市场货币流动速度加快 → 本国市场中货币流量变化 → 货币政策信贷渠道与目标

**图 5-4 短期信贷合作影响货币政策传导机制的过程**

## 二 货币市场合作对货币量传导机制的影响机理

### (一) 货币量目标下货币政策传导机制作用机理

货币量目标同信贷目标共同构成了数量型货币政策目标，而这最终均会影响到市场中货币供应量的变化。有所不同的是，公开市场业务、存款准备率、再贴现率三大货币政策工具的使用可以直接对货币供应量目标产生影响。

具体来说，公开市场业务工具主要通过以货币形式对非货币（债券、票据等）进行买卖的方式进行。央行通过货币形式卖出这些非货币形式的债券，并在债券协议中标明回购期限称为正回购交易；反之则为逆回购交易。央行在进行债券交易过程中，还可以通过二级市场发放基础货币，从二级市场买入债券称为"现券买断"；反之则称为"现券卖断"。同时，央行的公开市场业务还可以通过票据的买卖进行，市场中基础货币增加时，票据的发放金额与种类也相应增长；反之，在回收基础货币时，央行可以减少票据发行量与发行种类。

在金融市场中，银行为确保居民与企业能够正常进行相应额度的提款，以及账目核算过程中资金随时到位，银行在已有存款资金中抽取固定比例金额资金，抽取出来的资金占存款总额的百分比为存款准备金率。当存款准备金率提升时，相应的金额上调将会使更多的吸收的存款无法在市场中流动；反之，市场中会有更多的货币流动。

央行另一个数量型货币政策工具就是再贴现率，再贴现率是央行通过直接确定票据、债券等非货币的贴现利率，来控制市场中货币数量。当央行下调贴现利率时，会有更多的准备变现的债券、票据进行变现，市场中的货币量会增多，当央行提升贴现率时，准备变现的非货币形式的债券、票据会变少，市场中的货币量会相对稳定或变少。

从传导渠道来看，公开市场业务、存款准备金率与再贴现率工具的使用都会影响市场中的货币供应量,通过货币量传导机制影响市场中的货币供给目标,最终影响到宏观经济变量,在三大政策工具使用前,如果市场中遇到货币量的突然增加或减少,则在未使用货币政策工具的情况下,可能直接通过货币量传导机制影响货币供给目标,具体作用机理如图5-5所示。

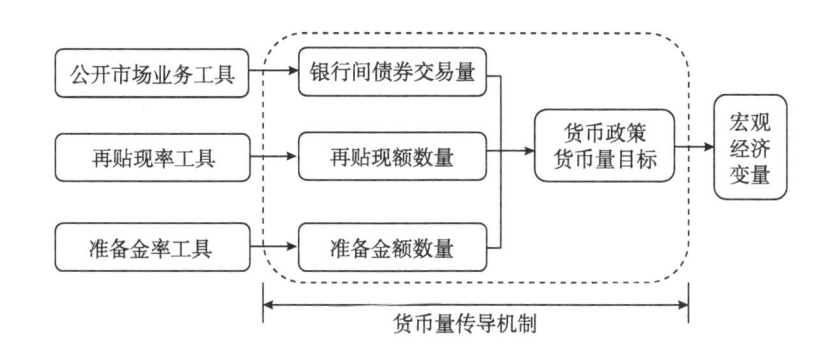

**图5-5 货币量目标下货币政策传导机制作用机理**

(二)货币市场合作对货币供应量的影响

货币市场合作主要通过本币互换业务与跨境结算业务影响货币政策中的货币量传导机制,进而影响货币政策的货币量目标。本币互换是两国进行货币市场合作的一种重要方式,合作国双方分别将固定数量的本国货币同对方进行交换,并将交换的汇率固定化。这种合作方式使两国之间汇率更加平稳,不会出现剧烈波动,根据各自对对方货币的需求进行调节,大大降低了金融风险发生的概率。本币互换合作不但可以推动两个国家货币市场合作程度的提升,同时也可以使合作国之间更好地应对国际金融市场中的危机,使各国金融市场更加稳定。本币互换合作主要表现在合作国家之间签订双方国家货币互换协议,协议中规定了货币互换日期、金额、互换的货币启用时间与条件以及双方其他的权利与义务。本币互换业务对金融市场中的风险以及货币政策传导机制中的风险具有显著的防范作用,例如,随着本国对外货币互换协议以及协议中所涉及的货币互换额度的大量增加,对于本国货币量的需求也会不断加大,为满足这些需求,央行会通过公开市场业务、贴现率、存款准备率等货币政策工具释放资金,随着释放资金量的加大,市场中的货币供给就会增加,利率、产出等经济变量也会发生改变,最终影响货币政策传导机制,具体流程如图5-6所示。

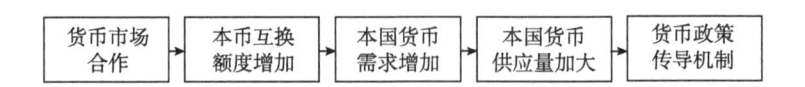

货币市场合作 → 本币互换额度增加 → 本国货币需求增加 → 本国货币供应量加大 → 货币政策传导机制

**图5-6 本币互换合作影响货币政策传导机制的变化流程**

跨境结算业务合作是货币市场合作的又一种重要方式,其主要表现在相关企业在进行国际投资与国际贸易时,直接使用本币进行结算,而不使用第三方货币作为中介,这样就大大降低了因汇率波动而带来的各种风险,此时,合作国家的商业银行可以直接通过代理方式或清算方式为企业提供跨境投资与贸易本币的相关结算服务。具体而言,合作国家之间通过跨境本币结算合作可以相互提供短期流动性支持,加快本国货币的流动速度,例如合作国家的生产者或投资者从本国进口货物进行跨境贸易结算时,可以向合作国家银行借入当地货币来结算,而无须使用第三方货币,这样本国也就规避了因第三国货币而产生的汇率风险。随着货币市场合作程度的加深,本国对合作国贸易与投资中用本币进行结算的范围不断扩大,结算国家不断增多,本币结算的业务量也会不断增加,最终会增加市场中对于本币的需求,使央行通过货币政策工具释放流通资金,最终影响货币政策传导机制。具体过程如图5-7所示。

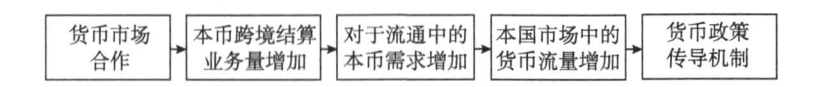

货币市场合作 → 本币跨境结算业务量增加 → 对于流通中的本币需求增加 → 本国市场中的货币流量增加 → 货币政策传导机制

**图5-7 跨境本币结算业务合作影响货币政策传导机制的过程**

### 三 货币市场合作对货币政策传导机制风险的影响机理

根据前文的分析可知，货币政策传导机制过程中，在公开市场业务、信贷、利率与汇率等货币政策工具的作用下，都会通过利率与汇率两大机制发挥传导作用，最终传导到实体经济变量。而通过对金融风险的传染性分析可知，在金融开放过程中，国际金融市场成为一个有机统一联系的整体，金融风险的传导可以通过流动性风险、杠杆率风险、金融资产溢出风险与利率汇率风险进行传染，这表明世界金融市场中的风险也会对货币政策传导机制带来一定冲击，造成货币政策传导机制的不稳定。如图5-8所示，世界金融市场风险冲击利率与汇率的同时，也就冲击到了货币政策传导机制的传导过程，最终造成传导效果的差异，也就是实体经济变量的不稳定性。

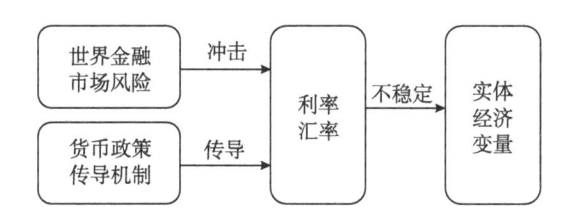

**图 5-8 金融风险对货币政策传导机制的冲击**

（一）数量型目标下货币政策传导机制中的风险

前文分析了数量型货币政策目标下，货币市场合作对货币政策传导机制的影响机理，国家之间金融合作的一个重要目的是发展本国金融，带动经济增长，两种市场的金融合作可以扩大本国业务规模、拓宽业务种类，有利于合作国家的金融发展。除此之外，金融合作的另一个重要目的就是通过合作来防范金融风险的发生，抑或保证货币政策传导机制的正常运转。因此，本部分主要分析货币市场合作中可能遇到的风险以及通过风险的防范对货币政策传导机制的影响机理。

参考张岩和胡迪[1]的研究，本书将货币市场合作下产生的可能影

---

[1] 张岩、胡迪：《中国金融市场风险交互溢出效应分析——来自股灾期间的新证据》，《金融论坛》2017年第11期。

响货币政策传导机制稳定的风险类型分为流动性风险与杠杆率风险。

1. 流动性风险

本国的货币政策传导机制作用的发挥会随着货币市场受到流动性冲击而发生变化，在公开市场业务、贴现率、存款准备金等货币政策工具的使用过程中，产生流动性风险主要表现在流动性短缺与流动性过剩两个方面。货币的流动性会影响股市风险报酬率。如图 5-9 所示，图中 Gorden 曲线反映了随着利率升高，股价会不断下降，IRP 曲线表示利率与汇率反向关系的曲线，如果出现流动性短缺情况，Gorden 曲线会移动到 Gorden′，交点 A 变为交点 B，流动性短缺会使市场中的货币供应量减少，这样就会引起流动性短缺的风险，造成市场中短期内利率上涨、股价下降，即期汇率下降。

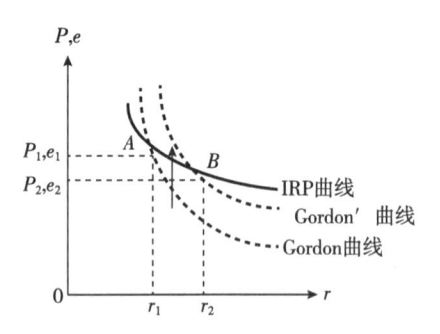

图 5-9 流动性短缺风险冲击下市场传染风险分析

2. 杠杆率风险

根据金融不稳定理论，货币流动性的变化会引起债务杠杆率的变化，同时市场中的货币流通数量也会发生相应改变，根据费雪方程式，在产出不变的情况下，货币流通速度与货币数量成反比，金融开放会进一步加快本国市场中货币流通的速度，因此本国货币流通速度加快，会减少货币数量，但在产出不断增加的情况下，货币数量也会相应增长，公开市场业务与信贷等数量型货币政策工具的运用会使货币数量产生不确定性，从而使货币政策传导机制中金融资产溢价率发生不确定性波动，带来未知风险。

## (二) 货币市场合作对货币政策传导机制中的风险防范

根据货币政策风险承担理论可知，银行等金融机构对风险与风险的偏好水平会随着货币政策的变化而变动。根据委托代理理论[1]，货币政策风险承担渠道与银行委托代理问题有关，这些也为货币政策风险分担研究提供了理论依据。根据这些理论，以及项后军等[2]对金融风险分担渠道的梳理，本部分将通过估值、收入和现金流机制作用来分析货币市场合作化解货币政策传导机制中流动性与杠杆率风险的过程。

估值、收入与现金流可以通过风险定价模型机制来影响银行等金融机构的风险承担水平，也称为风险定价模型效应[3]。国家之间在进行货币市场合作的过程中，借款国家金融机构会对合作的贷款国家企业的抵押品、还款能力、企业净值等进行不同于原标准的评估，并对合作的贷款国家企业制定相应的标准与条件，进而保障合作国家充足的现金流动，这也就保障了市场中的货币供给，稳定了合作国家的利率水平。此外，根据金融合作定义，金融合作过程中各国家会进行协商与沟通进而采取共同的措施，这些措施包含了实行协商后的货币政策，这样就保证了利率稳定以及市场中现金流的相对稳定。

## 第二节 货币市场合作影响货币政策传导机制的实证检验

根据第四章理论框架以及本章第一节理论分析，为进一步证明货币市场合作对货币政策传导机制的影响，本节以中国开展对外货币市场合作为例，实证检验数量型货币政策目标下，货币市场合作对信

---

[1] Robert Hessen, "The Modern Corporation and Private Property: A Reappraisal", *The Journal of Law & Economics*, Vol. 26, No. 2, June1983.

[2] 项后军等：《理解货币政策的银行风险承担渠道—反思与再研究》，《经济学动态》2016年第2期。

[3] 陈玉婵、钱利珍：《货币政策与银行风险承担》，《金融论坛》2012年第4期。

贷、货币量等数量型货币政策传导机制的影响,以及对各数量型货币政策传导机制中风险的影响。

## 一 模型设定与变量说明

### (一) 模型设定

首先,构建一个金融合作影响数量型货币政策传导机制的基准模型,在第四章数值模拟部分的基础上,进一步判断货币市场合作对货币政策信贷、货币量传导机制的影响程度与影响方向。本节设定的基准回归模型为:

$$loan_t = a_0 + a_1 mfcorp_t(cfcorp_t) + a_2 Control_t + \eta_t \quad (5-1)$$

$$money_t = \beta_0 + \beta_1 mfcorp_t(cfcorp_t) + \beta_2 Control_t + \varepsilon_t \quad (5-2)$$

式(5-1)与式(5-2)中:$loan$、$money$ 分别为数量型货币政策目标下货币政策的信贷传导机制与货币量传导机制;$mfcorp$ 为货币市场合作指标;对应的 $cfcorp_t$ 为资本市场合作指标;$Control_t$ 为相应的控制变量。

其次,根据理论部分分析,货币政策传导机制变量最终会影响货币政策最终目标变量,而货币政策传导机制变量影响货币政策最终目标变量的大小程度会受到国际金融合作的影响,因此继续建立一个包含调节效应的模型:

$$GDP_t = \gamma_0 + \gamma_1 loan_t + \gamma_2 mfcorp_t(cfcorp_t) + \gamma_3 loan_t \times mfcorp_t(cfcorp_t) + \gamma_4 Control_t + \delta_t \quad (5-3)$$

$$GDP_t = \lambda_0 + \lambda_1 money_t + \lambda_2 mfcorp_t(cfcorp_t) + \lambda_3 money_t \times mfcorp_t(cfcorp_t) + \lambda_4 Control_t + \theta_t \quad (5-4)$$

同式(5-1)与式(5-2)中变量相同,式(5-3)与式(5-4)中:$loan$、$money$ 分别为数量型货币政策目标下货币政策的信贷传导机制与货币量传导机制;$mfcorp$ 为货币市场合作指标;$cfcorp_t$ 为资本市场合作指标[如果式(5-1)与式(5-2)中,$mfcorp$ 或 $cfcorp_t$ 回归结果不显著,则无须进一步验证相应合作的调节效应];$Control_t$ 为相应的控制变量。不同的是,因变量 $GDP_t$ 项表示货币政策传导机制的结果,即对经济增长的影响,式(5-3)与式(5-4)中分别多了一个交乘项 $loan_t \times mfcorp_t$ 与 $money_t \times mfcorp_t$,表示货币市场合作对数量型货币政策目标下信贷传导机制与货币量传导机制的调节效应。

根据所研究问题性质以及所选数据特点，本部分将对时间序列数据进行回归来检验货币市场合作对货币政策传导机制变量的显著性与存在性，验证理论分析中所得到的相关结论，并通过寻找工具变量，解决变量内生性问题。

（二）指标选取

1. 金融合作指标的选取

对于金融合作指标的测定，以往研究较少，特别是对于货币市场合作与资本市场合作来说，更没有现成可行的测定方法。但本书在前几章分析了金融合作的特征，并对金融合作进行了界定，且分析了开展货币市场合作与资本市场合作的主要业务。因此，根据本书对金融合作的定义，结合第一章与本章第一节分析的国际上现有货币市场合作业务，本部分选取中国对外跨境贸易结算额、对外跨境投资结算额、对外短期信贷额、对外人民币互换额来对应第一章分析中货币市场合作的三大业务，综合表示中国对外货币市场合作程度。选取中国QFII额度、对外中长期信贷额、持有的外国政府债券额来对应第一章分析中资本市场合作三大业务，综合表示中国对外资本市场合作程度。具体使用熵值法将各变量综合成相应的货币市场合作指数与资本市场合作指数。综合数据的可得性，本节选取了各变量时间跨度为2012年1月至2019年12月的月度数据。数据来源为国家统计局官方网站、EPS全球数据库、Wind数据库、RESSET数据库、中国证监会官方网站、中国人民银行官方网站、中国金融统计年鉴。所求得的具体货币市场合作指数与资本市场合作指数可详见附表1。

2. 货币政策传导机制变量选取

根据本章第一节的分析，在数量型货币政策目标下，货币政策主要通过信贷机制与货币量机制进行传导。因此，结合数据的可得性与金融合作影响货币政策传导机制的特性，在既定货币政策目标下，分别选取银行贷款额作为反映信贷传导机制的指标，M2总量（money）作为反映货币量传导机制的指标，两个货币政策传导机制变量作为反映货币政策传导机制的指标，可以较好地反映货币市场合作对两个传导机制的影响。所有数据时间与反映金融合作程度的指标相一致，均为2012年1月至2019年12月的月度数据，数据来源为Wind数据库与EPS全球数据库。

3. 货币政策传导机制最终目标变量

根据所设立的模型，在货币市场合作调节效应下，货币政策传导机制会影响到货币政策的最终目标。根据国情的不同，世界各国所设立的货币政策最终目标具有一定差异，但都会将经济增长作为本国货币政策最终目标之一，中国也不例外，且经济发展情况可以较好地反映货币政策实施情况。因此，应选取各国GDP或GDP增长率来作为锚定目标变量，但本节所选取的是月度数据，相应指标的月度数据较难获得，因此选取了2012年1月至2019年12月的经济增长景气指数的月度数据作为GDP的替代变量，以反映经济发展程度。数据来源为Wind数据库。

4. 控制变量指标选取

在本书所构建的模型中也加入相应的控制变量，控制对货币政策传导机制的其他影响因素，所选取的控制变量分别为财政政策、美国货币政策、对外直接投资情况、对外贸易情况与经济发展情况。其中，根据传统的凯恩斯IS-LM模型，财政政策与货币政策之间可以相互影响，共同改变经济中的利率影响最终传导效果，因此选取政府财政净支出表示财政政策（$fis$）。美国作为目前世界金融体系的领导者，其国内的货币政策对世界其他各国货币政策都会产生显著的溢出效应[1]，因此选取美国货币供应量来表示美国货币政策（$am2$）。根据贺妍等[2]研究，投资对货币政策也会产生显著影响，因此选取对外直接投资来表示投资情况（$fdi$）。根据邹新月等[3]的研究，对外贸易也可以对货币政策产生影响，因此选用对外贸易进出口差额表示对外贸易

---

[1] 何国华、彭意：《美、日货币政策对中国产出的溢出效应研究》，《国际金融研究》2014年第2期。

[2] 贺妍、罗正英：《产权性质、投资机会与货币政策利率传导机制——来自上市公司投资行为的实证检验》，《管理评论》2017年第11期。

[3] 邹新月等：《贸易信贷、银行核心资本充足率与货币政策效应》，《金融论坛》2013年第10期。

情况（trade）。所有控制变量指标与上文相同，均为2012年1月至2019年12月的月度数据，数据来源为Wind数据库。

（三）描述性统计

将2012年1月至2019年12月各月度相应数据进行计算，可得各变量的描述性统计值，具体如表5-1所示。

表5-1　　　　　　　　相关变量描述性统计

| 变量 | 平均值 | 标准差 | 最小值 | 最大值 | 样本数量 |
| --- | --- | --- | --- | --- | --- |
| 信贷量（loan） | 994616.2 | 283690.6 | 574300.3 | 1549227 | 96 |
| M2总量（money） | 1410067 | 334959.2 | 855898.9 | 1986489 | 96 |
| 货币市场合作指数（mfcorp） | 0.0104 | 0.0047 | 0.0003 | 0.0216 | 96 |
| 资本市场合作指数（cfcorp） | 0.0157 | 0.0067 | 0.0002 | 0.0196 | 96 |
| 经济增长（gdp） | 93.58 | 6.11 | 78.83 | 107.32 | 96 |
| 财政净支出额（fis） | 4867.93 | 4224.52 | 0.3 | 20996 | 96 |
| 美国货币供应量（am2） | 12442.29 | 1603.89 | 9750.7 | 15422.8 | 96 |
| 对外直接投资（fdi） | 104.71 | 24.25 | 65 | 187.8 | 96 |
| 进出口差额（trade） | 3466.01 | 426.85 | 2152.62 | 4300.28 | 96 |

（四）数据的平稳性检验

在进行时间序列回归之前，需要对各序列进行检验以确定是否阶数相同且处在平稳状态，其方法为单位根检验。本部分在对各时间序列数据进行单位根检验时得到贷款余额 loan、美国货币供应量 am2 均不是平稳时间序列，因此对所有序列进行一阶差分，此时得到的所有序列均为平稳序列。如表5-2所示。

表5-2　　　　　　　各序列ADF平稳性检验结果

| 变量名称 | 检验类型<br>（C、T、K） | ADF检验值 | P值 | 是否平稳 |
| --- | --- | --- | --- | --- |
| loan | （C、T、0） | -2.102 | 0.2437 | 否 |
|  | （C、0、1） | -8.980 | 0.0000 | 是 |

续表

| 变量名称 | 检验类型<br>（C、T、K） | ADF 检验值 | P 值 | 是否平稳 |
|---|---|---|---|---|
| money | （C、T、0） | -6.325 | 0.0021 | 是 |
|  | （C、0、1） | -3.268 | 0.0000 | 是 |
| mfcorp | （C、T、0） | -5.446 | 0.0000 | 是 |
|  | （C、0、1） | -12.410 | 0.0000 | 是 |
|  | （C、0、1） | -8.260 | 0.0000 | 是 |
| cfcorp | （C、T、0） | -3.024 | 0.0327 | 是 |
|  | （C、0、1） | -8.260 | 0.0000 | 是 |
| gdp | （C、0、0） | -2.599 | 0.0933 | 是 |
|  | （C、0、1） | -10.176 | 0.0000 | 是 |
| fis | （C、0、0） | -9.520 | 0.0000 | 是 |
|  | （C、0、1） | -16.334 | 0.0000 | 是 |
| am2 | （0、T、0） | -0.508 | 0.8905 | 否 |
|  | （C、0、1） | -8.790 | 0.0000 | 是 |
| fdi | （C、0、0） | -11.769 | 0.0000 | 是 |
|  | （C、0、1） | -18.464 | 0.0000 | 是 |
| trade | （C、0、0） | -5.066 | 0.0000 | 是 |
|  | （C、0、1） | -23.834 | 0.0000 | 是 |

注：C 为常数项，T 为趋势项，K 为滞后阶数；所有变量显著性水平均为1%。

## 二 货币市场合作对信贷机制的影响

表5-3中，模型一表示没有控制变量情况下，货币市场合作对信贷传导机制的影响，以此类推，模型二至模型五分别表示有一个、两个、三个、四个控制变量时，货币市场合作对信贷传导机制的影响（下文同理）。从逐步回归结果中可以看出，相应的 $R^2$ 值均在0.6以上，且各回归结果的 F 值均具有较强显著性，表明回归结果具有可信性。从基准回归到增加4个控制变量回归过程中，货币市场合作对信贷传导机制均产生了较强的显著性影响，而资本市场合作均未对信贷传导机制产生显著性影响。各控制变量均未对信贷传导机制产生显著性影响。表明货币市场合作可以显著影响到信贷传导机制，而资本市

场合作无法显著影响到信贷传导机制。这也就部分地证明了第四章理论分析中的推论4-1与推论4-2。

表5-3　　　　　　　　货币市场合作与资本市场合作
影响信贷传导机制逐步回归结果

| 变量名称 | 模型一 | 模型二 | 模型三 | 模型四 | 模型五 |
| --- | --- | --- | --- | --- | --- |
| ln*mfcorp* | 0.2915*** | 0.2865*** | 0.2830*** | 0.2783*** | 0.2765*** |
|  | (0.0910) | (0.0908) | (0.0923) | (0.0978) | (0.0995) |
| ln*cfcorp* | 0.0537 | 0.0554 | 0.0460 | 0.0503 | 0.0490 |
|  | (0.1078) | (0.1070) | (0.1103) | (0.1148) | (0.1161) |
| ln*fis* |  | 0.0119 | 0.0077 | 0.0058 | 0.0067 |
|  |  | (0.0129) | (0.0133) | (0.0124) | (0.0122) |
| ln*trade* |  |  | 0.1466 | 0.1429 | 0.1623 |
|  |  |  | (0.1549) | (0.1580) | (0.1543) |
| ln*fdi* |  |  |  | 0.0334 | 0.0431 |
|  |  |  |  | (0.0964) | (0.0957) |
| ln*am2* |  |  |  |  | 0.0211* |
|  |  |  |  |  | (0.0038) |
| *cons* | 15.3996*** | 15.2888*** | 14.0680*** | 13.9567*** | 13.8422*** |
|  | (0.1856) | (0.2262) | (1.2754) | (1.2968) | (1.2473) |
| $R^2$ | 0.6375 | 0.6404 | 0.6438 | 0.6442 | 0.6535 |
| *F* | 57.85*** | 43.74*** | 33.94*** | 28.04*** | 26.38*** |
| *Obs* | 96 | 96 | 96 | 96 | 96 |

注：*表示在10%的水平上显著，**表示在5%的水平上显著，***表示在1%的水平上显著；括号内为标准误。

为进一步确定货币市场合作对信贷传导机制产生显著影响的方向，通过锚定货币政策经济增长目标，增加了货币市场合作与信贷传导机制交乘项的逐步回归检验。首先，从逐步回归结果中可以看出，相应的 $R^2$ 值均在0.6以上，且各回归结果的 *F* 值均具有较强显著性，表明回归结果具有可信性。其次，从逐步回归结果中也可以看出，中国货币政策的信贷机制对经济增长产生了显著的正向影响，表明中国货币政策信贷传导机制是有效的。同时，从货币市场合作对信贷传导机制影响经济增长交乘项的逐步回归结果中可以看出，各逐步回归结果均显示出货币市场合作对信贷传导机制具有显著的调节效应，但调节方向均为负。具体如表5-4所示。也就是说，货币市场合作减弱了信贷传导机制的作用力。这可能是由于随着中国市场经济改革的逐步深化，信贷等数量型货币政策传导机制发挥作用的效率也在相应减弱，通过货币市场合作，增加市场中的货币数量与货币流通速度来影响信贷传导机制作用的发挥，只能起到弱化的效果，这一点也验证了本章第一节理论机制分析中所得到的部分结论。

表 5-4　　　货币市场合作与资本市场合作对信贷传导机制调节效应回归结果

| 变量名称 | 模型一 | 模型二 | 模型三 | 模型四 | 模型五 |
|---|---|---|---|---|---|
| ln$loan$ | 0.0745** (0.0325) | 0.0730** (0.0326) | 0.0680** (0.0291) | 0.0678** (0.0292) | 0.0728** (0.0295) |
| ln$loan$× ln$mfcorp$ | -0.0718*** (0.0098) | -0.0721*** (0.0098) | -0.0784*** (0.0088) | -0.0780*** (0.0089) | -0.0789*** (0.0089) |
| ln$fis$ | | 0.0027 (0.0032) | -0.0018 (0.0030) | -0.0014 (0.0032) | -0.0016 (0.0032) |
| ln$trade$ | | | 0.1655*** (0.0331) | 0.1659*** (0.0332) | 0.1623*** (0.0334) |
| ln$fdi$ | | | | -0.0064 (0.0199) | -0.0080 (0.0199) |
| ln$am2$ | | | | | -0.0034 (0.0029) |
| $cons$ | 4.1597*** (0.3716) | 4.1613*** (0.3722) | 2.9755*** (0.4074) | 2.9970*** (0.4149) | 2.9573*** (0.4156) |
| $R^2$ | 0.6100 | 0.6130 | 0.6965 | 0.6968 | 0.7013 |
| $F$ | 72.72*** | 48.57*** | 52.20*** | 41.37*** | 34.83*** |
| $Obs$ | 96 | 96 | 96 | 96 | 96 |

注：*表示在10%的水平上显著，**表示在5%的水平上显著，***表示在1%的水平上显著；括号内为标准误。

通过以上最小二乘法（OLS）的基准回归，可以得出货币市场合作影响货币政策信贷传导机制，而资本市场合作无法对货币政策信贷传导机制产生显著性影响。为排除内生性问题，本部分继续选取人民币国际支付在全球货币支付中所占份额（ivmarket）作为开展货币市场合作的工具变量进行回归，验证是否存在内生性问题。人民币国际支付在全球货币支付中所占份额与中国对外金融合作程度息息相关的，一般认为金融合作程度越高，通过跨境结算、货币互换协议等货币市场合作业务进行交易的人民币数量也会不断增加，相应的国际市场中用于交易的人民币数量在全球货币支付中所占份额也会增加。这也就意味着人民币国际支付在全球货币支付中所占份额与中国对外金融合作程度是高度相关的。另外，人民币占比本身不会对模型中的残差项，也就是影响信贷传导机制的其他因素产生影响。本部分所选取数据的时间跨度仍然为 2012 年 1 月至 2019 年 12 月的月度数据，数据来源为 Wind 数据库。具体结果如表 5-5 所示。

表 5-5　货币市场合作影响信贷传导机制的 2SLS 与 GMM 检验结果

| 变量名称 | 被解释变量：货币供应量（lnloan） | |
| --- | --- | --- |
|  | 2SLS | GMM |
| 基于货币市场金融合作（lnmfcorp） | 0.0084\*\*<br>(2.25) | -0.0278\*\*\*<br>(-4.92) |
| 样本数 | 873 | 873 |
| 调整 $R^2$ | 0.4986 | 0.9966 |
| Wald Test | 24.8562\*\*\* | — |
| LM | — | 3787.01\*\*\* |

注：\* 表示在 10% 的水平上显著，\*\* 表示在 5% 的水平上显著，\*\*\* 表示在 1% 的水平上显著；括号内为标准误。

从检验结果可以看出，货币市场合作通过 2SLS 法与 GMM 法所得到的系数分别为 0.0084 与 -0.0278，分别通过了 5% 与 1% 的显著性水平检验，拒绝了模型中存在内生性的原假设。两种方法调整的 $R^2$ 值分别为 0.4986 与 0.9966，表明结果具有一定的可靠性。两种内生

性检验方法的 *Wald Test* 值与 *LM* 值分别为 24.8562、3787.01，且都通过了1%的显著性水平检验。通过2SLS与GMM检验，证明开展货币市场合作可以影响货币政策的信贷传导机制，同时排除了影响过程中其他因素对信贷传导机制的作用。

### 三 货币市场合作对货币量传导机制的影响

从货币市场合作与资本市场合作对货币量传导机制影响的逐步回归结果中可以看出，相应的 $R^2$ 值均在0.6以上，且各回归结果的 $F$ 值均具有较强显著性，表明回归结果具有可信性。从基准回归到增加4个控制变量回归的过程中，虽然影响系数逐步下降，但货币市场合作对货币量传导机制均产生了较强的显著性影响，而资本市场合作均未对信贷传导机制产生显著性影响。表明货币市场合作可以显著影响到货币量传导机制，而资本市场合作无法显著影响货币量传导机制。这与货币市场合作影响信贷传导机制的逐步回归结果共同证明了第四章理论分析中的推论4-1与推论4-2。此外，在增加四个控制变量后，财政政策、对外贸易、美国货币政策均显著地影响到了货币量传导机制。具体如表5-6所示。

表5-6　货币市场合作与资本市场合作影响货币量传导机制逐步回归结果

| 变量名称 | 模型一 | 模型二 | 模型三 | 模型四 | 模型五 |
| --- | --- | --- | --- | --- | --- |
| ln*mfcorp* | 0.2643*** (0.0768) | 0.2610*** (0.0771) | 0.2597*** (0.0775) | 0.2553*** (0.0821) | 0.0160*** (0.0050) |
| ln*cfcorp* | 0.0348 (0.0891) | 0.0359 (0.0887) | 0.0325 (0.0912) | 0.0365 (0.0949) | 0.0055 (0.0076) |
| ln*fis* |  | 0.0080 (0.0102) | 0.0065 (0.0107) | 0.0047 (0.0098) | -0.0027* (0.0014) |
| ln*trade* |  |  | 0.0538 (0.1224) | 0.0504 (0.1252) | -0.0244** (0.0117) |
| ln*fdi* |  |  |  | 0.0307 (0.0774) | 0.0046 (0.0077) |

续表

| 变量名称 | 模型一 | 模型二 | 模型三 | 模型四 | 模型五 |
|---|---|---|---|---|---|
| lnam2 | | | | | 1.8103\*\*\*<br>(0.0213) |
| cons | 15.5436\*\*\*<br>(0.1428) | 15.4689\*\*\*<br>(0.1757) | 15.0213\*\*\*<br>(1.0124) | 14.9190<br>(1.0233) | -2.6237\*\*\*<br>(0.2528) |
| $R^2$ | 0.6839 | 0.6857 | 0.6863 | 0.6869 | 0.6921 |
| F | 70.49\*\*\* | 53.16\*\*\* | 41.92 | 35.01 | 31.97\*\*\* |
| Obs | 96 | 96 | 96 | 96 | 96 |

注：\*表示在10%的水平上显著，\*\*表示在5%的水平上显著，\*\*\*表示在1%的水平上显著；括号内为标准误。

为进一步确定货币市场合作对货币量传导机制产生显著影响的方向，通过锚定货币政策经济增长目标，增加了货币市场合作与货币量传导机制交乘项的逐步回归。首先，从逐步回归结果中可以看出，相应的 $R^2$ 值均在0.6以上，且各回归结果的 F 值均具有较强显著性，表明回归结果具有可信性。其次，从逐步回归结果中也可以看出，中国货币政策的货币量传导机制对经济增长产生了显著的正向影响，表明中国货币政策货币量传导机制是有效的。同时，从货币市场合作对货币量传导机制影响经济增长的交乘项的逐步回归结果可以看出，货币市场合作对货币量传导机制具有显著的调节效应，但与对信贷机制调节效果类似，调节方向均为负，具体如表5-7所示。

表5-7　　　　货币市场合作与资本市场合作对货币量
传导机制调节效应回归结果

| 变量名称 | 模型一 | 模型二 | 模型三 | 模型四 | 模型五 |
|---|---|---|---|---|---|
| lnmoney | 0.0747\*<br>(0.0340) | 0.0731\*<br>(0.0395) | 0.0741\*\*<br>(0.0353) | 0.0740\*\*<br>(0.0355) | 0.0791\*\*<br>(0.0357) |
| lnmoney×<br>lnmfcorp | -0.0712\*\*\*<br>(0.0105) | -0.0721\*\*\*<br>(0.0105) | -0.0800\*\*\*<br>(0.0095) | -0.0800\*\*\*<br>(0.0096) | -0.0804\*\*\*<br>(0.0096) |

续表

| 变量名称 | 模型一 | 模型二 | 模型三 | 模型四 | 模型五 |
|---|---|---|---|---|---|
| ln$fis$ |  | 0.0027<br>(0.0032) | -0.0018*<br>(0.0030) | -0.0015<br>(0.0032) | -0.0016<br>(0.0032) |
| ln$trade$ |  |  | 0.1618***<br>(0.0330) | 0.1647***<br>(0.0331) | 0.1613***<br>(0.0332) |
| ln$fdi$ |  |  |  | -0.0065<br>(0.0200) | -0.0082<br>(0.0199) |
| ln$am2$ |  |  |  |  | -0.0035<br>(0.0029) |
| $cons$ | 4.1556***<br>(0.4724) | 4.1595***<br>(0.4732) | 2.9185***<br>(0.4898) | 2.9387***<br>(0.4961) | 2.8933***<br>(0.4963) |
| $R^2$ | 0.6100 | 0.6130 | 0.6959 | 0.6962 | 0.7011 |
| $F$ | 72.72*** | 48.57*** | 52.05*** | 41.26*** | 34.79*** |
| $Obs$ | 96 | 96 | 96 | 96 | 96 |

注：＊表示在10%的水平上显著，＊＊表示在5%的水平上显著，＊＊＊表示在1%的水平上显著；括号内为标准误。

为排除货币市场合作影响货币量传导机制的内生性问题，本部分继续选取中国货币市场合作的工具变量进行解决。考虑到所选择的工具变量要与货币市场合作相关，而与通过货币量影响货币政策传导机制无关，本部分选取的工具变量仍然是人民币国际支付在全球货币支付中所占份额（$ivmarket$）。时间跨度同样为2012年1月至2019年12月的月度数据，数据来源为Wind数据库，具体结果如表5-8所示。

表5-8 货币市场合作影响货币量传导机制的 2SLS与GMM检验结果

| 变量名称 | 被解释变量：货币供应量（ln$money$） ||
|---|---|---|
|  | 2SLS | GMM |
| 货币市场对外合作<br>（ln$mfcorp$） | 0.015**<br>(2.01) | 0.016**<br>(2.37) |

续表

| 变量名称 | 被解释变量：货币供应量（lnmoney） ||
|---|---|---|
| | 2SLS | GMM |
| 样本数 | 873 | 873 |
| 调整 $R^2$ | 0.5051 | 0.9971 |
| Wald Test | 24.1656*** | — |
| LM | — | 25.964*** |

注：*表示在10%的水平上显著，**表示在5%的水平上显著，***表示在1%的水平上显著；括号内为标准误。

从2SLS与GMM检验结果可以看出，货币市场合作的系数与基准回归结果中的系数大体相当，通过2SLS法与GMM法所得到的系数分别为0.015与0.016，且都通过了5%的显著性水平检验，拒绝了模型中存在内生性的原假设。两种方法调整的 $R^2$ 值分别为0.5051与0.9971，表明结果具有一定的可靠性。两种内生性检验方法的 Wald Test 值与 LM 值分别为24.1656、25.964，且都通过了1%的显著性水平检验。通过2SLS与GMM检验，证明了开展货币市场合作可以影响货币政策的货币量传导机制，同时排除了影响过程中其他因素对货币量传导机制的影响。

## 第三节 货币市场合作对货币政策传导机制风险影响的实证检验

### 一 模型设定与变量说明

（一）模型设定

本节所构建模型参照第四章第三节CB-CR模型思路，验证货币市场合作对货币政策信贷、货币量传导机制中可能风险的防范作用。从CB-CR模型可以看出，金融合作、经济效益与金融风险是紧密相连的，金融合作可以推动经济效益的增长，同时也会防范相应风险。因此在实证研究中，将货币市场合作对货币政策传导机制风险防范作

用的总体计量模型设定为

$$Monetary_t = \alpha_0 + \alpha_1 Risk_t + \alpha_2 Risk_t \times mfcorp_t(cfcorp_t) + \alpha_3 Control_t + \varepsilon_t$$

式中：$Risk$ 为既定货币政策目标下，货币政策各个传导机制中可能遇到的主要风险；$Monetary_t$ 为货币政策传导机制变量，在本章中主要为信贷传导机制($loan$)与货币量传导机制($m_2$)，根据本章第一节的分析，其中信贷传导机制中可能遇到的主要风险为杠杆率风险($leverage$)，货币量传导机制中可能遇到的主要风险为流动性风险($mob$)；交乘项 $Risk_t \times mfcorp_t(cfcorp_t)$ 为货币市场合作或资本市场合作对风险影响货币政策传导机制的调节效应；$mfcorp$ 与 $cfcorp$ 分别为货币市场合作与资本市场合作；$Control$ 为相应的控制变量。

（二）货币政策传导机制风险指标的选取

根据本章第一节的分析，在数量型货币政策目标下，信贷传导机制中可能存在杠杆率风险，货币量传导机制可能存在流动性风险。结合数据可得性，将杠杆率风险用中国信贷总额与实收资本总额之比来表示；流动性风险用股票、债券、信贷之和表示的金融资产规模与市场中的货币流通量之比来表示。其他数据的时间跨度均为 2012 年 1 月至 2019 年 12 月，数据来源为 Wind 数据库与 EPS 全球数据库。

## 二 货币市场合作对货币政策传导机制风险的影响

（一）回归结果分析

表 5-9 回归结果中：模型一表示杠杆率风险影响货币政策信贷传导机制的基准回归结果；模型二表示加入风险与货币市场合作交乘项后，杠杆率风险对信贷传导机制的影响；模型三表示流动性风险影响货币政策货币量传导机制的基准回归结果；模型四表示加入风险与货币市场合作交乘项后，流动性风险对于货币量传导机制的影响。具体来说，相应的 $R^2$ 值均在 0.6 以上，且各回归结果的 $F$ 值均具有较强显著性，表明回归结果具有可信性。从结果中可以看出，杠杆率风险与流动性风险分别对货币政策的信贷传导机制与货币量传导机制产生了显著性影响，且影响方向为正，表明这些风险会影响到货币政策传导机制的稳定。同时，从交乘项结果来看，货币市场合作与杠杆率风

险交乘项的系数为负,且通过了1%的显著性检验,表明在货币市场合作情况下,杠杆率风险对信贷传导机制的影响力减弱。货币市场合作与流动性风险交乘项系数虽然为正,但小于在没有货币市场合作情况下,流动性风险对货币量传导机制影响的系数0.1477,且通过了5%的显著性检验,表明货币市场合作降低了流动性风险对于货币量传导机制的影响。这些结果均表明货币市场合作能够降低数量型目标下货币政策传导机制中的风险。这也就部分地证明了第四章理论分析中所得到的推论4-4、推论4-5与推论4-6;也证明了本章第二节中数量型目标下货币市场合作对货币政策传导机制风险影响的机理分析。

表 5-9　　　　货币市场合作对数量型货币政策传导机制风险防范回归结果

| 变量名称 | 模型一 | 模型二 | 模型三 | 模型四 |
| --- | --- | --- | --- | --- |
| $\ln leverage_t$ | 0.1820** (0.0808) | 0.3215 (0.0904) | | |
| $\ln(leverage_t \times mfcorp_t)$ | | -0.02939*** (0.0095) | | |
| $\ln leverage_{t-1}$ | | 0.4864* (0.2613) | | |
| $\ln(leverage \times mfcorp)_{t-1}$ | | -0.0085 (0.0043) | | |
| $\ln mob_t$ | | | 0.1477*** (0.0418) | 0.1211** (0.0505) |
| $\ln(mob_t \times mfcorp_t)$ | | | | 0.0145*** (0.0052) |
| $\ln mob_{t-1}$ | | | | 0.1482** (0.0632) |
| $\ln(mob \times mfcorp)_{t-1}$ | | | | -0.0066 (0.0056) |
| $\ln fis$ | -0.0023 (0.0021) | -0.0029** (0.0014) | -0.0030*** (0.0011) | -0.0033** (0.0013) |

续表

| 变量名称 | 模型一 | 模型二 | 模型三 | 模型四 |
|---|---|---|---|---|
| ln$trade$ | 0.0301<br>(0.0205) | 0.0671** <br>(0.0256) | 0.0003<br>(0.0123) | 0.0093<br>(0.0187) |
| ln$fdi$ | -0.0040<br>(0.0101) | 0.0081<br>(0.0101) | 0.0083<br>(0.0080) | 0.0063<br>(0.0082) |
| ln$am2$ | 2.1211***<br>(0.0339) | 2.1608***<br>(0.0372) | 1.7925***<br>(0.0307) | 1.7208***<br>(0.0328) |
| $cons$ | -6.9914***<br>(0.2026) | -8.2010***<br>(0.3634) | -3.3021***<br>(0.1654) | -2.5767***<br>(0.0327) |
| $R^2$ | 0.6953 | 0.6994 | 0.6965 | 0.6971 |
| $F$ | 3360.15*** | 3432.75 | 5608.58*** | 3123.63*** |
| $Obs$ | 96 | 96 | 96 | 96 |

注：*表示在10%的水平上显著，**表示在5%的水平上显著，***表示在1%的水平上显著；括号内为标准误。

## （二）稳健性检验

货币市场合作对货币政策传导机制具有显著的风险防范作用，分析过程中每种风险均对应一个传导机制，但在现实中，货币政策传导机制可能会遇到复杂的风险影响。因此，本节继续以中国为例，增加风险的复杂性，对货币市场合作影响货币政策传导机制的风险防范作用进行稳健性检验。

具体思路如下：首先，构建反映中国金融稳定的 FSCI 指数，并建立 VAR 模型。相应数据为时间序列数据，货币市场合作表达沿用本章第一节分析过程中相应的合作指数。其次，构建金融稳定指数（FSCI）来反映中国货币政策传导机制中的风险性。参考王雪峰[①]使用变参数状态空间模型方法估计权重，进而采用 HP 滤波确定相应偏离值并确定相应 FSCI 指数的做法，结合货币市场合作和资本市场合作（见第六章第一节分析）过程中所能防范的货币政策传导机制的风

---

[①] 王雪峰：《中国金融稳定状态指数的构建——基于状态空间模型分析》，《当代财经》2010 年第 5 期。

险，为保持回归的一致性，本部分采用同建立货币市场合作指数与资本市场合作指数相同的方法，即熵值法进行计算。具体指标分别为上证指数波动、汇率波动、短期利率波动、长期利率波动、债券利率波动以及通货膨胀率波动情况，此时金融稳定指数可以表示为

$$FSCI_t = \omega_{1t}szbd_t + \omega_2 exbd_t + \omega_3 dlbd_t + \omega_{4t} clbd_t + \omega_5 zqbd_t + \omega_6 cpi_t \quad (5-5)$$

式（5-5）中：$\omega_t$ 为相应指标的权重；$szbd_t$ 为上证指数波动情况，用相应上证指数增长率的绝对值表示；$exbd_t$ 为汇率波动情况，用相应人民币有效汇率增长率的绝对值表示；$dlbd_t$ 为短期利率波动值，用人民币短期互换利率增长率的绝对值表示；$clbd_t$ 为长期利率波动值，用人民币长期互换利率增长率的绝对值表示；$zqbd_t$ 为债券波动情况，用1年期债券利率增长率的绝对值表示；$cpi_t$ 为通货膨胀波动情况，用相应的 $CPI$ 增长率的绝对值表示。其中，相应增长率的绝对值越大，表明这一指标的波动越大，表示金融风险增加，金融稳定性越差；反之，则金融风险降低，金融稳定性越强，所得的最终 $FSCI$ 指数具有同样的特征。所有指标选取的样本时间范围均与货币市场合作指数、资本市场合作指数时间范围相同，为2012年1月至2019年12月的月度数据。

确定反映金融稳定的 $FSCI$ 指标后，首先对各指标及最终的 $FSCI$ 指标进行平稳性检验，所得结果如表5-10所示。表5-11反映了货币政策传导机制中的金融稳定性、货币市场合作指数的描述性统计特征。

表5-10　　　　　　　　各序列 ADF 平稳性检验结果

| 变量名称 | 检验类型<br>（C，T，K） | ADF 检验值 | P 值 | 是否平稳 |
| --- | --- | --- | --- | --- |
| $szbd_t$ | （C，0，1） | -8.879 | 0.000 | 是 |
| $exbd_t$ | （C，T，1） | -1.571 | 0.049 | 是 |
| $dlbd_t$ | （C，0，1） | -3.198 | 0.020 | 是 |
| $clbd_t$ | （C，T，1） | -3.175 | 0.022 | 是 |
| $zqbd_t$ | （C，T，1） | -3.789 | 0.003 | 是 |

续表

| 变量名称 | 检验类型<br>(C, T, K) | ADF 检验值 | P 值 | 是否平稳 |
|---|---|---|---|---|
| $cpi_t$ | (C, 0, 1) | -5.023 | 0.000 | 是 |
| FSCI | (C, T, 1) | -4.845 | 0.000 | 是 |

注：检验类型中 C、T、K 含义均与表 5-2 中对应变量含义相同，所有变量显著性水平均为 1%。

表 5-11　金融稳定、货币市场金融合作描述性统计

| 变量名称 | 样本数量 | 平均值 | 标准差 | 最小值 | 最大值 |
|---|---|---|---|---|---|
| fsci | 96 | 0.0104 | 0.0051 | 0.0031 | 0.0365 |
| mfcorp | 96 | 0.0104 | 0.0047 | 0.0003 | 0.0216 |

为继续构建 VAR 模型，需要确定相应的最优阶数，所使用的方法为 AIC 准则进行估计，所得结果如表 5-12 所示。可以看出，AIC 值中滞后三阶为最小值，且 P 值通过了 10% 的显著性水平检验，因此可以确定滞后三阶为 VAR 检验的最优阶数。进一步构建相应的 VAR 模型，所得结果如表 5-13 所示。

表 5-12　货币市场合作下 AIC 准则检验结果

| 滞后期 | 对数似然值 | 似然比检验统计量 | 显著性 | 赤池信息准则 | 汉南-奎因信息准则 | 施瓦茨贝叶斯信息准则 |
|---|---|---|---|---|---|---|
| 0 | 497.23 |  |  | -15.48 | -15.45 | -15.41 |
| 1 | 557.46 | 120.45 | 0.000 | -17.23 | -17.15 | -17.03 |
| 2 | 561.74 | 8.57 | 0.073 | -17.24 | -17.11 | -16.90 |
| 3 | 579.35 | 35.20* | 0.000 | -17.67* | -17.48 | -17.19 |
| 4 | 580.38 | 2.06 | 0.724 | -17.57 | -17.34 | -16.97 |

注：* 表示在 10% 的水平上显著，** 表示在 5% 的水平上显著，*** 表示在 1% 的水平上显著。

表 5-13　　　　　　　　货币市场合作下 VAR 回归结果

| 变量名称 | fsci | mfcorp |
| --- | --- | --- |
| fsci（-1） | 0.4466*** <br> (0.1108) | -0.0421 <br> (0.0333) |
| fsci（-2） | -0.0494 <br> (0.1123) | 0.0092 <br> (0.0337) |
| fsci（-3） | -0.0707 <br> (0.1082) | 0.1246*** <br> (0.0325) |
| mfcorp（-1） | -0.1269 <br> (0.3310) | 0.2906*** <br> (0.0993) |
| mfcorp（-2） | -0.0897 <br> (0.3174) | 0.1707* <br> (0.0953) |
| mfcorp（-3） | 0.2099 <br> (0.3107) | 0.5033*** <br> (0.0933) |
| cons | 0.0069*** <br> (0.0021) | 0.0001 <br> (0.0006) |
| $R^2$ | 0.2013 | 0.9040 |

注：*表示在10%的水平上显著，**表示在5%的水平上显著，***表示在1%的水平上显著；括号内为标准误。

接下来通过对各阶系数的联合显著性检验可以看出，虽然单一方程中某些阶系数不显著，但作为三个方程整体，各阶系数均高度相关，分别通过了10%、5%、1%的显著性检验，如表5-14所示。同时在进行残差白噪声检验后可以发现接受残差"无自相关"的原假设，扰动项为白噪声过程，具体如表5-15所示。

表 5-14　　　　　　货币市场合作下联合显著性检验结果

| 变量名称 | 滞后期 | 卡方统计量 | 显著性 |
| --- | --- | --- | --- |
| fsci | 1 | 16.4729 | 0.000*** |
| | 2 | 0.2813 | 0.569 |
| | 3 | 0.8954 | 0.639 |
| mfcorp | 1 | 10.3553 | 0.006* |
| | 2 | 3.3211 | 0.190 |
| | 3 | 43.2682 | 0.000** |
| All | 1 | 25.5042 | 0.000*** |
| | 2 | 3.4879 | 0.080* |
| | 3 | 45.3565 | 0.000*** |

表 5-15　　　　　　货币市场合作下白噪声检验结果

| 滞后期 | 卡方统计量 | 显著性 |
| --- | --- | --- |
| 1 | 2.7547 | 0.5996 |
| 2 | 10.8285 | 0.3285 |

图 5-10 反映了所有特征根都落在单位圆内，这表明所构建货币市场合作防范货币政策传导机制风险的 VAR 模型是稳定的。继续建立货币政策传导机制中的 FSCI 指数的脉冲响应图，观察货币市场合作对其冲击情况，可得图 5-11。从图 5-11 中可以看出，开展货币市场合作对金融风险会产生冲击。具体来说，从第 0 期开始，货币市场合作对金融风险波动有一个负向的冲击，到第 2 期达到最低值，随后冲击逐渐上升，在第 3 期开始出现正向冲击，第 11 期冲击开始逐渐稳定，趋于回归 0 值。这表明货币市场合作可以降低货币政策传导机制中的风险，稳定货币政策传导机制作用的发挥。

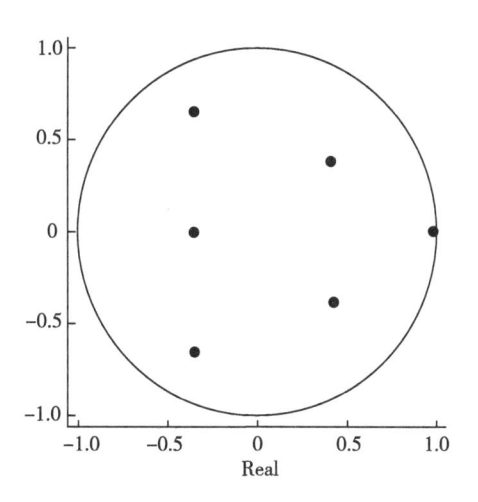

**图 5-10　货币市场合作下 VAR 模型稳定性的 AR**

注：图为软件自动生成。

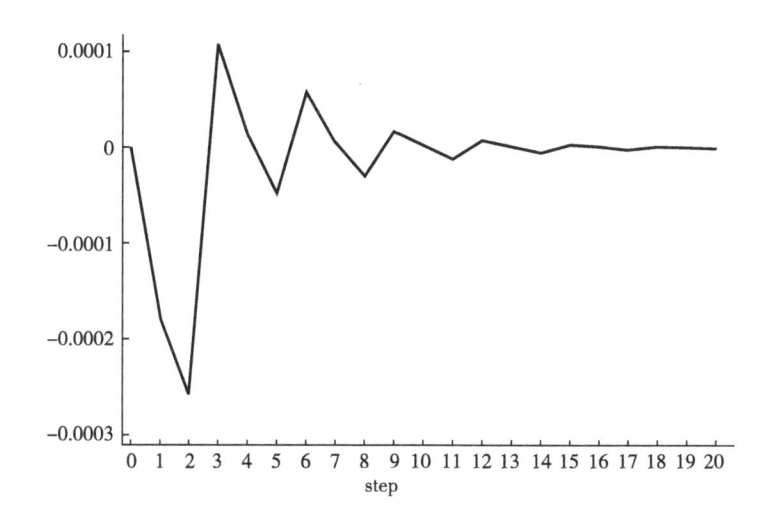

**图 5-11　货币市场金融合作对金融稳定的脉冲响应**

注：图为软件自动生成。

## 第四节 本章小结

本章在第四章理论框架的基础上，具体分析了数量型目标下货币市场合作对货币政策传导机制的影响机理。首先，货币市场合作主要通过货币互换业务、跨境结算业务与短期信贷业务影响市场中基础货币的数量，改变市场中的货币流通数量与流通速度来影响货币政策传导机制，进而影响宏观经济变量。在货币政策工具中可以体现为对公开市场业务工具、信贷工具等数量型货币政策工具的影响。具体来说，货币市场合作主要通过国家之间短期信贷业务合作影响各国的信贷传导机制，进而影响货币政策的信贷目标，主要通过本币互换业务与跨境结算业务影响货币政策传导机制中的货币量传导机制，进而影响货币政策的货币量目标。同时，货币市场合作还可以通过估值、收入和现金流机制作用来化解货币政策传导机制中流动性风险与杠杆率风险。其次，本章构建了货币市场合作与资本市场合作影响信贷传导机制、货币量传导机制的计量模型。通过逐步回归、调节效应回归、2SLS 回归、GMM 回归等方法，发现货币市场合作可以显著影响信贷传导机制与货币量传导机制，而资本市场合作无法对两个机制产生显著影响。同时，随着中国市场经济改革的逐步深化，信贷、货币量等数量型货币政策传导机制发挥作用的效率在相应减弱，通过货币市场合作，增加市场中的货币数量与货币流通速度来影响信贷传导机制与货币量传导机制作用的发挥，只能起到弱化的效果，相应回归结果均不存在内生性问题。此外，货币市场合作可以显著减弱杠杆率风险对信贷传导机制的影响以及流动性风险对货币量传导机制的影响，相应稳健性检验也表明，货币市场合作可以发挥稳定货币政策传导机制的作用。

# 第六章

# 资本市场合作对货币政策传导机制的影响

## 第一节 资本市场合作对货币政策传导机制的影响机理

同数量型货币政策目标下货币政策传导机制作用的发挥相对应,价格型货币政策目标主要包括利率目标、汇率目标以及资产价格目标。其中,利率目标主要通过货币政策传导机制中的利率机制进行传导,汇率目标主要通过汇率机制进行传导,资产价格目标主要通过资产价格机制进行传导。三者均会使货币政策传导机制中的相应变量发生变化,进一步又会对宏观经济中的价格、就业、通货膨胀等因素产生显著影响。同时,三者分别通过合作各国货币政策的利率与汇率工具来实现,具体如图6-1所示。由图6-1可知,同数量型货币政策体系相似,在价格型货币政策目标实现体系中,整个体系的起始阶段也是货币政策工具,进一步通过货币政策传导机制的作用,来达到既定的货币政策中介目标,也即实现价格型货币政策目标,最终影响宏观经济变量。在这一体系中,通过相应货币政策工具对市场中的利率、汇率进行调节,进而达到价格型货币政策的既定中介目标,市场通过货币政策中介目标实现对宏观经济变量的调节,政府此时发挥的作用被削弱。同时也可以看出，在价格型货币政策目标下，货币政策传导机制主要通过利率、汇率与资产价格机制来发挥调节市场中相应变量的作用，根据市场中的供求关系，以及市场中的利率、汇率与资产价格可以实现自行调节，既定货币政策中介目标根据市场化机制即可实现，无须政府进行强制干预。

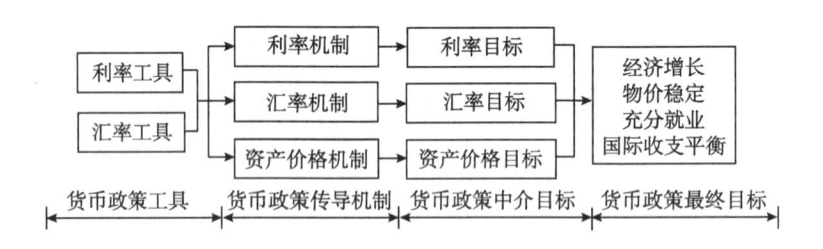

```
利率工具 ──→ 利率机制 ──→ 利率目标 ──→ 经济增长
                                          物价稳定
汇率工具 ──→ 汇率机制 ──→ 汇率目标         充分就业
                                          国际收支平衡
         ──→ 资产价格机制 ──→ 资产价格目标
货币政策工具  货币政策传导机制  货币政策中介目标  货币政策最终目标
```

**图 6-1　价格型货币政策目标实现体系**

根据上文对基于资本市场金融合作作出的定义，相比货币市场合作，资本市场合作开展相关业务的期限普遍较长，最短也要在一年以上，通常在五年以上甚至更长。这种合作方式也是对货币政策传导机制产生影响的重要方式，但与货币市场合作的影响不同，由于并不涉及短期通货交易，资本市场的合作对市场中货币数量虽然具有较大影响，但主要通过汇率与利率对货币政策传导机制产生影响。这是因为其业务范畴主要表现在非货币化且周期较长的债券、股票、基金、衍生品等方面，根据资产价格定价理论，各种类型的金融工具价格是其市场均衡时的价格（由市场需求与供给决定的价格），以及市场化利率与汇率等因素在其中的作用更为直接。具体来说，资本市场的合作主要可以通过中长期信贷业务合作、股票业务合作、债券业务合作来影响货币政策传导机制。可以看出，资本市场合作业务主要是通过影响市场化利率、汇率与资产价格传导机制来影响价格型货币政策目标的。具体如图 6-2 所示。

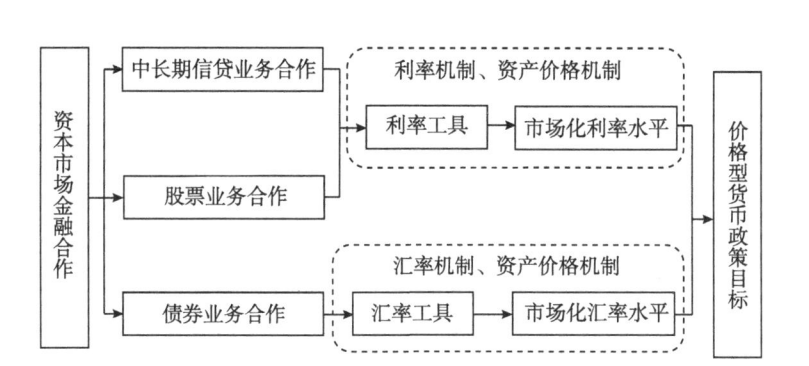

图 6-2 资本市场影响货币政策传导机制逻辑

## 一 资本市场合作对利率传导机制的影响机理

（一）利率目标下货币政策传导机制的作用机理

资本市场合作中的利率与货币市场合作中的利率有所不同，货币市场合作中，政府可以直接使用公开市场业务利率、存款准备金利率、再贴现利率等工具，根据需要对利率进行调节；而在资本市场合作中，利率传导机制主要根据金融市场供求的调节进行相应变动，进而影响相应的业务。具体来说，在利率目标下，利率传导机制主要通过企业的内部之间以及企业与企业之间进行传导。企业内部传导主要通过利率来调节企业内部各主体所对应的变量来发生作用。例如，利率升高，则企业在本国的投资会减少，向国外利率较低的国家的投资会升高，此时相应汇率就发生了变化。企业与企业之间传导通过银行等行业利率的调整进而引起其他非金融行业相关变量的变化，包括汇率与资产价格机制的变化，具体如图 6-3 所示。可以看出，开放经济下的利率传导机制作用机理主要通过利率机制、汇率机制以及资产价格机制影响货币政策传导机制的利率目标，这是由市场机制自行调节的。汇率机制是在他国利率变化的情况下，通过汇率转换影响到本国市场中的投融资情况。而资产价格机制通过影响资本市场中的股票价格，进而影响投资者的投资与消费，并影响利率中介目标。二者最终都会影响宏观经济变量目标。

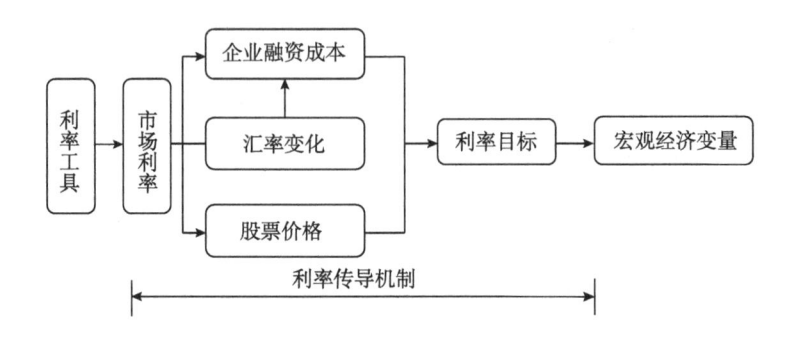

```
                    ┌──→ 企业融资成本 ┐
┌──────┐  ┌──────┐  │                 │   ┌──────┐   ┌──────────┐
│利率工具│→│市场利率│→├──→ 汇率变化    ├──→│利率目标│──→│宏观经济变量│
└──────┘  └──────┘  │                 │   └──────┘   └──────────┘
                    └──→ 股票价格    ┘
          └────────────── 利率传导机制 ──────────────┘
```

**图 6-3 利率目标下货币政策传导机制的作用机理**

（二）资本市场合作对利率传导机制的影响

国家之间资本市场的合作主要可以通过中长期信贷业务合作对各国货币政策利率传导机制产生影响，进而影响货币政策利率目标。国际中长期信贷合作与货币市场合作中国际短期信贷合作相反，其贷款期限至少为一年，普遍来说在五年以上甚至更长。贷款期限在五年以内的称为中期信贷，贷款期限在五年以上的称为长期信贷。中长期信贷业务的合作所涉及的资金量也相对较大，故而因贷款者自身经营能力而产生的还款风险、国际金融环境不稳定风险会成倍增长。此时中长期贷款合作业务中的契约会起到至关重要的作用，契约会对合作双方相关权利与义务作出具体规定，约束借贷双方行为。一些中长期信贷业务合作还要签订远期合约以防范因周期较长带来的国际汇率与利率风险，同时由借款人所在国政府提供担保。合作国家之间互设的可以提供中长期国际信贷业务的金融机构或合作国家共同设立的国际性、区域性提供中长期国际信贷业务的金融机构是中长期信贷业务合作的媒介。随着合作程度的加深，合作国家范围扩大，本国对合作国家的中长期信贷数额也会不断增加，由于中长期信贷业务本身涉及数额较大，市场中对货币的需求相比短期信贷也增加较多，较大的资金量会直接影响市场化利率水平，进而影响货币政策传导机制。具体传导过程如图 6-4 所示。

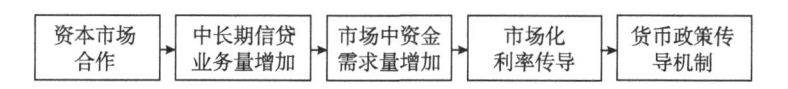

图 6-4　中长期信贷业务合作影响货币政策传导机制的过程

## 二　资本市场合作对汇率传导机制的影响机理

（一）汇率目标下货币政策传导机制的作用机理

汇率工具主要作用在开放经济条件下对宏观经济变量的影响，其中主要也是利用国际市场化的定价机制，根据市场供需水平，使汇率发生改变，引起国家货币相对价格的变化，影响对外贸易、国际资本流动、内外投资，使国际贸易净额、国际储备、投资数量与结构均发生相应变化，最终影响到宏观经济变量。这一过程也是汇率机制的传导过程，同时市场汇率的改变使相对价格发生变化，改变投资者的投资行为，通过汇率机制又对宏观经济变量产生影响，具体如图 6-5 所示。

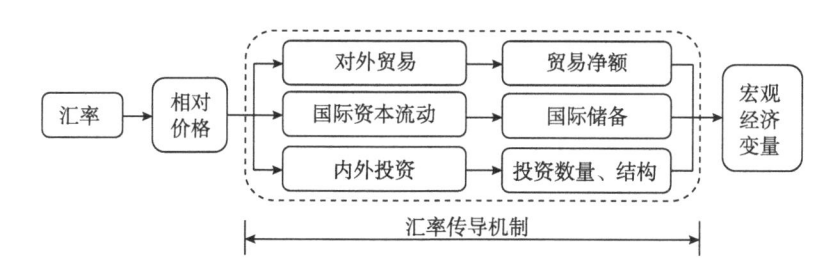

图 6-5　汇率目标下货币政策传导机制作用机理

（二）资本市场合作对汇率传导机制的影响

资本市场合作主要通过国家之间债券业务合作影响货币政策汇率传导机制，进而影响到汇率目标。国家之间债券业务的合作主要表现在国际债券市场上本国与国外的政府间的合作，由于债券业务合作的期限在一年以上，相关业务合作仅在资本市场合作的范畴之内。国际债券具有业务额度较大的特点，同时本国政府购买合作国家政府债券可以通过本国外汇储备进行购买，由于政府担保，购买合作国家政府债券实际上是一种降低投资风险、稳定收益的体现，同时还可以降低本国外汇储备中的风险。在合作过程中，本国可以通过外汇储备购买国外政府发行的债券，而外汇储备与实际有效汇率呈负向关系[①]。当本国购买外国债券时，外汇储备减少，而外汇储备的减少能够使本国实际有效汇率上升，进而对进出口贸易产生影响，也就影响到了货币政策传导机制。具体过程如图6-6所示。

资本市场金融合作 → 本国购买外国债券 → 本国外汇储备减少 → 实际有效汇率上升 → 货币政策传导机制

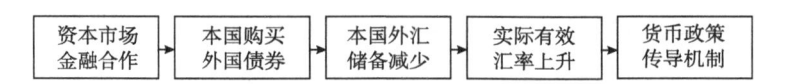

**图6-6　债券业务合作影响货币政策传导机制过程**

### 三　资本市场合作对资产价格传导机制的影响机理

（一）资产价格目标下货币政策传导机制作用机理

货币政策的资产价格机制是货币主义者分析货币政策传导机制的有益思路，这一思路探讨了资产价格目标下资产价格机制的传导作用。具体来说，主要通过两种效应来发挥传导作用：一是托宾Q效应，这一效应指出货币供给的变化会导致股票价格的变化，而股票价格的变化又会对投资产生影响进而影响经济产出，若一个厂商具有较大的$q$值，则这个厂商重新进行生产的成本会比厂商生产产品在市场上的价格低，此时因投资而产生的实际支出提升；相反，如果$q$值较小，因投资而产生的实际支出就会减少。二是资产价格传导机制还会通过财富效应发生作用，这一点可以由生命周期理论进行解释，在每个人对其生命中消费支出做好安排的情况下，消费支出由劳动者的收入和财富两部分构成，股票价格的提高增加了消费者的财富，进一步消费者又会提高自己的消费水平，托宾Q效应与财富效应具体传导过程如图6-7所示。可以看出，两种效应都是货币政策资产价格机制发生作用的方式，最终都会通过一个共同的"股票价格"这一核心变量来发挥作用，从本质上说，股票也是一种所有者权益，可以将其进行更广义的拓展，例如将住房价格看作一种资产价格，与其他资产价格类似，房地产价格与成本之比的变化也会导致$q$值发生相应改变，而

---

① 陆前进等：《银行信贷、外汇储备和中国的实际汇率——基于中国2000—2011年数据的实证研究》，《金融研究》2013年第11期。

房地产又可以看作一种财富，因此房地产升值则所有者的财富也就会相应增加，财富效应也因此会发生作用，进而影响到货币政策资产价格传导机制。

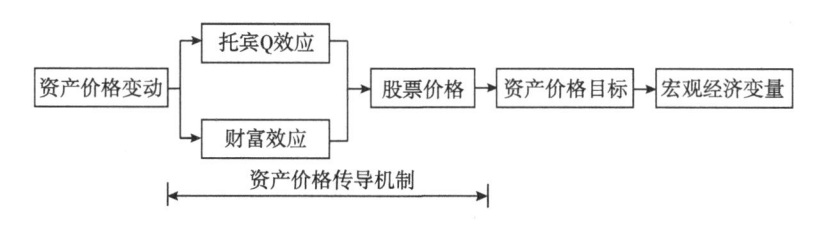

**图 6-7　资产价格目标下货币政策传导机制的作用机理**

（二）资本市场合作对资产价格传导机制的影响

国家之间资本市场合作主要通过股票业务合作影响货币政策的资产价格传导机制，进而影响货币政策资产价格目标。国家之间的股票业务合作主要表现在本国资本市场尚未完全开放的情况下，通过与合作国家签订相关协议，有限度地允许符合规定条件的国外资本到本国股票市场进行投资，并规定投资额度，此时，合作国家机构可以到合作国家开设证券账户，进行股票买卖。签订相应协议进行股票市场合作的目的是实现在资本市场未完全开放的条件下，本国政府更好地对进入本国股票市场的资本进行监督与管理，防止国际"游资"对本国资本市场的冲击，进而防范国际金融中的风险给本国金融市场带来的不利影响。在这一合作中，国外投资者进入本国股票市场，增加了本国股票市场资金的流动量，从而增加了市场中货币供应量，根据托宾Q理论，股票价格会上升，而股票价格的上升又会吸引更多的本国市场资金进入股票市场，非股票市场中的货币量减少，市场利率会升高，进而影响货币政策传导机制。具体如图 6-8 所示。

**图 6-8　股票业务合作影响货币政策传导机制过程**

## 四 资本市场合作对货币政策传导机制风险的影响机理

### (一) 价格型目标下货币政策传导机制中的风险

#### 1. 利率与汇率风险冲击

本部分考虑"绝对大国"对世界利率与汇率影响的情况,如果一个可以对世界利率产生决定性影响的"绝对大国"采取扩张性或紧缩性的货币政策,其利率的变动会引起外汇供应量以及外汇供应价格的大幅变动,外汇市场会出现供求的失衡,相应的汇率风险隐患也会随之而来,利率、股价与汇率都会发生相应变化。反映在图中,如图6-9所示,假设"绝对大国"采取紧缩性货币政策,则外汇市场受到利率上升的冲击,Gordon 曲线变为 Gordon′ 曲线,IRP 曲线变为 IRP′ 曲线,交点 $A$ 变为交点 $B$,此时利率下降,即期汇率上升,股价上涨;当 IRP 曲线右移至 IRP″ 曲线,交点 $A$ 变为交点 $C$ 时,可以看出利率、汇率与股价均会上涨,当 IRP 曲线右移至 IRP‴ 曲线,交点 $A$ 变为交点 $D$ 时,可以看出利率上升,股价与汇率均下降,如图 6-9 所示。由此可知"绝对大国"如果采取紧缩性货币政策,带来的汇率风险冲击会有多种可能性,也反映出"绝对大国"货币政策的变化给他国金融市场带来的不确定性和复杂性的影响。

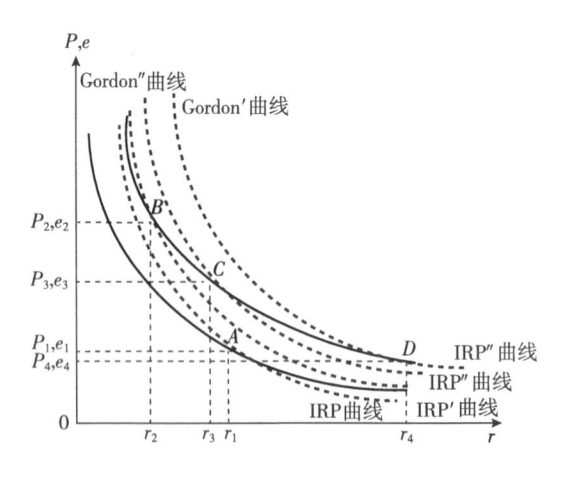

图 6-9 汇率风险冲击下市场传染风险分析

2. 金融资产溢出风险

在资本市场中，股票、债券、中长期信贷扮演着重要角色，例如股票市场的波动也会导致整个资本市场的相应波动，当股票市场受到风险冲击时，资本市场也就受到了风险冲击，市场中相应的利率、股价、汇率等因素也都会产生变动。如果股票发行量较多，发行数额也较大，而股票的需求方无法对此进行完全及时的消化吸收，股票价格就会下跌，市场利率上升，即期汇率下降，市场平均收益率也会相应降低，股票的风险报酬率会降低。反映到图中，Gordon 曲线的移动方式与流动性风险冲击时的移动方式相似，股票供给量增大时，Gordon′ 曲线会上移到 Gordon″ 曲线，交点 A 变为交点 B，如图 6-10 所示。

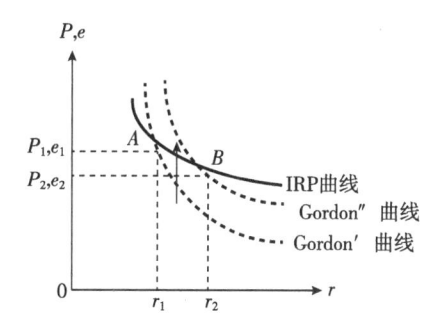

图 6-10 股市波动风险冲击下市场传染风险分析

以上分析的是股票市场资产溢出带来的风险冲击，在现实中股市、债券、中长期信贷等是金融资产的重要组成部分，因此股市、债券、中长期信贷等金融资产构成要素的溢出也会带来相似的金融资产溢出风险的冲击。同时，它们共同构成了金融资产总价值与资本市场总价值，在金融开放条件下，股市、债券、中长期信贷产生不确定性波动的风险剧增，进而金融资产总价值与资本市场总价值的不确定性波动风险也增大，整个资本市场受到风险冲击的概率也会增加。

(二) 资本市场合作对货币政策传导机制中的风险防范

1. 逐利机制

资本具有逐利的性质，资本市场合作过程中，合作国家之间的资本流动障碍减少，资本的流动渠道也增多，在市场化机制下，资本会流向收益较高国家的市场，这样，就确保了合作国家之间汇率的市场化运营机制。另外，对于借款国来说，金融合作使其增加了向合作国市场的投资，相较于向本国投资而言，这实际上是在配置风险相对较高的资产，也逐步提高了对风险资产的偏好，借款国家金融机构的风险承担能力相应提高。这对资本合作过程中金融监管能力的要求会变得更高，借款国家应对风险的措施与预警机制也会相应加强，进而对来自国际的利率、汇率冲击提前做出反应，确保货币政策传导机制的稳定运转。

2. 预期机制

国家之间的资本市场合作对于各国来说是一种政策利好，其合作的主要目的也是发展本国金融、共同抵御外来风险，因此，在国家之间进行资本市场合作的情况下，本国金融机构与投资者对于未来的金融市场是乐观的，这样市场中的投资数量以及货币流通量就会增多，汇率与利率机制在运转过程中也不会出现大幅波动，各国金融机构与投资者的风险承担能力相应提高，也就确保了货币政策传导机制的稳定运行。

由此可见，资本市场合作带来的两种机制均可以通过化解金融风险，增强金融主体的风险承担能力，实现利率与汇率的稳定，这一过程并没有直接改变市场中资金与货币的供求数量，也没有直接改变利率与汇率的传导作用机制，因此风险防范对货币政策传导机制的影响是外生的。

## 第二节  资本市场合作影响货币政策传导机制的实证检验

### 一 模型设定与变量说明

根据第四章理论框架以及本章第一节理论分析，为进一步证明资本市场合作对货币政策传导机制的影响，本部分继续以中国开展对外资本市场合作为例,实证检验价格型货币政策目标下,资本市场合作对利率、汇率、资产价格等价格型货币政策传导机制的影响,以及对各价格型货币政策传导机制中风险的影响。

(一)模型设定

参照第五章第二节计量模型的设定思路,首先构建一个金融合作影响价格型货币政策传导机制的基准模型,在第四章数值模拟部分的基础上,进一步判断资本市场合作对货币政策利率、汇率、资产价格传导机制的影响程度与影响方向。

首先,设定的基准回归模型为:

$$rate_t = \sigma_0 + \sigma_1 cfcorp_t(mfcorp_t) + \sigma_2 Control_t + \psi_t \tag{6-1}$$

$$ex_t = \phi_0 + \phi_1 cfcorp_t(mfcorp_t) + \phi_2 Control_t + \varepsilon_t \tag{6-2}$$

$$cap_t = \tau_0 + \tau_1 cfcorp_t(mfcorp_t) + \tau_2 Control_t + \nu_t \tag{6-3}$$

式(6-1)、式(6-2)与式(6-3)中:$rate$、$ex$、$cap$ 分别为价格型货币政策目标下货币政策的利率、汇率、资产价格传导机制;$cfcorp_t$ 为资本市场合作指标;对应的 $mfcorp$ 为货币市场合作指标;$Control_t$ 为相应的控制变量。

其次,根据理论部分分析,参考第五章第二节思路,继续建立包含资本市场合作调节效应的模型:

$$GDP_t = o_0 + o_1 rate_t + o_2 cfcorp_t(mfcorp_t) + o_3 rate_t \times cfcorp_t(mfcorp_t) + o_4 Control_t + \tau_t \tag{6-4}$$

$$GDP_t = \omega_0 + \omega_1 ex_t + \omega_2 cfcorp_t(mfcorp_t) + \omega_3 ex_t \times cfcorp_t(mfcorp_t) + \omega_4 Control_t + \xi_t \tag{6-5}$$

$$GDP_t = \chi_0 + \chi_1 cap_t + \chi_2 cfcorp_t(mfcorp_t) + \chi_3 cap_t \times cfcorp_t(mfcorp_t) + \chi_4 Control_t + \zeta_t \tag{6-6}$$

同式(6-1)、式(6-2)与式(6-3)中变量相同,式(6-4)、式(6-5)与式(6-6)中:$rate$、$ex$ 与 $cap$ 分别为价格型货币政策目标下货币政策的利率传导机制、汇率传导机制与资产价格传导机制;$cfcorp$ 为资本市场合作指标;$mfcorp$ 为货币市场合作指标,如果式(6-1)、式(6-2)与式(6-3)中,$cfcorp$ 与 $mfcorp$ 回归结果不显著,则无须进一步验证相应合作的调节效应;$Control_t$ 为相应的控制变量;

因变量 $GDP_t$ 为货币政策传导机制的结果,即对经济增长的影响;交乘项 $rate×cfcorp$、$ex×cfcorp$ 与 $cap_t×cfcorp_t$ 分别为资本市场合作对价格型货币政策目标下利率传导机制、汇率传导机制与资产价格传导机制的调节效应。

本部分将继续选取时间序列数据进行回归,来检验资本市场合作对货币政策传导机制变量的显著性与存在性,验证理论分析中所得到的相关结论,并通过寻找工具变量,解决变量内生性问题。

(二)指标选取与描述性统计

本节相应变量除货币政策传导机制变量外,其他变量均与第五章第二节选取变量相同。因此,主要描述相应价格型货币政策传导机制的指标选取。具体选取中国 shibor 利率作为反映利率传导机制的指标,实际有效汇率指数作为反映汇率传导机制的指标,证券净投资额、长期外债额与中长期信贷额之和作为反映资产价格传导机制指标。所有数据时间均为 2012 年 1 月至 2019 年 12 月的月度数据,数据来源为 Wind 数据库与 EPS 全球数据库。

将 2012 年 1 月至 2019 年 12 月各月度响应数据进行计算,可得各变量的描述性统计值,如表 6-1 所示。

表 6-1 相关变量描述性统计

| 变量名称 | 均值 | 标准差 | 最小值 | 最大值 | 样本量 |
| --- | --- | --- | --- | --- | --- |
| 同业拆借率($rate$) | 2.796 | 0.686 | 1.417 | 6.58 | 96 |
| 人民币汇率综合指数($ex$) | 120.323 | 6.268 | 107.55 | 130.93 | 96 |
| 资产价格变量($cap$) | 1410067 | 334959.2 | 855898.9 | 1986489 | 96 |

在进行时间序列回归之前,需要对各序列进行检验以确定是否阶数相同且处在平稳状态,其方法为单位根检验。本部分在对各时间序列数据进行单位根检验时得到汇率传导机制 $ex$ 与资产价格传导机制 $cap$ 不是平稳时间序列,因此对所有序列进行一阶差分,此时得到的所有序列均为平稳序列,如表 6-2 所示。

表 6-2　　　　　　　　各序列 ADF 平稳性检验结果

| 变量名称 | 检验类型<br>（C、T、K） | ADF 检验值 | P 值 | 是否平稳 |
|---|---|---|---|---|
| rate | （C、0、0） | -3.775 | 0.0032 | 是 |
|  | （C、0、1） | -10.229 | 0.0000 | 是 |
| ex | （C、T、0） | -1.678 | 0.4425 | 否 |
|  | （C、0、1） | -6.742 | 0.0000 | 是 |
| cap | （C、T、0） | -2.335 | 0.1608 | 否 |
|  | （C、0、1） | -10.652 | 0.0000 | 是 |

注：C 为常数项，T 为趋势项，K 为滞后阶数；所有变量显著性水平均为 1%。

## 二　资本市场合作对利率传导机制的影响

从资本市场合作与货币市场合作对利率传导机制影响的逐步回归结果中可以看出，相应的 $R^2$ 值均在 0.5 以上，且各回归结果的 F 值均具有较强显著性，表明回归结果具有可信性。从基准回归到增加 4 个控制变量回归的过程中，资本市场合作对利率传导机制均产生了较强的显著性影响，而货币市场合作未对利率传导机制产生显著性影响。各控制变量中，只有在增加三个或四个控制变量后，国际贸易对利率传导机制才会产生显著性影响，其他控制变量均未产生显著性影响，具体如表 6-3 所示。表明资本市场合作可以显著影响利率传导机制，而货币市场合作无法显著影响利率传导机制。这也部分地证明了第四章理论分析中的推论 4-1 与推论 4-2。

表 6-3　　　　　　资本市场合作与货币市场合作影响利率
传导机制逐步回归结果

| 变量名称 | 模型一 | 模型二 | 模型三 | 模型四 | 模型五 |
|---|---|---|---|---|---|
| ln*cfcorp* | 0.4748***<br>（0.0687） | 0.4779***<br>（0.0692） | 0.4536***<br>（0.0706） | 0.4771***<br>（0.0760） | 0.4718<br>（0.0815） |
| ln*mfcorp* | -0.3483<br>（0.0392） | -0.3577<br>（0.0412） | -0.3668<br>（0.0373） | -0.3923<br>（0.0472） | -0.4329<br>（0.0596） |

续表

| 变量名称 | 模型一 | 模型二 | 模型三 | 模型四 | 模型五 |
|---|---|---|---|---|---|
| ln$fis$ |  | 0.0228*<br>(0.0132) | 0.0121<br>(0.0114) | 0.0016<br>(0.0158) | 0.0004<br>(0.0156) |
| ln$trade$ |  |  | 0.3796***<br>(0.1260) | 0.3599***<br>(0.1302) | 0.3472***<br>(0.1294) |
| ln$fdi$ |  |  |  | 0.1792<br>(0.1491) | 0.1747<br>(0.1523) |
| ln$am2$ |  |  |  |  | 0.3066<br>(0.2889) |
| cons | 1.5559***<br>(0.1874) | 1.3430***<br>(0.2346) | -1.8177***<br>(1.1538) | -2.4148*<br>(1.1887) | -5.3855*<br>(3.0676) |
| $R^2$ | 0.5545 | 0.5714 | 0.6062 | 0.6275 | 0.6375 |
| F | 41.11*** | 26.62*** | 29.39*** | 20.88** | 14.98* |
| Obs | 96 | 96 | 96 | 96 | 96 |

注：*表示在10%的水平上显著，**表示在5%的水平上显著，***表示在1%的水平上显著；括号内为标准误。

为进一步确定资本市场合作对利率传导机制产生显著影响的方向，本部分同样采用锚定货币政策经济增长目标的方式，增加了资本市场合作与利率传导机制交乘项的逐步回归。从逐步回归结果中，首先可以看出，相应的$R^2$值均在0.5以上，且各回归结果的F值均具有较强的显著性，表明回归结果具有可信性。其次可以看出中国货币政策的利率传导机制对经济增长产生了显著的正向影响，表明中国货币政策利率的传导机制是有效的。同时，从资本市场合作对利率传导机制影响经济增长交乘项的逐步回归结果中可以看出，各逐步回归结果均显示出资本市场合作对利率传导机制具有显著的调节效应，且调节方向均为正。具体如表6-4所示。也就是说，资本市场合作加强了利率传导机制的作用力。这一结果与货币市场合作对数量型货币政策传导机制的负向调节力正好相反，可能的原因是随着中国市场经济改革的逐步深化，利率等价格型货币政策传导机制发挥作用的效率也在不断提升，通过资本市场合作、增强利率价格的市场化程度来影响利率传导机制作用的发挥，可以进一步提升货币政策传导机制的市场化调节程度，增强调节效果，这一点也验证了本章第一节理论机制分析中所得到的部分结论。

表6-4　　　　资本市场合作与货币市场合作对利率
传导机制调节效应回归结果

| 变量名称 | 模型一 | 模型二 | 模型三 | 模型四 | 模型五 |
|---|---|---|---|---|---|
| ln$rate$ | 0.2084*** (0.0207) | 0.2083*** (0.0254) | 0.2111*** (0.0237) | 0.2087*** (0.0216) | 0.1753*** (0.0249) |
| ln$rate$× ln$cfcorp$ | 0.3925*** (0.0097) | 0.3921*** (0.0084) | 0.4029*** (0.0102) | 0.3999*** (0.0105) | 0.3754*** (0.0119) |
| ln$fis$ |  | −0.0010 (0.0028) | −0.0040 (0.0035) | −0.0014 (0.0029) | −0.0009 (0.0026) |
| ln$trade$ |  |  | 0.1083** (0.0506) | 0.1142** (0.0489) | 0.1246** (0.0479) |
| ln$fdi$ |  |  |  | −0.0434** (0.0208) | −0.0344* (0.0206) |
| ln$am2$ |  |  |  |  | −0.1268*** (0.0426) |
| cons | 3.9910 (0.0483) | 4.0009*** (0.0469) | 3.1008*** (0.4307) | 3.2457*** (0.4178) | 4.4332*** (0.5368) |
| $R^2$ | 0.5905 | 0.5910 | 0.6260 | 0.6427 | 0.6702 |
| F | 67.06** | 52.84** | 41.32*** | 33.87*** | 33.89*** |
| Obs | 96 | 96 | 96 | 96 | 96 |

注：*表示在10%的水平上显著，**表示在5%的水平上显著，***表示在1%的水平上显著；括号内为标准误。

通过以上最小二乘法的回归，可以得出开展货币市场合作无法影响利率传导机制，而开展资本市场合作可以对货币政策利率传导机制产生显著性影响。为排除资本市场合作影响利率传导机制的内生性问题，本部分继续选取中国的同业拆借业务笔数（$ivinlen$）作为资本市场合作的工具变量进行回归，国际金融业务中同业拆借业务笔数会显著影响同业拆借利率，而同业拆借利率是市场化程度最高的一种利率，因此同业拆借业务笔数是资本市场合作较好的替代指标，会对利率传导机制产生显著影响，但其不会影响到残差项，因此同业拆借笔数在这里是一个比较好的工具变量。本部分选取的工具变量数据时间跨度仍然为 2012 年 1 月至 2019 年 12 月，数据来源为 Wind 数据库，具体结果如表 6-5 所示。

表 6-5 资本市场合作影响利率传导机制的 2SLS 与 GMM 检验结果

| 变量名称 | 被解释变量：货币供应量（lnrate） | |
| --- | --- | --- |
|  | 2SLS | GMM |
| 资本市场金融合作（lncfcorp） | −0.4293*<br>(−1.93) | −0.4293*<br>(−1.93) |
| 样本数 | 873 | 873 |
| 调整 $R^2$ | 0.2458 | 0.4118 |
| Wald Test | 10.8202*** | — |
| LM | — | 2.99* |

从结果可以看出，资本市场合作通过 2SLS 法与 GMM 法所得到的系数均为−0.4293，且均通过了 10% 的显著性水平检验，拒绝了模型中存在内生性的原假设。两种方法调整的 $R^2$ 值分别为 0.2458 与 0.4118。两种检验方法的 Wald Test 值与 LM 值分别为 10.8202、2.99，且分别通过了 1% 与 10% 的显著性水平检验。通过 2SLS 与 GMM 检验，证明开展资本市场合作可以影响货币政策利率传导机制，同时排除了影响过程中其他因素对于货币政策利率传导机制的作用。

### 三 资本市场合作对汇率传导机制的影响

从资本市场合作与货币市场合作对汇率传导机制影响的逐步回归结果中可以看出，相应的 $R^2$ 值均在 0.6 以上，且各回归结果的 $F$ 值均具有较强显著性，表明回归结果具有可信性。从基准回归到增加四个控制变量回归的过程中，资本市场合作对汇率传导机制均产生了显著性影响，而货币市场合作未对汇率传导机制产生显著性影响。各控制变量中，只有在增加四个控制变量后，美国货币政策才会对汇率传导机制产生显著性影响，其他控制变量均未产生显著性影响，具体如表 6-6 所示。表明资本市场合作可以显著影响到汇率传导机制，而货币市场合作无法显著影响汇率传导机制。这也部分地证明了第四章理论分析中的推论 4-1 与推论 4-2。

表 6-6　　　　　　　资本市场合作与货币市场合作
影响汇率传导机制逐步回归结果

| 变量名称 | 模型一 | 模型二 | 模型三 | 模型四 | 模型五 |
| --- | --- | --- | --- | --- | --- |
| $lncfcorp$ | -1.2609* (0.6665) | -1.2600* (0.6667) | -1.2880* (0.8699) | -1.4504* (0.7681) | -1.5557* (0.6292) |
| $lnmfcorp$ | 1.4434 (0.5520) | 1.4344 (0.5636) | 1.4222 (0.5663) | 1.6019 (0.6621) | 1.0459 (0.6638) |
| $lnfis$ |  | 0.0254 (0.0828) | 0.0119 (0.0861) | 0.0861 (0.1107) | 0.0713 (0.0984) |
| $lntrade$ |  |  | 0.4671 (0.9023) | 0.6109 (0.9214) | 0.4160 (0.9360) |
| $lnfdi$ |  |  |  | -1.2846 (0.7805) | -1.3409* (0.7082) |
| $lnam2$ |  |  |  |  | 4.3332** (1.9821) |
| $cons$ | -4.8947*** (1.3511) | -5.1373*** (1.4564) | -9.0215 (7.4253) | -4.7452 (7.4188) | -46.7284** (20.8535) |
| $R^2$ | 0.6785 | 0.6791 | 0.6805 | 0.7098 | 0.8627 |
| $F$ | 33.97* | 33.08* | 32.32* | 31.75 | 34.48*** |
| $Obs$ | 96 | 96 | 96 | 96 | 96 |

注：*表示在 10% 的水平上显著，**表示在 5% 的水平上显著，***表示在 1% 的水平上显著；括号内为标准误。

为进一步确定资本市场合作对汇率传导机制产生显著影响的方向，本部分同样采用了锚定货币政策经济增长目标方式，增加了资本市场合作与汇率传导机制交乘项的逐步回归。从回归结果中首先可以看出，相应的 $R^2$ 值均在 0.4 以上，且各回归结果的 $F$ 值均具有较强显著性，表明回归结果具有可信性。其次，可以看出中国货币政策的汇率传导机制对经济增长产生了显著的正向影响，表明中国货币政策汇率的传导机制是有效的。同时，从资本市场合作对汇率传导机制影响经济增长交乘项的回归结果中可以看出，各逐步回归结果均显示出资本市场合作对汇率传导机制具有显著的调节效应，且调节方向均为正。具体如表6-7所示。也就是说，资本市场合作加强了汇率传导机制的作用力。这一结果与资本市场合作影响利率传导机制的结果相似，通过资本市场合作，增强汇率价格的市场化程度来影响汇率传导机制作用的发挥，可以进一步提升货币政策传导机制的市场化调节程度，增强调节效果，这一点同样验证了本章第一节理论机制分析中所得到的部分结论。

表 6-7　　资本市场合作与货币市场合作对汇率传导机制调节效应回归结果

| 变量名称 | 模型一 | 模型二 | 模型三 | 模型四 | 模型五 |
| --- | --- | --- | --- | --- | --- |
| $\ln ex$ | 0.0807*** (0.0095) | 0.0812*** (0.0098) | 0.0941*** (0.0121) | 0.0898*** (0.0123) | 0.0694*** (0.0147) |
| $\ln ex \times \ln cfcorp$ | 0.0891*** (0.0078) | 0.0897*** (0.0008) | 0.1034*** (0.0110) | 0.0997*** (0.0113) | 0.0761*** (0.0153) |
| $\ln fis$ |  | 0.0014 (0.0028) | -0.0028 (0.0036) | 0.0047 (0.0027) | 0.0001 (0.0025) |
| $\ln trade$ |  |  | 0.1472** (0.0583) | 0.1542*** (0.0563) | 0.1600*** (0.0541) |
| $\ln fdi$ |  |  |  | -0.0466** (0.0217) | -0.0361* (0.0215) |
| $\ln am2$ |  |  |  |  | -0.1299** (0.0552) |
| $cons$ | 4.0729*** (0.0358) | 4.0580*** (0.0449) | 2.8256*** (0.4999) | 2.9741*** (0.4857) | 4.2320*** (0.7028) |
| $R^2$ | 0.4586 | 0.4595 | 0.5254 | 0.5444 | 0.5690 |

续表

| 变量名称 | 模型一 | 模型二 | 模型三 | 模型四 | 模型五 |
|---|---|---|---|---|---|
| F | 87.45*** | 59.16*** | 32.88*** | 34.60*** | 26.22*** |
| Obs | 96 | 96 | 96 | 96 | 96 |

注：*表示在10%的水平上显著，**表示在5%的水平上显著，***表示在1%的水平上显著；括号内为标准误。

通过以上最小二乘法的回归，可以得出开展货币市场合作无法影响汇率传导机制，而开展资本市场合作可以对货币政策汇率传导机制产生显著性影响。为排除资本市场合作影响汇率传导机制的内生性问题，本部分继续选取人民币国际结算总额（$iwinlen$）作为资本市场合作的工具变量进行回归，验证是否存在内生性问题，人民币国际结算总额数量会影响到人民币兑其他货币的汇率，并与资本市场合作程度高度相关，与影响汇率传导机制的其他变量不相关，因此国际货币结算总额是一个较好的工具变量。本部分选取的工具变量数据的时间跨度仍然为2012年1月至2019年12月，数据来源为Wind数据库，具体结果如表6-8所示。

表6-8 资本市场合作影响汇率传导机制的2SLS与GMM检验结果

| 变量名称 | 被解释变量：货币供应量（lnex） | |
|---|---|---|
| | 2SLS | GMM |
| 基于资本市场金融合作（ln$cfcorp$） | -0.1329*<br>(-1.94) | -0.1329*<br>(-1.94) |
| 样本数 | 873 | 873 |
| 调整 $R^2$ | 0.1721 | 0.1515 |
| Wald Test | 5.8576** | — |
| LM | — | 2.751* |

从检验结果可以看出，资本市场合作通过2SLS法与GMM法所得到的系数均为-0.1329，且均通过了10%的显著性水平检验，拒绝了模型中存在内生性的原假设。两种方法调整的 $R^2$ 值分别为0.1721和

0.1515。两种内生性检验方法的 *Wald Test* 值与 *LM* 值分别为 5.8576、2.751，且分别通过了 5%与 10%的显著性水平检验。通过 2SLS 与 GMM 检验，证明开展资本市场合作可以影响货币政策汇率传导机制，同时排除了影响过程中其他因素对货币政策汇率传导机制的作用。

### 四 资本市场合作对资产价格传导机制的影响

从资本市场合作与货币市场合作对资产价格传导机制影响的逐步回归结果中可以看出，相应的 $R^2$ 值均在 0.5 以上，且各回归结果的 $F$ 值均具有较强显著性，表明回归结果具有可信性。从基准回归到增加四个控制变量回归的过程中，资本市场合作对资产价格传导机制均产生了显著性影响，而货币市场合作未对资产价格传导机制产生显著性影响。各控制变量中，只有在增加四个控制变量后，美国货币政策才会对资产价格传导机制产生显著性影响，其他控制变量均未产生显著性影响，具体如表 6-9 所示。表明资本市场合作可以显著影响到资产价格传导机制，而货币市场合作无法显著影响到资产价格传导机制。这与第五章中货币市场合作显著影响到数量型货币政策传导机制，以及本节前两部分资本市场合作可以显著影响到利率、汇率等价格型货币政策传导机制共同证明了第四章理论分析中的推论 4-1 与推论 4-2。

表 6-9　资本市场合作与货币市场合作影响资产价格传导机制逐步回归结果

| 变量名称 | 模型一 | 模型二 | 模型三 | 模型四 | 模型五 |
|---|---|---|---|---|---|
| ln*cfcorp* | 0.2799*** (0.0868) | 0.2749*** (0.0865) | 0.2729*** (0.0875) | 0.2687*** (0.0925) | 0.0816*** (0.0095) |
| ln*mfcorp* | -0.0475 (0.1001) | -0.0458 (0.0996) | -0.0511 (0.1025) | -0.0471 (0.1066) | 0.0025 (0.0094) |
| ln*fis* | | 0.0119 (0.0118) | 0.0096 (0.0123) | 0.0078 (0.0115) | -0.0004 (0.0011) |
| ln*trade* | | | 0.0824 (0.1338) | 0.0791 (0.1367) | -0.0041 (0.0139) |
| ln*fdi* | | | | 0.0301 (0.0873) | 0.0011 (0.0105) |

续表

| 变量名称 | 模型一 | 模型二 | 模型三 | 模型四 | 模型五 |
| --- | --- | --- | --- | --- | --- |
| lnam2 | | | | | 2.0134*** <br> (0.3415) |
| cons | 11.7306*** <br> (0.1672) | 11.6193*** <br> (0.1999) | 10.9330*** <br> (1.0912) | 10.8328*** <br> (1.1058) | -8.6784*** <br> (0.3415) |
| $R^2$ | 0.5813 | 0.5856 | 0.5871 | 0.5877 | 0.6931 |
| F | 34.91*** | 27.20*** | 22.05*** | 38.87*** | 24.05*** |
| Obs | 96 | 96 | 96 | 96 | 96 |

注：*表示在10%的水平上显著，**表示在5%的水平上显著，***表示在1%的水平上显著；括号内为标准误。

为进一步确定资本市场合作对资产价格传导机制产生显著影响的方向，本部分继续采用锚定货币政策经济增长目标的方式，增加了资本市场合作与资产价格传导机制交乘项的逐步回归检验。从逐步回归检验结果中可以看出，相应的 $R^2$ 值均在0.5以上，且各回归结果的 F 值均具有较强显著性，表明回归结果具有可信性。同时，从回归结果中可以看出，中国货币政策的资产价格传导机制对经济增长产生了显著的负向影响，表明中国货币政策资产价格传导机制的有效性还有待提升。同时，从资本市场合作对资产价格传导机制影响经济增长交乘项的逐步回归结果中可以看出，各逐步回归结果均为负，这表明资本市场合作对资产价格传导机制具有负向的调节效应，由于资产价格传导机制对经济影响力为负，而资本市场合作降低了这种负向影响效用，表明资本市场合作有利于降低资产价格传导机制的负向调节作用，可以促进资产价格传导机制对经济正向作用的发挥。具体如表6-10所示。也就是说，资本市场合作增强了资产价格传导机制的有效性。这一结果与资本市场合作影响利率、汇率传导机制结果类似，通过资本市场合作，增强资产价格传导机制作用的发挥，可以进一步提升货币政策传导机制的市场化调节程度，增强调节效果，这一点同样验证了本章第一节理论机制分析中所得到的部分结论。

表 6-10　资本市场合作与货币市场合作对资产价格
传导机制调节效应回归结果

| 变量名称 | 模型一 | 模型二 | 模型三 | 模型四 | 模型五 |
| --- | --- | --- | --- | --- | --- |
| ln*cap* | -0.4092*** <br> (0.0744) | -0.4097*** <br> (0.0754) | -0.3508*** <br> (0.0960) | -0.3407*** <br> (0.0971) | -0.2986*** <br> (0.1031) |
| ln*cap*× ln*cfcorp* | -0.0807*** <br> (0.0080) | -0.0812*** <br> (0.0082) | -0.0901*** <br> (0.0115) | -0.0887*** <br> (0.0116) | -0.0722*** <br> (0.0114) |
| ln*fis* | | 0.0012*** <br> (0.0623) | -0.0012 <br> (0.0037) | 0.0068 <br> (0.0030) | 0.0007 <br> (0.0027) |
| ln*trade* | | | 0.0764 <br> (0.5635) | 0.0823 <br> (0.0632) | 0.0969 <br> (0.0646) |
| ln*fdi* | | | | -0.0297 <br> (0.0209) | -0.0247 <br> (0.0204) |
| ln*am*2 | | | | | -0.0954** <br> (0.0466) |
| *cons* | 4.3854*** <br> (0.0528) | 4.3737*** <br> (0.0623) | 3.7054*** <br> (0.5636) | 3.7830*** <br> (0.5479) | 4.5888*** <br> (0.4793) |
| $R^2$ | 0.5875 | 0.5881 | 0.6043 | 0.6120 | 0.6261 |
| $F$ | 87.62*** | 58.80*** | 40.31*** | 29.99*** | 27.78* |
| *Obs* | 96 | 96 | 96 | 96 | 96 |

注：＊表示在10%的水平上显著，＊＊表示在5%的水平上显著，＊＊＊表示在1%的水平上显著；括号内为标准误。

通过以上最小二乘法的回归，可以看出开展货币市场合作无法影响资产价格传导机制，而开展资本市场合作可以对货币政策资产价格传导机制产生显著性影响。为排除资本市场合作影响资产价格传导机制的内生性问题，本部分继续选取中国开展资本市场合作的工具变量进行验证。考虑到所选择的工具变量与开展资本市场合作相关，而与货币政策资产价格传导机制无关，本部分选取的工具变量是人民币国际支付在全球货币支付中所占份额（*ivmarket*），人民币国际支付在全球货币支付中所占份额与金融合作是高度相关的，其同样可以影响到货币政策资产价格传导机制，并与残差项无关，因此人民币国际支付在全球货币支付中所占份额是一个较好的工具变量。本部分所选取的工具变量数据的时间跨度为2012年1月至2019年12月，数据来源为Wind数据库，具体结果如表6-11所示。

表6-11　资本市场合作影响资产价格传导机制的 2SLS 与 GMM 检验结果

| 变量名称 | 被解释变量：货币供应量（lncap） | |
| --- | --- | --- |
|  | 2SLS | GMM |
| 基于货币市场金融合作（lncfcorp） | 0.015**<br>(2.01) | 0.016**<br>(2.37) |
| 样本数 | 873 | 873 |
| 调整 $R^2$ | 0.5051 | 0.9971 |
| Wald Test | 24.1656*** | — |
| LM | — | 25.964*** |

从检验结果可以看出，资本市场合作的系数与基准回归结果中的系数大体相当，通过2SLS法与GMM法所得到的系数分别为0.015与0.016，且都通过了5%的显著性水平检验，拒绝了模型中存在内生性的原假设。两种方法调整的 $R^2$ 值分别为0.5051与0.9971，表明结果具有一定的可靠性。两种内生性检验方法的 Wald Test 值与 LM 值分别为24.1656、25.964，且都通过了1%的显著性水平检验。通过2SLS与GMM检验，证明开展资本市场合作可以影响货币政策资产价格传导机制，同时排除了影响过程中其他因素对货币政策资产价格传导机制的作用。

# 第三节　资本市场合作对货币政策传导机制风险影响的实证检验

## 一　模型设定与变量说明

（一）模型设定

本节所构建的模型继续参照第四章第三节国际金融合作 CB-CR

模型思路，验证货币市场合作对货币政策利率、汇率与资产价格传导机制中可能风险的防范作用。实证研究中，将资本市场合作对货币政策传导机制风险防范作用的总体计量模型设定为式（6-7）：

$$Monetary_t = \alpha_0 + \alpha_1 Risk_t + \alpha_2 Risk_t \times cfcorp_t(mfcorp_t) + \alpha_3 Control_t + \varepsilon_t$$

(6-7)

式（6-7）中：$Risk$ 为既定货币政策目标下，货币政策各个传导机制中可能遇到的主要风险；$Monetary_t$ 为货币政策传导机制的变量，在本章中主要为利率传导机制（$rate$）、汇率传导机制（$ex$）与资产价格传导机制（$cap$），在利率传导机制中，考虑到资本市场合作对于利率影响是提升金融资产收益率，而通货膨胀会减少实际的收益率水平，因此利率机制中的风险主要表现为通过物价表征的通货膨胀风险（$cpi$），汇率传导机制中可能遇到的主要风险为汇率剧烈波动风险（$dex$）；交乘项 $Risk_t \times cfcorp_t(mfcorp_t)$ 为资本市场合作或货币市场合作对风险影响货币政策传导机制的调节效应；$mfcorp$ 与 $cfcorp$ 分别为货币市场合作与资本市场合作；$Control$ 为相应的控制变量。

（二）货币政策传导机制风险指标的选取

根据本章第一节的分析，在价格型货币政策目标下，考虑到资本市场合作对利率的影响是提升金融资产收益率，而通货膨胀会减少实际的收益率水平，因此利率传导机制中的风险为通过物价表征的通货膨胀风险来表示（$cpi$），汇率传导机制可能存在汇率剧烈波动风险（$dex$），用人民币兑美元汇率的变动率来表示。资产价格传导机制中可能存在金融资产溢出风险（$finto$），用股票、债券、信贷之和表示的金融资产总价值与实收资本总额之比来表示。$FSCI$ 指数继续沿用第五章第三节相应数据。时间跨度均为 2012 年 1 月至 2019 年 12 月，数据来源为 Wind 数据库与 EPS 全球数据库。

## 二 资本市场合作对货币政策传导机制风险的影响

（一）回归结果分析

回归结果（见表6-12）中，模型一表示通货膨胀风险影响货币政策利率传导机制的基准回归结果；模型二表示加入风险与资本市场合作交乘项后，通货膨胀风险对利率传导机制的影响；模型三表示汇率剧烈波动风险影响货币政策汇率传导机制的基准回归结果；模型四表示加入风险与资本市场合作交乘项后，汇率剧烈波动风险对汇率传导机制的影响；模型五表示金融资产溢出风险影响货币政策资产价格传导机制的基准回归结果；模型六表示加入风险与资本市场合作交乘项后，金融资产溢出风险对资产价格传导机制的影响。从回归结果可以看出：首先，相应的 $R^2$ 值均在 0.5 以上，且各回归结果的 $F$ 值均具有较强显著性，表明回归结果具有可信性。其次，通货膨胀风险对利率传导机制产生了显著影响，但资本市场合作并没有降低利率传导机制中通货膨胀带来的影响，这可能是资本市场合作本身可能产生的一些风险导致的。汇率剧烈波动风险与金融资产溢出风险分别对货币政策的汇率传导机制与资产价格传导机制产生了显著性影响，且影响方向为正。这些均表明风险会影响价格型货币政策传导机制的稳定。同时，从交乘项结果来看，资本市场合作与汇率剧烈波动风险交乘项的系数为负，且通过了1%的显著性检验，表明在资本市场合作情况下，汇率剧烈波动风险对汇率传导机制的影响力减弱。资本市场合作与金融资产溢出风险交乘项系数也为正，且通过了1%的显著性检验，表明资本市场合作也降低了金融资产溢出风险对资产价格传导机制的影响。这些结果均表明资本市场合作能够降低价格型目标下货币政策传导机制中的风险。这也就同第五章第三节中实证结果的结论共同证明了第四章理论分析中所得到的推论4-4、推论4-5与推论4-6，也证明了本章第二节中，价格型目标下资本市场合作对货币政策传导机制风险影响的机理分析。

表 6-12　　资本市场合作对价格型货币政策传导机制风险防范回归结果

| 变量名称 | 模型一 | 模型二 | 模型三 | 模型四 | 模型五 | 模型六 |
|---|---|---|---|---|---|---|
| $lncpi_t$ | 0.2316**<br>(0.0907) | 1.2062**<br>(0.6503) | | | | |
| $\ln(cpi_t \times cfcorp_t)$ | | 0.4622<br>(0.4429) | | | | |

续表

| 变量名称 | 模型一 | 模型二 | 模型三 | 模型四 | 模型五 | 模型六 |
|---|---|---|---|---|---|---|
| $\ln cpi_{t-1}$ | | 4.8286* (2.4910) | | | | |
| $\ln(cpi \times cfcorp)_{t-1}$ | | -3.2919 (2.2246) | | | | |
| $\ln dex_t$ | | | 0.9794*** (0.2129) | 0.9335*** (0.0152) | | |
| $\ln(dex_t \times cfcorp_t)$ | | | | -0.0953*** (0.0154) | | |
| $\ln dex_{t-1}$ | | | | 0.1889** (0.0924) | | |
| $\ln(dex \times cfcorp)_{t-1}$ | | | | -0.1899** (0.0924) | | |
| $\ln finto_t$ | | | | | 1.9311*** (0.4300) | 0.2093 (0.0546) |
| $\ln(finto \times cfcorp)_t$ | | | | | | -0.0757*** (0.0065) |
| $\ln finto_{t-1}$ | | | | | | -0.2577** (0.1221) |
| $\ln(finto \times cfcorp)_{t-1}$ | | | | | | -0.0354 (0.0345) |
| cons | 1.6483 (1.5889) | 53.8717** (23.0873) | 29.5704*** (2.9375) | 6.6141*** (0.5586) | 3.2511* (1.6830) | -8.7804*** (0.3103) |
| $R^2$ | 0.5463 | 0.5405 | 0.7499 | 0.7292 | 0.5742 | 0.8037 |
| F | 42.15* | 55.85*** | 44.37*** | 41.21*** | 42.60*** | 69.23* |
| Obs | 96 | 96 | 96 | 96 | 96 | 96 |

注：\*表示在10%的水平上显著，\*\*表示在5%的水平上显著，\*\*\*表示在1%的水平上显著；括号内为标准误。本回归都加入了控制变量，受篇幅所限，没有列出。

（二）稳健性检验

参照本书第五章第三节的做法，本节继续以中国为例对资本市场合作对货币政策传导机制的风险防范作用进行稳健性检验，验证开展资本市场合作是否能够化解货币政策传导机制中的风险。对资本市场合作指标及最终的 FSCI 指标进行平稳性检验,得到数据均为平稳数据,无须差分。金融稳定、资本市场金融合作描述性统计如表 6-13 所示。

表 6-13　　金融稳定、资本市场金融合作描述性统计

| 变量名称 | 样本量 | 平均值 | 标准差 | 最小值 | 最大值 |
| --- | --- | --- | --- | --- | --- |
| fsci | 96 | 0.0104 | 0.0051 | 0.0031 | 0.0365 |
| cfcorp | 96 | 0.0104 | 0.0034 | 0.0026 | 0.0156 |

首先,为继续构建 VAR 模型,需要确定相应的最优阶数,所使用的方法为 AIC 准则进行估计,所得结果如表 6-14 所示。可以看出,AIC 值中滞后二阶为最小值,且 P 值通过 10% 的显著性水平检验,因此可以确定滞后二阶为 VAR 检验的最优阶数。进一步构建相应的 VAR 模型,所得结果如表 6-15 所示。

表 6-14　　资本市场合作下 AIC 准则检验结果

| 滞后期 | 对数似然值 | 似然比检验统计量 | 显著性 | 赤池信息准则 | 汉南-奎因信息准则 | 施瓦茨贝叶斯信息准则 |
| --- | --- | --- | --- | --- | --- | --- |
| 0 | 517.22 | | | -16.10 | -16.07 | -16.03 |
| 1 | 663.96 | 293.46 | 0.000 | -20.56 | -20.48 | -20.35* |
| 2 | 669.82 | 11.73* | 0.019 | -20.62* | -20.49* | -20.28 |
| 3 | 971.70 | 3.75 | 0.440 | -20.55 | -20.36 | -20.08 |
| 4 | 673.34 | 3.28 | 0.512 | -20.48 | -20.24 | -19.87 |

表 6-15　　资本市场合作下 VAR 回归结果

| 变量名称 | fsci | cfcorp |
| --- | --- | --- |
| fsci (−1) | 0.3263*** <br> (0.1094) | 0.0067 <br> (0.0075) |
| fsci (−2) | −0.0165 <br> (0.1101) | −0.0111 <br> (0.0076) |
| cfcorp (−1) | 1.0414 <br> (1.5599) | 1.3671 <br> (0.1073) |

续表

| 变量名称 | fsci | cfcorp |
|---|---|---|
| cfcorp（-2） | 1.2236<br>(1.5385) | -0.3788***<br>(0.1058) |
| cons | 0.0053**<br>(0.0021) | 0.0003***<br>(0.0001) |
| $R^2$ | 0.6372 | 0.9899 |

其次，通过对各阶系数的联合显著性检验可以看出，虽然单一方程中某些阶系数不显著，但作为两个方程整体，各阶系数均高度相关，均通过了1%的显著性检验，如表6-16所示。同时，在进行残差白噪声检验后可以发现接受残差"无自相关"的原假设，扰动项为白噪声过程，具体如表6-17所示。

表6-16　　　资本市场合作下的联合显著性检验结果

| 变量名称 | 滞后期 | 卡方统计量 | 显著性 |
|---|---|---|---|
| fsci | 1 | 9.5604 | 0.008** |
|  | 2 | 0.6580 | 0.720 |
| cfcorp | 1 | 162.4188 | 0.000*** |
|  | 2 | 14.7779 | 0.001*** |
| All | 1 | 171.6915 | 0.000*** |
|  | 2 | 15.1671 | 0.004*** |

表6-17　　　资本市场合作下的白噪声检验结果

| 滞后期 | 卡方统计量 | 显著性 |
|---|---|---|
| 1 | 6.5536 | 0.1614 |
| 2 | 1.9887 | 0.7378 |

图6-11反映了所有特征根都落在单位圆内，这表明所构建资本市场合作防范货币政策传导机制风险的VAR模型是稳定的。继续建立货币政策传导机制中FSCI指数的脉冲响应图，观察资本市场合作对其冲击情况，可得图6-12。可以看出，开展资本市场合作与第五章图5-11

中货币市场合作对金融风险的冲击趋势大体相同。具体来说，从第 0 期开始，资本市场合作对于金融风险波动具有一个负向的冲击，到第 1 期达到最低值，随后冲击逐渐上升，从第 5 期开始逐渐趋于稳定，但始终保持正向冲击。这表明在短期内，资本市场合作可以降低货币政策传导机制中的风险，稳定货币政策传导机制。但从长期来看，资本市场合作对风险的影响方向不确定，随着时间推移可能会增加货币政策传导机制中的风险。这一方面可能是由于资本市场合作本身具有较大的信息不对称等风险；另一方面也可能是由于资本市场合作过程中，资产价格具有不确定性，如果在合作过程中对国际资本的流动不进行有效管理，可能会导致资产价格产生较大波动，使风险又有所提升。这也验证了第四章所得到的推论4-3，表明资本市场合作对风险防范的作用是不确定的，如果防范力度大于风险程度则会产生作用；如果防范力度小于，则随着时间推移，国际金融业务中的风险会逐步显现。

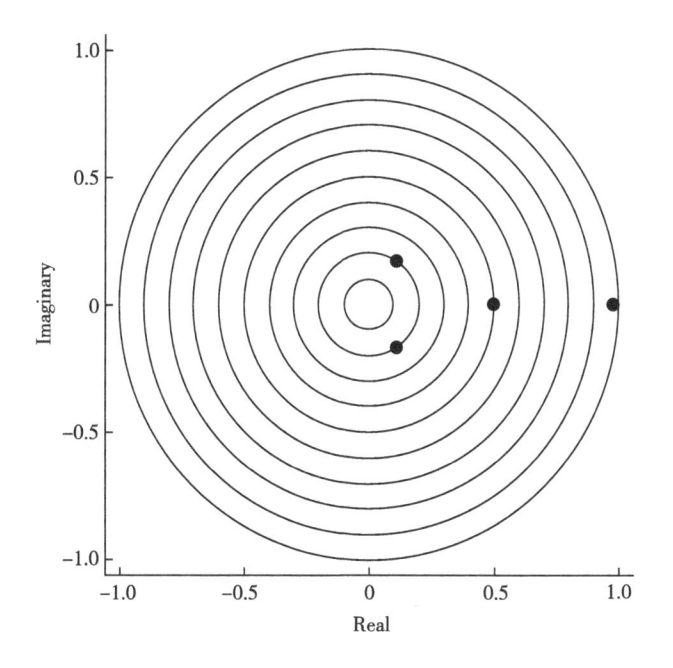

图 6-11 资本市场合作下 VAR 模型稳定性的 AR

注：图为软件自动生成。

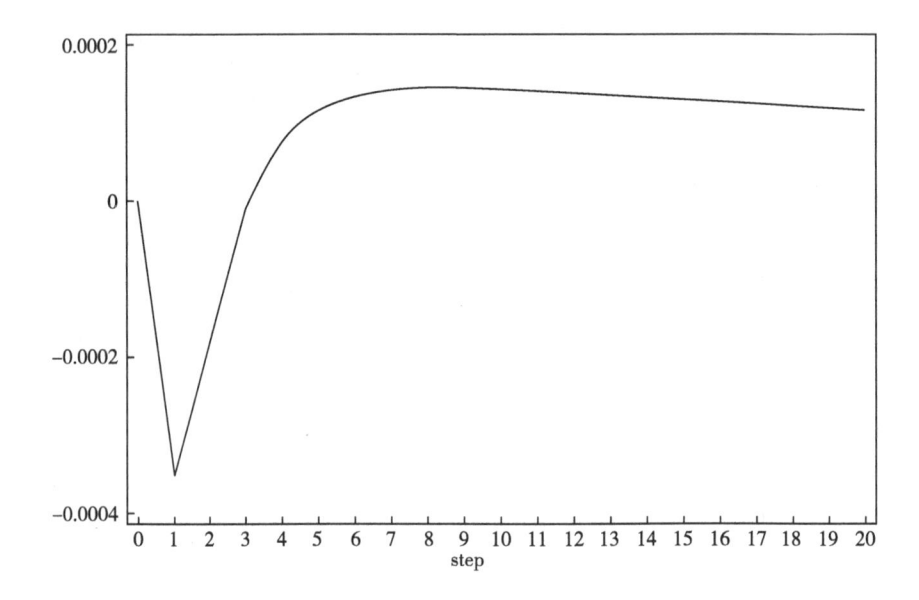

**图 6-12　资本市场合作对金融稳定的脉冲响应**

注：图为软件自动生成。

## 第四节　本章小结

在第四章理论框架的基础上，本章具体分析了价格型目标下资本市场合作对货币政策传导机制的影响机理。首先，资本市场合作主要通过合格境外投资者业务、国际债券业务与长期信贷业务来影响各种类型的金融工具市场均衡价格，即由市场需求与供给决定的价格来影响价格型货币政策传导机制，进而影响宏观经济变量，市场化利率与汇率等因素在其中的作用更为直接。具体来说，资本市场合作主要通过影响各国的利率传导机制，进而影响货币政策的利率目标；通过影响货币政策汇率传导机制，进而影响货币政策的汇率目标；通过影响货币政策资产价格传导机制，进而影响资产价格目标。同时，资本市场合作还可以通过逐利、预期机制作用来化解货币政策传导机制中的利率风险、汇率风险与金融资产溢出风险。其次，本章构建了资本市场合作与货币市场合作影响利率传导机制、汇率传导机制、资产价格传导机制的计量模型，通过逐步回归、调节效应回归、2SLS 回归、GMM 回归等方法，发现资本市场合作可以显著影响利率传导机制、汇率传导机制与资产价格传导机制，而货币市场合作无法对三个机制产生显著影响。再次，随着中国市场经济改革的逐步深化，利率、汇率、资产价格等价格型货币政策传导机制发挥作用的效率在不断增强，资本市场合作对于增加市场中价格型货币政策的市场化调节作用具有重要意义。相应回归结果均不存在内生性问题。最后，资本市场合作可以显著减弱汇率剧烈波动风险对汇率传导机制的影响以及金融资产溢出风险对资产价格传导机制的影响，但无法减弱通货膨胀风险对利率传导机制的影响，相应的稳健性检验也表明，资本市场合作可以发挥稳定货币政策传导机制的作用，但资本市场合作本身具有较大的信息不对称等风险，且资产价格具有不确定性，如果在合作过程中对国际资本的流动不进行有效管理可能会使资产价格产生较大波动，使风险又有所提升。

# 第七章

# 国际金融合作对货币政策传导机制影响的异质性

## 第一节 国际金融合作博弈

### 一 "绝对大国"与"绝对小国"金融合作博弈

假定存在两个国家,两个国家选择进行金融合作,有三个非空集合,分别用 A、B、C 表示,其中,A 表示一个国家开展金融业务时的策略集,B 表示另一个国家开展金融业务的策略集,C 表示两个国家进行合作时的策略集,三个策略集组成了两个国家的合作博弈 N,$N = (f, \cdot)$,其中,$f$ 是笛卡儿 $A \times B \times C$ 在欧几里得平面的映射,也即博弈 N 的支付函数,进一步,用 $f_a$ 表示一个国家支付函数,$f_b$ 表示另一个国家的支付函数,·表示笛卡儿乘积。两个国家在策略集 C 中选择的共同合作策略为 $c_i$,通过选取共同的金融合作策略 $c_i$,可以使支付函数 $f$ 达到最优。

由于两个国家在合作情况下支付函数的值域位于笛卡儿平面 D2 的单矢量函数,可以将博弈过程用支付空间 $im(f)$ 的帕累托最优边界来表示。其中 $f(*, e): A \times B \rightarrow D2$,此时,如果合作博弈有解,且 $Gc_i^*$ 是所有合作博弈中的最优解,则这一最优解包含在合作策略 * 中。

根据以上合作博弈分析的一般思路,将继续对已有研究做进一步拓展。首先假定两个金融合作国家，一个是"绝对大国"，另一个是"绝对小国"，在"绝对大国"与"绝对小国"进行金融合作的过程中，"绝对大国"可以控制世界利率，因此"绝对小国"与"绝对大国"在金融合作过程中存在信息不对称，"绝对小国"也因此会承受一定损失，假定发生信息不对称行为的概率为 $\phi$，承受的损失率为 $k$。

继续假定金融合作后，"绝对小国"可以向"绝对大国"购买金融产品或贷款，而"绝对大国"无法向绝对小国购买金融产品或贷款，$B$ 表示大国购买本国金融产品的消费，这些消费集均处在单位空间 $U=[0,1]$ 上；$S$ 代表小国购买本国金融产品的消费，这些消费集也均处在单位空间 $U=[0,1]$ 上；$E$ 代表"绝对小国"从"绝对大国"购买的金融产品消费数量，具体是由"绝对大国"与"绝对小国"进行合作协商后共同确定的。

根据以上假定，在平面 $U \times U$ 中，对于任意 $(b, c)$，"绝对大国"支付函数可表示为

$$p(b, c) = b + \frac{1}{b+1} - c \tag{7-1}$$

式 (7-1) 中：$\frac{1}{b+1}$ 为"绝对小国"在合作中购买的"绝对大国"的金融产品对"绝对大国"购买本国金融产品的反应，可以看出，"绝对大国"的金融产品消费增加，则"绝对小国"能够买到的"绝对大国"金融产品会减少。

"绝对小国"的支付函数可表示为

$$q(s, c, k, \phi) = s + c + ms + nc - \phi ks \tag{7-2}$$

式 (7-2) 中：$\phi$、$s$、$c$、$k \in (0, 1)$，同时 $m>0$、$n>0$；$ms$ 为"绝对小国"购买的"绝对大国"金融产品对金融产品数量以及质量影响；$nc$ 为为了确保合作正常进行所需要的"绝对小国"额外购买的数量，即对变量 $c$ 的交叉影响。由此可以得出博弈的支付函数为

$$g(s, c, k, \phi) = \left(b + \frac{1}{b+1} - c, (1+m)s + (1+n)c + (-\phi kb)\right) \tag{7-3}$$

继续整理式 (7-3) 可得

$$g(s, c, k, \phi) = \left[b + \frac{1}{b+1}, (1+m)s - \phi k b\right] + c(-1, 1+n) \quad (7\text{-}4)$$

结合上文博弈论的理论分析，由式（7-4）可以得出，合作博弈 $N=(b, \cdot)$ 中，对于单个平面 $U$ 内的合作策略 $c$，将支付函数 $q(c)$ 代入 $N=(b, \cdot)$，可得 $N=(q(c), \cdot)$。因此可以先分析初始状态 $N(0)$，然后再分析变量 $u(c)=c(-1, 1+n)$。

对于博弈 $N(0)$，假定策略集四个顶点分别为 $E$、$F$、$G$、$H$，对于支付空间的帕累托最优边界可以得出下列三种情况。

令曲线在 $s=0$，$c=0$ 的迹线为边界 $[E, F]$，可得 $d(b) = \left(b + \frac{1}{b+1}, -\phi k b\right)$。若 $b \in (0, 1)$，则可以得到 $[E, F] = \left[(1, 0), \left(\frac{3}{2}, -\phi k\right)\right]$。

令曲线在 $b=0$，$c=0$ 的迹线为边界 $[E, H]$，可得 $d(b) = (1, (1+m)s)$。若 $s \in (0, 1)$，则可以得到 $[E, H] = [(1, 0), (1, 1+m)]$。

令曲线在 $b=1$，$c=0$ 的迹线为边界 $[F, G]$，可得 $d(b) = \left(\frac{3}{2}, (1+m)s - \phi k\right)$。若 $s \in (0, 1)$，则可以得到 $[F, G] = \left[\left(\frac{3}{2}, -\phi k\right), \left(\frac{3}{2}, (1+m) - \phi k\right)\right]$。

根据 $[E, F]$、$[E, H]$、$[F, G]$ 可以分别得到合作博弈 $N$ 的支付空间的四个顶点分别为 $E^* = (1, 0)$、$F^* = \left(\frac{3}{2}, -\phi k\right)$、$H^* = (1, 1+m)$、$G^* = \left(\frac{3}{2}, (1+m) - \phi k\right)$。

对于合作博弈 $N$，其支付函数 $g(s, c, k, \phi)$ 的图像由 $E^*$、$F^*$、$G^*$、$H^*$ 与 $u(1) = (-1, 1+n)$ 的凸包络所组成，具体如图 7-1 所示。

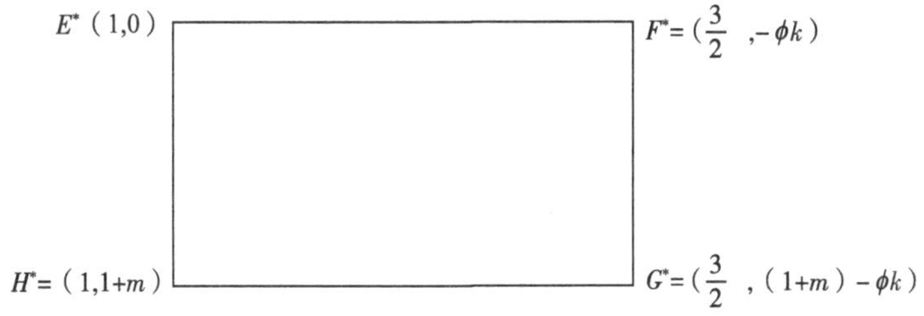

```
E*(1,0)                    F*=(3/2, -φk)



H*=(1,1+m)                 G*=(3/2, (1+m)-φk)
```

**图 7-1　"绝对大国"与"绝对小国"合作博弈支付空间**

由最大支付 $G^* = \left(\dfrac{3}{2},\ (1+m)-\phi k\right)$ 与 $u(1)=(-1,\ 1+n)$ 可得合作博弈 $N=(b,\ \cdot)$ 的帕累托边界：

$$[G^*,\ G^*+u(1)] = \left[\left(\dfrac{3}{2},\ (1+m)-\phi k\right),\ \left(\dfrac{1}{2},\ 2+m+n-\phi k\right)\right] \tag{7-5}$$

由式（7-5）可得帕累托最优边界的斜率为

$$k_1 = \dfrac{(2+m+n-\phi k)-((1+m)-\phi k)}{\dfrac{1}{2}-\dfrac{3}{2}} = -(1+n) \tag{7-6}$$

从式（7-5）与式（7-6）中可以看出，合作博弈的联合支付是不连续的，且结果为正，这表明"绝对大国"与"绝对小国"的金融合作使各国金融业务规模扩大。

**二　"相对大国"与"相对小国"金融合作博弈**

本部分沿用上文假定，金融合作后，"相对小国"可以向"相对大国"购买金融产品或贷款，而"相对大国"无法向"相对小国"购买金融产品或贷款，$B$ 表示大国购买本国金融产品的消费，这些消费集均处在单位空间 $U=[0,1]$ 上；$S$ 代表小国购买本国金融产品的消费，这些消费集也均处在单位空间 $U=[0,1]$ 上；$E$ 代表"相对小国"从"相对大国"购买的金融产品消费数量，具体是由"相对大国"与"相对小国"进行合作协商后共同确定的。但与"绝对大国"有所不同的是，"相对大国"与"相对小国"在金融合作过程中，由于世界利率已经由"绝对大国"设定好，"相对大国"与"相对小国"在合作过程中不存在信息不对称等市场失灵行为,"相对小国"也不会因此而蒙受损失。

根据以上分析,在平面 U×U 中,对于任意 $(b, c)$,"相对大国"支付函数仍然表示为

$$p(b, c) = b + \frac{1}{b+1} - c \tag{7-7}$$

式(7-7)中:$\frac{1}{b+1}$ 为"相对小国"在合作中购买的"相对大国"的金融产品对大国购买本国金融产品的反映,可以看出,"相对大国"的金融产品消费增加,则"相对小国"能够买到的"相对大国"金融产品会减少。"相对小国"的支付函数可表示为

$$q(s, c) = s + c + ms + nc = (1+m)s + (1+n)c \tag{7-8}$$

式(7-8)中:$\phi$、$s$、$c \in (0, 1)$,同时 $m > 0$,$n > 0$,$ms$ 为"相对小国"购买的"相对大国"金融产品对金融产品数量以及质量影响;$nc$ 为为了确保合作正常进行所需要的"相对小国"额外购买的数量,即对变量 $c$ 的交叉影响。由此可以得出博弈的支付函数为

$$g(s, c) = \left(b + \frac{1}{b+1} - c, (1+m)s + (1+n)c\right) \tag{7-9}$$

继续整理式(7-9)可得

$$g(s, c) = \left[b + \frac{1}{b+1}, (1+m)s\right] + c(-1, 1+n) \tag{7-10}$$

对于博弈 $N(0)$,假定策略集四个顶点分别为 E、F、G、H,对于支付空间的帕累托最优边界可得出下列三种情况。

令曲线在 $s=0$,$c=0$ 的迹线为边界 $[E, F]$,可得 $d(b) = \left(b + \frac{1}{b+1}, 0\right)$。若 $b \in (0, 1)$,则可以得到 $[E, F] = \left[(1, 0), \left(\frac{3}{2}, 0\right)\right]$。

令曲线在 $b=0$,$c=0$ 的迹线为边界 $[E, H]$,可得 $d(b) = (1, (1+m)s)$。若 $s \in (0, 1)$,则可以得到 $[E, H] = [(1, 0), (1, 1+m)]$。

令曲线在 $b=1$,$c=0$ 的迹线为边界 $[F, G]$,可得 $d(b) =

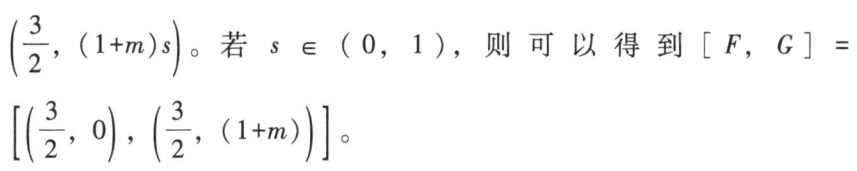

$\left(\frac{3}{2},\ (1+m)s\right)$。若 $s \in (0,\ 1)$，则可以得到 $[F,\ G] = \left[\left(\frac{3}{2},\ 0\right),\ \left(\frac{3}{2},\ (1+m)\right)\right]$。

根据 $[E,\ F]$、$[E,\ H]$、$[F,\ G]$ 可以分别得到合作博弈 $N$ 的支付空间的四个顶点分别为 $E^* = (1,\ 0)$、$F^* = \left(\frac{3}{2},\ 0\right)$、$H^* = (1,\ 1+m)$、$G^* = \left(\frac{3}{2},\ (1+m)\right)$。

对于合作博弈 $N$，其支付函数 $g(s,\ c)$ 的图像由 $E^*$、$F^*$、$G^*$、$H^*$ 与 $u(1) = (-1,\ 1+n)$ 的凸包络所组成，具体如图 7-2 所示。

图 7-2 "相对大国"与"相对小国"合作博弈支付空间

由最大支付 $G^* = \left(\frac{3}{2},\ (1+m)\right)$ 与 $u(1) = (-1,\ 1+n)$ 可得合作博弈 $N = (b,\ \cdot)$ 的帕累托边界：

$$[G^*,\ G^* + u(1)] = \left[\left(\frac{3}{2},\ (1+m)\right),\ \left(\frac{1}{2},\ 2+m+n\right)\right] \quad (7-11)$$

由式（7-11）可得帕累托最优边界的斜率为

$$k_1 = \frac{(2+m+n)-(1+m)}{\frac{1}{2}-\frac{3}{2}} = -(1+n) \quad (7-12)$$

从式（7-11）与式（7-12）中可以看出，合作博弈的联合支付仍然是不连续的，且结果为正，这表明"相对大国"与"相对小国"

的金融合作也会使各国金融业务规模扩大，但与"绝对大国"和"绝对小国"的金融合作有所不同的是，"相对大国"和"相对小国"开展金融合作得到的金融业务增加量将会更多。

### 三 "两国"金融合作博弈

"两国"金融合作博弈模型不同于前文所分析的博弈模型，假定"两国"在金融合作过程中金融产品购买、信贷、债券交易都是相互的，且世界利率也由"绝对大国"设定完成。

定义进行金融合作的"两国"分别为 $m$ 与 $n$，当 $m$ 国购买 $n$ 国金融产品或进行贷款时，$m$ 国内因金融业务量增加而增加的收入为 $\lambda_n^m$，$n$ 国内因金融业务量减少而损失的收入为 $\phi_m^n$，当 $n$ 国购买 $m$ 国金融产品或进行贷款时，$n$ 国国内流通的货币量增加值为 $\lambda_m^n$，$m$ 国货币损失量为 $\phi_n^m$，此时当"两国"进行金融合作时，市场金融业务收入增加量为 $[(\lambda_n^m - \phi_m^n) + (\phi_n^m - \lambda_m^n)]$，因此只有当 $(\lambda_n^m - \phi_m^n) \geq 0$、$(\phi_n^m - \lambda_m^n) \geq 0$ 同时成立时，"两国"的金融合作才有可能进行。从政策角度来说，"两国"之间进行金融合作只有进行充分商讨，合作国提升的金融收入才会大于其各自经营时的收入。

继续假定在"两国"合作中，合作国 1 为一个国家，而合作国 2 为一个经济联盟（如中国和欧盟），此时的情形实际上是一个国家同诸多国家进行金融合作，但在合作过程中，有些国家虽然处在联盟之中，但可以选择不进行金融合作。假定它们共同组成的合作系统为 $S$。

假定 $(N, f)$ 表示效用可转移的合作博弈，则存在固定的数值 $\phi_n^m$（$m$、$n \notin N$），使 $S \subseteq N$、$m \notin S$，并且有式（7-13）成立：

$$f(S \cup \{a\}) = f(S) + f(a) + \sum_{n \in S}(\phi_m^n + \phi_n^m) \tag{7-13}$$

此时的 Shapley 值如式（7-14）所示：

$$\Gamma_m(N, f) = f(m) + 0.5 \sum_{b \in N}(\phi_m^n + \phi_n^m) \tag{7-14}$$

式中：$f(S)$ 为合作系统中的开展金融业务的收入，表示为如下形式特征函数：

$$f(S) = \sum_{m \in s}\left\{C_0^m + \sum_{n \in N}S_m^n - \sum_{n \notin S}\lambda_n^m + \sum_{b \in K,\, b \in N}\phi_b^a\right\} \tag{7-15}$$

式（7-15）中：$C_0^m$ 为 m 国在金融合作前自身所拥有的效用；$\sum_{m、n \in N} S_m^n$ 为合作系统中所有合作国家的收益之和；$\sum_{b \notin S} \lambda_b^m$ 为经济联盟成员，但未参与国家 1 与国家 2 金融合作给合作系统 S 的收入带来的损失；$\sum_{b \notin K, b \in N} \phi_b^a$ 为经济联盟中没有参加国家 1 与国家 2 合作的国家与非合作国家进行的合作带来的收入。

通过以上分析，对于任意的国家 $i \notin S$，则式（7-16）成立：

$$f(S \cup \{i\}) = f(S) + f(i) + \sum_{n \notin K} [(\lambda_i^n - \phi_i^n) + (\lambda_n^i - \phi_n^i)] \tag{7-16}$$

令 $i = m$、$\phi_m^n = \lambda_m^n - \phi_m^n$、$\phi_n^m = \lambda_n^m - \phi_n^m$，可得

$$\Gamma_m(N, f) = C_0^m + \sum_{n \in N} S_m^n - \sum_{m \neq n} \lambda_b^a + \sum_{m \neq n} \phi_n^m + 0.5 \sum_{m \neq n} [(\lambda_m^n - \phi_m^n) + (\lambda_n^m - \phi_n^m)] = C_0^m + \sum_{n \in N} S_n^m + 0.5 \sum_{m \neq n} [(\lambda_m^n - \phi_m^n) + (\lambda_n^m - \phi_n^m)] \tag{7-17}$$

此时可求得合作博弈 $(N, f)$ 的 Shapley 值：

$$\Gamma_a(N, f) = C_0^m + \sum_{n=1}^{k} S_n^m + 0.5 \sum_{n=1}^{k} [(\lambda_m^n - \phi_m^n) + (\lambda_n^m - \phi_n^m)] \tag{7-18}$$

如果在合作的情况下各国效用没能转移，则成员国 m 所得收入如式（7-19）所示：

$$C_0^m + \sum_{n=1}^{k} S_a^b, (m = 1, 2, 3, \cdots, k) \tag{7-19}$$

根据以上模型分析可以看出，当"两国"进行金融合作时，各个国家在金融合作情况下，金融业务收入仍会比不合作情况下有较大提升，具体提升额度为各自相互停止合作时所得收入之差的 0.5 倍再加上"两国"合作情况下没有效用转移的收入之和。

根据"绝对大国"与"绝对小国"、"相对大国"与"相对小国"以及"两国"之间的金融合作博弈模型分析中可以得出以下推论。

推论 7-1：国家之间金融合作所带来的效果具有异质性，"绝对

大国"与"绝对小国"、"相对大国"与"相对小国"以及"两国"之间金融合作会给各自货币政策传导机制带来差异性影响。

## 第二节 国际金融合作影响货币政策传导机制的实证检验

### 一 模型设定与变量选取

根据合作博弈理论模型推导，可以看出三种类型"国家"的金融合作均会对货币政策传导机制产生影响。本部分将分别以中美金融合作、中国与"一带一路"共建国家金融合作、中国与欧盟国家金融合作来代表"绝对大国"与"绝对小国"、"相对大国"与"相对小国"以及"两国"之间的金融合作进行实证检验，说明不同类型国家之间开展货币市场合作、资本市场合作对货币政策传导机制的影响。本部分由于涉及的国家较多，各国家之间金融合作的相关数据无法具体到月度，使用时间序列数据进行回归的可行性较差，因此本部分对反映相关国家之间金融合作的年度数据进行整理，使用相应面板数据进行回归分析。

根据上文所述，首先，建立相应国家进行金融合作对货币政策传导机制影响的基准回归模型，具体如式 7-20 所示。

$$Y_{i,t}=\beta_0+\beta_1 X_{i,t}+\beta_2 C_{i,t}+\varepsilon_{i,t} \tag{7-20}$$

式中：$\beta_0$ 为常数项；$X_{i,t}$ 为 $i$ 地区 $t$ 年度货币市场合作与资本市场合作；$C_{i,t}$ 为 $i$ 地区 $t$ 年度的相应控制变量；$\varepsilon_{i,t}$ 为相应扰动项。

其次，根据回归方程确定各个指标的选取，由于各个国家之间跨境本币结算额、本币互换协议额、对外股票交易额等数据可得性较差，无法再按第五章与第六章计量部分选取的指标建立各国家之间的金融合作指标体系。因此，根据中国与相关国家开展货币市场与资本市场合作的特征，以及数据可得性，本章选取中国与合作国家净外国资产总和、中国与各合作国家进出口贸易额、中国与合作国家对外短期信贷额作为开展货币市场合作指标，选取中国与合作国家证券投资总和、中国与合作国家长期直接投资额、各国家证券组合股权流入额作为开展资本市场合作指标，通过熵值法的计算，求出中国与相应国家的历年货币市场合作与资本市场合作指数，具体指标见附表3与附表4。金融合作对货币政策传导机制的影响主要通过两个数量型货币政策传导机制与三个价格型货币政策传导机制反映，对应变量分别为各国银行贷款额、广义货币量M2、各国实际利率、实际有效汇率指数、证券净投资额与长期外债之和。控制变量选取了各国财政净支出、固定资产投资额、金融创新程度、国际储备额，其中金融创新程度使用相应国家历年每10万人拥有的ATM机数量来表示。为增强数据稳定性，本部分对所有除实际利率外的指标数据均取较上一年的增长率。

中美金融合作指的就是中国与美国两个国家的合作，用来反映"绝对大国"与"绝对小国"金融合作的特征。中国与"一带一路"共建国家的合作是指中国与相关地区65个国家的合作，用来反映"相对大国"与"相对小国"金融合作特征，但鉴于数据可得性，最终确定48个国家[①]作为样本。中国与欧盟金融合作是指中国与除克罗地亚外的26个欧盟成员国[②]的合作，用来反映"两国"金融合作特征。根据数据全面性，所有样本的时间维度均为2005—2019年的年度样本数据，数据来源于世界银行数据库与Wind数据库。并使用Stata15.0进行OLS回归，且为增强结果稳定性，增加Robust选项进行回归。

## 二 "绝对大国"与"绝对小国"金融合作对货币政策传导机制的影响

首先，将"绝对大国"与"绝对小国"金融合作影响货币政策

---

[①] 所确定的48个"一带一路"共建国家作为样本的是，新加坡、马来西亚、印度尼西亚、泰国、老挝、柬埔寨、越南、文莱、菲律宾、伊拉克、土耳其、约旦、黎巴嫩、以色列、阿曼、卡塔尔、科威特、巴林、希腊、塞浦路斯、印度、巴基斯坦、孟加拉国、斯里兰卡、马尔代夫、哈萨克斯坦、塔吉克斯坦、吉尔吉斯斯坦、俄罗斯、乌克兰、白俄罗斯、阿塞拜疆、亚美尼亚、波兰、立陶宛、爱沙尼亚、拉脱维亚、捷克、斯洛伐克、匈牙利、斯洛文尼亚、克罗地亚、黑山、塞尔维亚、阿尔巴尼亚、罗马尼亚、保加利亚、格鲁吉亚。

[②] 26个欧盟国家（地区）分别为奥地利、比利时、保加利亚、塞浦路斯、捷克、德国、丹麦、西班牙、爱沙尼亚、芬兰、法国、希腊、匈牙利、爱尔兰、意大利、立陶宛、卢森堡、拉脱维亚、马耳他、荷兰、波兰、葡萄牙、罗马尼亚、斯洛伐克、斯洛文尼亚、瑞典。因克罗地亚在2013年才正式入欧，与样本时间差距较大，故未做考虑。

信贷、货币量、利率、汇率与资产价格传导机制数据进行 Hausman 检验，所得结果均强烈拒绝原假设，这表明"绝对大国"与"绝对小国"金融合作对各个货币政策传导机制的影响应采用固定效应模型进行分析。

其次，进一步分析中美货币市场合作与资本市场合作对信贷传导机制的影响，根据表 7-1 可以看出，货币市场合作与资本市场合作对美国信贷传导机制影响的 $R^2$ 值分别为 0.5568、0.5312，对中国信贷传导机制影响的 $R^2$ 值分别为 0.5994、0.5015，相应的 $R^2$ 值均通过了 5% 的显著性检验，表明回归结果具有一定可信度。具体来看，中美之间的货币市场合作与资本市场合作系数均不显著，表明中美金融合作均未对两个国家的信贷传导机制产生影响。从控制变量来看，在中美货币市场合作与资本市场合作的情况下，只有美国固定资产投资额对信贷传导机制产生了显著性影响，影响系数分别为 0.6167、0.6512，表明美国固定资产投资的增长有利于提高信贷机制的传导效率。这可能是由于作为"绝对大国"，在金融合作过程中，其信贷机制主要受到自身投资调节的影响，而金融合作相比投资量所涉及的资金较少，对于"绝对大国"的贷款影响较小，通过信贷传导机制也未能产生较大影响。

表 7-1　　美国与中国金融合作对信贷传导机制的影响

| 变量名称 | 美国 | 中国 | 变量名称 | 美国 | 中国 |
| --- | --- | --- | --- | --- | --- |
| 货币市场合作（lnmfcorp） | -0.0467（0.0435） | -0.7281（0.0997） | 资本市场合作（lncfcorp） | -0.0215（0.0280） | -0.0479（0.0597） |
| 财政支出（fis） | -0.6878（-0.5048） | 0.6395（1.1407） | 财政支出（fis） | -0.6697（0.5314） | 0.7240（1.1858） |
| 固定资产投资（inv） | 0.6167**（0.2038） | -0.1692（0.3676） | 固定资产投资（inv） | 0.6512***（0.1918） | -0.1431（0.3600） |
| 金融创新程度（creat） | 0.2587（0.2669） | -0.2138（0.3669） | 金融创新程度（creat） | 0.2461（0.2628） | -0.2142（0.3667） |

续表

| 变量名称 | 美国 | 中国 | 变量名称 | 美国 | 中国 |
|---|---|---|---|---|---|
| 国际储备额<br>($sto$) | −0.1053<br>(0.0585) | 0.0833<br>(0.1522) | 国际储备额<br>($sto$) | −0.1026<br>(0.0602) | 0.0795<br>(0.1558) |
| 常数项<br>($cons$) | 0.0685**<br>(0.0258) | 0.1973***<br>(0.0602) | 常数项<br>($cons$) | −0.0531***<br>(0.0161) | 0.1793***<br>(0.0344) |
| $R^2$ | 0.5568** | 0.5994** | $R^2$ | 0.5312** | 0.5015** |

注：*表示在10%的水平上显著，**表示在5%的水平上显著，***表示在1%的水平上显著；括号内为标准误。

从中美货币市场合作与资本市场合作对货币量传导机制的影响来看，对美国影响的相应 $R^2$ 值分别为 0.5928、0.5710，对中国影响的相应 $R^2$ 值分别为 0.9262、0.9248，相应的 $R^2$ 值均通过了一定的显著性检验，表明回归结果具有较大可信度。具体来看，无论是中美之间货币市场合作还是资本市场合作，对中国与美国货币量传导机制均没有产生显著影响，表明中美之间货币市场合作与资本市场合作均不能对货币政策的货币量传导机制产生影响。从控制变量看，美国各控制变量均未对货币量传导机制产生显著影响，而中国的财政支出、固定资产投资额、国际储备均对货币量传导机制产生了显著影响，具体来说，财政支出与国际储备均对货币量传导机制产生了正向影响，表明财政支出与国际储备越多、越有利于货币量传导作用发挥，而固定资产投资系数为负，表明固定资产投资越多，越不利于货币量传导作用发挥，具体如表 7-2 所示。

表 7-2　　美国与中国金融合作对货币量传导机制的影响

| 变量名称 | 美国 | 中国 | 变量名称 | 美国 | 中国 |
|---|---|---|---|---|---|
| 货币市场合作<br>($lnmfcorp$) | −0.0403<br>(0.0419) | 0.0553<br>(0.0371) | 资本市场合作<br>($lncfcorp$) | −0.0162<br>(0.2483) | 0.0336<br>(0.0255) |
| 财政支出<br>($fis$) | 0.5411<br>(0.8444) | 0.2813***<br>(0.0400) | 财政支出<br>($fis$) | 0.5576<br>(0.8617) | 0.2714***<br>(0.0384) |

183

续表

| 变量名称 | 美国 | 中国 | 变量名称 | 美国 | 中国 |
|---|---|---|---|---|---|
| 固定资产投资<br>($inv$) | 0.2457<br>(0.7685) | -0.5487*<br>(0.2451) | 固定资产投资<br>($inv$) | 0.2981<br>(0.7372) | -0.5292*<br>(0.2552) |
| 金融创新程度<br>($creat$) | -0.0938<br>(0.2033) | 0.0552<br>(0.0479) | 金融创新程度<br>($creat$) | -0.1187<br>(0.2075) | 0.0514<br>(0.0167) |
| 国际储备额<br>($sto$) | 0.0147<br>(0.0602) | 0.1631**<br>(0.0719) | 国际储备额<br>($sto$) | 0.0140<br>(0.0603) | 0.1627**<br>(0.0697) |
| 常数项<br>($cons$) | 0.0279<br>(0.0289) | -0.0283<br>(0.0306) | 常数项<br>($cons$) | 0.0132<br>(0.0167) | -0.0130<br>(0.0233) |
| $R^2$ | 0.5928* | 0.9262*** | $R^2$ | 0.5710** | 0.9248*** |

注：*表示在10%的水平上显著，**表示在5%的水平上显著，***表示在1%的水平上显著；括号内为标准误。

从中美货币市场合作与资本市场合作对利率传导机制的影响来看，对美国影响的相应 $R^2$ 值分别为 0.5054、0.4989，对中国影响的相应 $R^2$ 值分别为 0.7645、0.7885，相应的 $R^2$ 值均通过了一定的显著性检验，表明回归结果具有较大可信度。具体来看，中美之间货币市场合作和资本市场合作，对美国利率传导机制均没有产生显著影响，这可能是因为美国作为"绝对大国"，利率市场化程度较高，自身利率调节能力较强，与其他国家货币市场合作与资本市场合作均不能对利率传导机制产生显著影响。但中美货币市场与资本市场合作对中国的利率传导机制均产生了显著的影响，相应系数分别为-0.0207、-0.0142，影响方向为负，这表明中美货币市场与资本市场合作程度的加深，会降低中国利率传导机制的传导效率，这可能是因为利率传导兼具市场化与非市场化两种渠道，无论是货币市场合作还是资本市场合作，均没能防范住利率传导机制中的相应风险，中美金融合作过程中，美国较高的市场化程度加快了中国利率的市场化，相应风险也随之增加，导致利率传导机制的传导效率下降。从控制变量看，美国的金融创新度对利率传导机制产生了显著正向影响，而中国财政支出对利率传导机制产生了显著负向影响，表明货币市场合作与资本市场合作过程中，金融创新有利于"绝对大国"利率传导机制效率提升,而财政支出可能会影响"绝对小国"利率传导机制作用的发挥,具体如表7-3所示。

表7-3　　　美国与中国金融合作对利率传导机制的影响

| 变量名称 | 美国 | 中国 | 变量名称 | 美国 | 中国 |
| --- | --- | --- | --- | --- | --- |
| 货币市场合作（lnmfcorp） | -0.0176 (0.0125) | -0.0207** (0.0074) | 资本市场合作（lncfcorp） | -0.0107 (0.0084) | -0.0142*** (0.0040) |
| 财政支出（fis） | 0.2196 (0.1800) | -0.3272*** (0.0676) | 财政支出（fis） | 0.2367 (0.1827) | -0.3009*** (0.0690) |
| 固定资产投资（inv） | 0.0575 (0.0682) | 0.0569 (0.0419) | 固定资产投资（inv） | 0.0654 (0.0688) | 0.0632 (0.3819) |
| 金融创新度（creat） | 0.1387* (0.0712) | -0.0205 (0.0415) | 金融创新度（creat） | 0.1375* (0.0734) | -0.0198 (0.0446) |
| 国际储备额（sto） | 0.0116 (0.0185) | 0.0161 (0.0094) | 国际储备额（sto） | 0.0111 (0.0039) | 0.0147 (0.0088) |
| 常数项（cons） | 0.0246 (0.0068) | 0.0346*** (0.0041) | 常数项（cons） | 0.0199 (0.0039) | 0.0297*** (0.0019) |
| $R^2$ | 0.5054** | 0.7645*** | $R^2$ | 0.4989** | 0.7885*** |

注:*表示在10%的水平上显著,**表示在5%的水平上显著,***表示在1%的水平上显著;括号内为标准误。

从中美货币市场合作与资本市场合作对汇率传导机制的影响来看,对美国影响的相应$R^2$值分别为0.5873、0.5119,对中国影响的$R^2$值分别为0.5508、0.5159,相应的$R^2$值均通过了一定的显著性检验,表明总体的回归结果是可信的。具体来看,中美之间货币市场合作与资本市场合作均未对美国的汇率传导机制产生显著影响,这一结果的原因较明显,美国作为"绝对大国",自身的货币为世界货币,对于汇率也具有较大主动性,不会因与"小国"的金融合作而影响到其汇率传导机制。而对于中国来说,中美之间货币市场合作没有对汇率传导机制产生影响,而资本市场合作对汇率传导机制产生显著影响,影响系数为0.0786,这表明随着中美之间资本市场合作程度加深，会提升货币政策传导过程中汇率传导机制的效率，根据第六章所得结论，这可能是因为资本市场合作过程中，防范住了汇率传导机制中的风险，且汇率传导机制市场化传导程度相对较高，而美国作为市场化程度较高的国家，对中国货币政策传导的汇率机制产生了显著的正向影响。从控制变量情况来看，只有在中美货币市场合作中，美国的财政支出才对汇率传导机制产生显著影响，这可能也是因为"绝对大国"中财政支出体量较大，影响到了市场中的广义货币数量导致的，具体如表7-4所示。

表7-4　　美国与中国金融合作对汇率传导机制的影响

| 变量名称 | 美国 | 中国 | 变量名称 | 美国 | 中国 |
| --- | --- | --- | --- | --- | --- |
| 基于货币市场金融合作（lnmfcorp） | -0.0230 (0.0427) | -0.0636 (0.0700) | 基于资本市场金融合作（lncfcorp） | 0.0469 (0.0345) | 0.0786* (0.0358) |
| 财政支出（fis） | 0.3760* (0.8200) | 0.3184 (0.6714) | 财政支出（fis） | 1.3203 (0.7687) | 0.3184 90.4674 |
| 固定资产投资（inv） | -0.0878 (0.2053) | 0.4025 (0.2388) | 固定资产投资（inv） | -0.0362 (0.2860) | -0.3020 (0.1915) |
| 金融创新程度（creat） | 0.1126 (0.2832) | -0.4499 (0.4136) | 金融创新程度（creat） | -0.5165 (0.3547) | 0.0971 (0.1509) |
| 国际储备额（sto） | -0.0120 (0.0942) | -0.1557 (0.0981) | 国际储备额（sto） | -0.1274 (0.1048) | 0.0260 (0.0500) |
| 常数项（cons） | 0.0409 (0.0275) | 0.0677 | 常数项（cons） | -0.0027 (0.0222) | -0.0430** (0.0146) |
| $R^2$ | 0.5873** | 0.5508** | $R^2$ | 0.5119*** | 0.5159*** |

注：*表示在10%的水平上显著，**表示在5%的水平上显著，***表示在1%的水平上显著；括号内为标准误。

从中美货币市场合作与资本市场合作对两个国家货币政策的资产价格传导机制影响来看，美国相应的 $R^2$ 值分别为0.4917与0.4685，中国相应的 $R^2$ 值分别为0.6814、0.6812，相应的 $R^2$ 值通过了一定的显著性检验，表明总体的回归结果具有一定可信度。具体分析，中美之间的货币市场合作与资本市场合作对美国货币政策的资产价格传导机制均产生了显著影响，相应系数分别为-0.8073、-0.5060，且均通过1%的显著性检验，而对于中国货币政策的资产价格传导机制均没能产生显著影响。这可能是因为作为"绝对大国"的美国资本价格的变化在市场化程度较高的情况下会变得更加敏感，随着中美之间金融合作程度的不断加深，降低了美国货币政策中资产价格传导机制的传导作用。从控制变量来看，无论是财政支出、固定资产投资、金融创新程度，在中美货币市场合作与资本市场合作过程中，均未对中国与美国货币政策中的资产价格传导机制产生显著影响，具体如表7-5所示。

表7-5　　美国与中国金融合作对资产价格传导机制的影响

| 变量名称 | 美国 | 中国 | 变量名称 | 美国 | 中国 |
| --- | --- | --- | --- | --- | --- |
| 货币市场合作<br>（ln*mfcorp*） | -0.8073***<br>(0.1535) | -1.3549<br>(1.3300) | 资本市场合作<br>（ln*cfcorp*） | -0.5060***<br>(0.1172) | -0.8711<br>(0.9361) |
| 财政支出<br>（*fis*） | -1.3253<br>(2.5228) | 6.9614<br>(19.4670) | 财政支出<br>（*fis*） | -0.4868<br>(2.4931) | 8.4542<br>(20.4862) |
| 固定资产投资<br>（*inv*） | -0.2617<br>(1.0753) | 5.9762<br>(8.8863) | 固定资产投资<br>（*inv*） | 0.0760<br>(1.1015) | 6.5011<br>(8.8331) |
| 金融创新程度<br>（*creat*） | 0.7569<br>(3.3540) | 3.5352<br>(9.3975) | 金融创新程度<br>（*creat*） | 0.7188<br>(3.4915) | 3.5003<br>(9.6535) |
| 国际储备额<br>（*sto*） | -0.4075<br>(0.3389) | 0.1807<br>(2.7653) | 国际储备额<br>（*sto*） | -0.4367<br>(0.3480) | 0.1213<br>(2.8264) |
| 常数项<br>（*cons*） | 0.4629***<br>(0.1080) | 0.9252<br>(0.8649) | 常数项<br>（*cons*） | 0.2525**<br>(0.1084) | 0.5811<br>(0.5993) |
| $R^2$ | 0.4917*** | 0.6814** | $R^2$ | 0.4685*** | 0.6812** |

注：*表示在10%的水平上显著，**表示在5%的水平上显著，***表示在1%的水平上显著；括号内为标准误。

## 三　"相对大国"与"相对小国"金融合作对货币政策传导机制的影响

将"相对大国"与"相对小国"金融合作影响货币政策信贷、货币量、利率、汇率与资产价格传导机制数据进行 Hausman 检验，所得结果均强烈拒绝原假设，这表明"相对大国"与"相对小国"金融合作对各个货币政策传导机制的影响应采用固定效应模型进行分析。

从中国与"一带一路"共建国家货币市场合作与资本市场合作对信贷传导机制的影响结果来看，"一带一路"共建国家相应的 $R^2$ 值分别为 0.7717、0.7315，中国相应的 $R^2$ 值分别为 0.6210、0.6239，均通过了 1% 的显著性检验，表明结果具有较高可信度。具体来看，中国与"一带一路"共建国家货币市场合作与资本市场合作均未对"一带一路"共建国家货币政策的信贷传导机制产生显著影响，而资本市场合作对中国货币政策的信贷传导机制没有产生显著影响，货币市场合作对中国货币政策的信贷传导机制产生了显著影响，影响系数为 0.1192，且通过了 10% 的显著性检验，这可能是因为在中国与"一带一路"共建国家进行金融合作的过程中，中国对"一带一路"共建国家以资本或贷款等形式投入了大量的资金，从而影响到了信贷传导机制的传导效率。这一结果在一定程度上与特征事实分析中所得结论相吻合。从各控制变量来看，也只有在中国与"一带一路"共建国家货币市场合作与资本市场合作情况下，中国的固定资产投资、金融创新度才会对货币政策的信贷传导机制产生显著影响，影响系数分别为 0.1582、−0.0005、0.1613、−0.0005，这表明在货币市场合作与资本市场合作中，固定资产投资的增加有助于提升货币政策信贷传导机制的传导效率，具体如表 7-6 所示。

表 7-6　　中国与"一带一路"共建国家金融合作对信贷传导机制的影响

| 变量名称 | 中国 | "一带一路"共建国家 | 变量名称 | 中国 | "一带一路"共建国家 |
| --- | --- | --- | --- | --- | --- |
| 基于货币市场金融合作（lnmfcorp） | 0.1192*<br>(0.0684) | −6.2042<br>(4.7843) | 基于资本市场金融合作（lncfcorp） | 0.0728<br>(0.0533) | −5.6544<br>(5.4626) |
| 财政支出（fis） | −0.0102<br>(0.0187) | −0.3733<br>(0.5144) | 财政支出（fis） | −0.0090<br>(0.0187) | −0.2734<br>(0.4458) |

续表

| 变量名称 | 中国 | "一带一路"共建国家 | 变量名称 | 中国 | "一带一路"共建国家 |
|---|---|---|---|---|---|
| 固定资产投资（inv） | 0.1582***<br>(0.0275) | 2.4252<br>(2.1308) | 固定资产投资（inv） | 0.1613***<br>(0.0273) | 2.5224<br>(2.1922) |
| 金融创新程度（creat） | -0.0005***<br>(0.0001) | -0.0108<br>(0.0156) | 金融创新程度（creat） | -0.0005***<br>(0.0001) | -0.0071<br>(0.0130) |
| 国际储备额（sto） | 0.0037<br>(0.0074) | -1.2564<br>(1.1739) | 国际储备额（sto） | 0.0056<br>(0.0075) | -1.1732<br>(1.1156) |
| 常数项（cons） | 0.1732***<br>(0.0085) | 0.9322<br>(0.7155) | 常数项（cons） | 0.1552***<br>(0.0034) | 1.3020<br>(1.1271) |
| $R^2$ | 0.6210*** | 0.7717*** | $R^2$ | 0.6239*** | 0.7315*** |

注：*表示在10%的水平上显著，**表示在5%的水平上显著，***表示在1%的水平上显著；括号内标准误。

从中国与"一带一路"共建国家货币市场合作与资本市场合作对货币量传导机制的影响来看，"一带一路"共建国家相应的 $R^2$ 值分别为0.4499、0.4497，中国相应的 $R^2$ 值分别为0.5339、0.5319，且均通过了1%的显著性检验，表明结果具有较高可信度。具体来看，二者的货币市场合作对中国货币政策的货币量传导机制影响系数为0.0576，且通过了5%的显著性检验，而资本市场合作对中国货币政策的货币量传导机制没有产生显著影响，同对信贷传导机制的影响类似，这可能是因为中国与"一带一路"共建国家在金融合作过程中，中国对"一带一路"共建国家以资本或货币等形式投入了大量的资金，这影响到了中国国内货币政策货币量传导机制作用的发挥，提升了货币政策货币量传导机制的传导效率。这一结果在一定程度上与特征事实分析中所得结论相吻合。从各控制变量来看，中国与"一带一路"共建国家货币市场合作与资本市场合作情况下，固定资产投资额、金融创新度对各国货币政策的货币量传导机制都产生了显著影响，国际储备只对中国产生了显著影响。具体如表7-7所示。

表 7-7　中国与"一带一路"共建国家金融合作对货币量传导机制的影响

| 变量名称 | 中国 | "一带一路"共建国家 | 变量名称 | 中国 | "一带一路"共建国家 |
|---|---|---|---|---|---|
| 基于货币市场金融合作（lnmfcorp） | 0.0576** (0.0366) | 0.0456 (0.0803) | 基于资本市场金融合作（lncfcorp） | -0.0229 (0.0291) | 0.0109 (0.0651) |
| 财政支出（fis） | 0.0084 (0.0185) | 0.0101 (0.0248) | 财政支出（fis） | 0.0075 (0.0184) | 0.0095 (0.0248) |
| 固定资产投资（inv） | 0.1297*** (0.0220) | 0.8222*** (0.0652) | 固定资产投资（inv） | 0.1280*** (0.0221) | 0.8198*** (0.0656) |
| 金融创新程度（creat） | -0.0003*** (0.0001) | 0.0009*** (0.0002) | 金融创新程度（creat） | -0.0003*** (0.0001) | 0.0009*** (0.0002) |
| 国际储备额（sto） | 0.0165*** (0.0062) | 0.0145 (0.0135) | 国际储备额（sto） | 0.0153** (0.0061) | 0.0138 (0.0133) |
| 常数项（cons） | 0.027*** (0.0024) | -0.0270*** (0.0054) | 常数项（cons） | 0.0327*** (0.0041) | -0.0259*** (0.0087) |
| $R^2$ | 0.5339*** | 0.4499*** | $R^2$ | 0.5319*** | 0.4497*** |

注：*表示在10%的水平上显著，**表示在5%的水平上显著，***表示在1%的水平上显著；括号内为标准误。

从中国与"一带一路"共建国家货币市场合作与资本市场合作对利率传导机制的影响来看，"一带一路"共建国家相应的 $R^2$ 值分别为 0.5537、0.5190，中国相应的 $R^2$ 值分别为 0.5817、0.5639，且均通过了1%的显著性检验，表明结果具有较高可信度。具体来看，中国与"一带一路"共建国家货币市场合作对"一带一路"共建国家与中国利率传导机制均产生了显著影响，系数分别为-0.2567、0.0405，表明货币市场合作有利于提升中国货币政策利率传导机制的传导效率，不利于"一带一路"共建国家货币政策利率传导机制的效率提升，这可能是因为"一带一路"共建国家大部分为"小国"，在与中国合作的过程中，由于中国市场化程度相对较高，接受了中国大量信贷与资本，影响到了利率，从而降低了货币政策利率传导机制的效率，而这一点恰恰有利于中国利率传导机制效率的提升。而资本市场合作只对中国利率传导机制产生显著负向影响，这可能是因为中国与相关国家资本市场发展程度相对缓慢，在进行合作的过程中，利率传导机制中的风险对利率的传导产生负向影响，降低了中国货币政策中利率传导机制中的传导效率。从各控制变量来看，货币市场合作中，财政支出、金融创新度对"一带一路"共建国家利率传导机制产生了显著影响，而固定资产投资、国际储备对中国利率传导机制产生了显著影响。在资本市场合作中，金融创新度与国际储备对中国利率传导机制产生了显著影响，具体如表7-8所示。

表7-8　　　中国与"一带一路"共建国家金融合作对利率传导机制的影响

| 变量名称 | 中国 | "一带一路"共建国家 | 变量名称 | 中国 | "一带一路"共建国家 |
| --- | --- | --- | --- | --- | --- |
| 基于货币市场金融合作（lnmfcorp） | 0.0405* (0.0237) | -0.2567*** (0.0330) | 基于资本市场金融合作（lncfcorp） | -0.5089* (0.2798) | -0.1283 (0.0361) |
| 财政支出（fis） | -0.0008 (0.0064) | 0.0267** (0.0135) | 财政支出（fis） | 0.0192 (0.0779) | 0.0309 (0.0130) |
| 固定资产投资（inv） | 0.0637*** (0.0107) | 0.0101 (0.0152) | 固定资产投资（inv） | 0.1335 (0.1104) | 0.0153 (0.0154) |
| 金融创新程度（creat） | -0.0002 (0.0001) | 0.0005*** (0.0001) | 金融创新程度（creat） | -0.0015** (0.0008) | -0.0003 (0.0002) |
| 国际储备额（sto） | -0.0053* (0.0031) | 0.0032 (0.0055) | 国际储备额（sto） | 0.2024*** (0.0390) | 0.0072 (0.0056) |
| 常数项（cons） | 0.0148*** (0.0002) | 0.0600*** (0.0028) | 常数项（cons） | 0.0383 (0.0373) | 0.0626 (0.0049) |
| $R^2$ | 0.5817*** | 0.5537*** | $R^2$ | 0.5639*** | 0.5190*** |

注：*表示在10%的水平上显著，**表示在5%的水平上显著，***表示在1%的水平上显著；括号内为标准误。

从中国与"一带一路"共建国家货币市场合作与资本市场合作对

汇率传导机制的影响来看，"一带一路"共建国家相应的 $R^2$ 值分别为 0.7267、0.7050，中国相应的 $R^2$ 值分别为 0.6216、0.6418，且均通过了1%的显著性检验，表明结果具有较高可信度。具体来看，中国与"一带一路"共建国家货币市场合作只对"一带一路"共建国家货币政策中的汇率传导机制产生了显著的负向影响，影响系数为-0.4235，并通过了1%的显著性检验。而资本市场合作均未对中国与"一带一路"共建国家的货币政策汇率传导机制产生显著影响。这一点也可以从"一带一路"共建国家与中国的金融市场化程度与开放程度的角度来解释，由于汇率传导机制作用的发挥要求相应国家具有较高的金融市场化程度与开放程度，当金融市场化程度与开放度较低时，货币市场的合作反而不利于货币政策汇率传导机制作用的发挥。而中国金融市场化程度与开放度相对较高，"一带一路"共建国家汇率影响力相对较弱，因此对于市场化程度与开放度要求较高的资本市场合作没有对中国汇率传导机制产生显著影响。从各控制变量对汇率传导机制的影响情况来看，"一带一路"共建国家除固定资产投资外，其他三个控制变量均对汇率传导机制产生了负向影响，其原因与货币市场合作对汇率传导机制影响的原因类似。而在资本市场合作中，"一带一路"共建国家的财政支出、金融创新度均对汇率传导机制产生负向影响。中国只有固定资产投资对汇率传导机制产生了显著的负向影响，其原因在中国与"一带一路"共建国家金融合作对利率传导机制影响部分已做相应分析，具体如表7-9所示。

表7-9　　　　中国与"一带一路"共建国家金融合作对汇率传导机制的影响

| 变量名称 | 中国 | "一带一路"共建国家 | 变量名称 | 中国 | "一带一路"共建国家 |
| --- | --- | --- | --- | --- | --- |
| 货币市场合作 (lnmfcorp) | 0.0818 (0.0402) | -0.4235*** (0.1104) | 资本市场合作 (lncfcorp) | -0.0155 (0.0296) | 0.0833 (0.1422) |
| 财政支出 (fis) | -0.0258 (0.0143) | -0.0565* (0.0311) | 财政支出 (fis) | 0.0058 (0.0086) | -0.0469* (0.0210) |

续表

| 变量名称 | 中国 | "一带一路"共建国家 | 变量名称 | 中国 | "一带一路"共建国家 |
|---|---|---|---|---|---|
| 固定资产投资($inv$) | 0.0306 (0.0126) | 0.0351 (0.0497) | 固定资产投资($inv$) | -0.0290*** (0.0079) | 0.0091 (0.0448) |
| 金融创新程度($creat$) | -0.0005 (0.0003) | -0.0008*** (0.0003) | 金融创新程度($creat$) | 0.0001 (0.0001) | -0.0009*** (0.0002) |
| 国际储备额($sto$) | -0.0045 (0.0042) | -0.0305* (0.0166) | 国际储备额($sto$) | -0.0016 (0.0027) | -0.0055 (0.0148) |
| 常数项($cons$) | -0.0145 (0.0026) | 0.0442*** (0.0076) | 常数项($cons$) | -0.0331*** (0.0038) | 0.0491*** (0.0173) |
| $R^2$ | 0.6216*** | 0.7267*** | $R^2$ | 0.6418*** | 0.7050*** |

注：*表示在10%的水平上显著，**表示在5%的水平上显著，***表示在1%的水平上显著；括号为内标准误。

从中国与"一带一路"共建国家货币市场合作与资本市场合作对资产价格传导机制的影响来看，"一带一路"共建国家相应的 $R^2$ 值分别为0.6524、0.6593，中国相应的 $R^2$ 值分别为0.7760、0.7773，且均通过了1%的显著性检验，表明结果具有较高可信度。具体来看，中国与"一带一路"共建国家货币市场合作与资本市场合作均对"一带一路"共建国家货币政策的资产价格传导机制产生了显著影响，相应系数分别为-0.4115、-0.2497，分别通过了10%和5%的显著性检验，但影响方向均为负，表明合作程度提升会降低货币政策资产价格传导机制的传导效率。而无论是货币市场合作还是资本市场合作均未对中国货币政策资产价格传导机制产生显著影响。从控制变量来看，中国与"一带一路"共建国家在货币市场合作与资本市场合作过程中，固定资产投资、金融创新程度、国际储备额均对"一带一路"共建国家产生显著正向影响，固定资产投资额以及国际储备额对中国影响方向为正。可以看出，"一带一路"共建国家的货币政策资产价格传导机制对与中国货币市场合作与资本市场合作、固定资产投资、金融创新以及国际储备的敏感性较强，具体如表7-10所示。

表 7-10　　中国与"一带一路"共建国家金融合作对资产价格传导机制的影响

| 变量名称 | 中国 | "一带一路"共建国家 | 变量名称 | 中国 | "一带一路"共建国家 |
| --- | --- | --- | --- | --- | --- |
| 货币市场合作（lnmfcorp） | 0.1377（0.8375） | -0.4115*（0.2082） | 资本市场合作（lncfcorp） | -1.3648（0.9017） | -0.2497**（0.1245） |
| 财政支出（fis） | 0.4928（0.4637） | 0.1451（0.1411） | 财政支出（fis） | 0.4902（0.4638） | 0.1517（0.1422） |
| 固定资产投资（inv） | 1.7765***（0.3797） | 0.2101**（0.0940） | 固定资产投资（inv） | 1.7582***（0.3829） | 0.2179**（0.0955） |
| 金融创新程度（creat） | 0.0056（0.0035） | 0.0040***（0.0010） | 金融创新程度（creat） | 0.0053（0.0034） | 0.0042***（0.0010） |
| 国际储备额（sto） | 0.4036***（0.1501） | 0.1222**（0.0496） | 国际储备额（sto） | 0.3943***（0.1488） | 0.1283***（0.0491） |
| 常数项（cons） | 0.5664***（0.0552） | 0.1410***（0.0161） | 常数项（cons） | 0.7377***（0.1194） | 0.1505***90.0207 |
| $R^2$ | 0.7760*** | 0.6524*** | $R^2$ | 0.7773*** | 0.6593*** |

注：\*表示在10%的水平上显著，\*\*表示在5%的水平上显著，\*\*\*表示在1%的水平上显著；括号内为标准误。

### 四　"两国"金融合作对货币政策传导机制的影响

首先，将"两国"金融合作影响货币政策信贷、货币量、利率、汇率与资产价格传导机制数据进行 Hausman 检验，所得结果均强烈拒绝原假设，这表明"两国"金融合作对各个货币政策传导机制的影响同样应采用固定效应模型进行分析。

本书将中国与欧盟国家的金融合作定义为"两国"金融合作。从中国与欧盟国家货币市场合作与资本市场合作对信贷传导机制的影响来看，欧盟国家相应的 $R^2$ 值分别为 0.6080、0.6063，中国相应的 $R^2$ 值分别为 0.5180、0.5148，且分别通过了 10% 与 1% 的显著性检验，表明结果具有较高可信度。具体来看，中国与欧盟国家在货币市场合作与资本市场合作过程中，只有货币市场合作对中国的货币政策信贷传导机制产生了显著影响，相应系数为 0.1056，且通过了 5% 的显著性检验，表明中欧金融合作过程中，有利于中国货币政策的信贷传导机制传导效率的提升。从各控制变量来看，无论是货币市场合作还是资本市场合作，各控制变量均未对欧盟国家货币政策的信贷传导机制产生影响，而财政支出、固定资产投资以及国际储备在中欧货币市场合作与资本市场合作中均对中国的货币政策信贷传导机制产生影响，其中财政支出影响为负，广义货币量与国际储备额影响为正，具体如表 7-11 所示。

表 7-11　　中国与欧盟国家金融合作对信贷传导机制的影响

| 变量名称 | 中国 | 欧盟国家 | 变量名称 | 中国 | 欧盟国家 |
| --- | --- | --- | --- | --- | --- |
| 货币市场合作<br>(lnmfcorp) | 0.1056**<br>(0.0511) | -15.9541<br>(15.9959) | 资本市场合作<br>(lncfcorp) | -0.1077<br>(0.0774) | -3.6367<br>(3.7949) |
| 财政支出<br>(fis) | -0.2581***<br>(0.0740) | 11.8014<br>(11.4943) | 财政支出<br>(fis) | -0.2703***<br>(0.0731) | 13.7291<br>(13.3363) |
| 固定资产投资<br>(inv) | 0.3697***<br>(0.0392) | 13.2744<br>(13.4104) | 固定资产投资<br>(inv) | 0.3678***<br>(0.0404) | 13.0417<br>(13.2217) |
| 金融创新程度<br>(creat) | 0.0222<br>(0.0256) | 5.2570<br>(5.1230) | 金融创新程度<br>(creat) | 0.0047<br>(0.0249) | 7.2870<br>(7.0689) |
| 国际储备额<br>(sto) | 0.0274**<br>(0.0131) | -2.9880<br>(2.9946) | 国际储备额<br>(sto) | 0.0268**<br>(0.0131) | -2.9644<br>(2.9748) |
| 常数项<br>(cons) | 0.0274***<br>(0.0131) | 1.6713<br>(1.6369) | 常数项<br>(cons) | 0.1631***<br>(0.0097) | 0.8272<br>(0.7966) |
| $R^2$ | 0.5180*** | 0.6080* | $R^2$ | 0.5148*** | 0.6063* |

注：* 表示在 10% 的水平上显著，** 表示在 5% 的水平上显著，*** 表示在 1% 的水平上显著；括号内为标准误。

从中国与欧盟国家货币市场合作与资本市场合作对货币量传导机制的影响来看，欧盟国家相应的 $R^2$ 值分别为 0.4652、0.4547，中国相应的 $R^2$ 值分别为 0.4487、0.4437，均通过了 1% 的显著性检验，表明结果具有一定可信度。具体来看，中国与欧盟国家在货币市场与资本市场合作过程中，只有货币市场合作对中国的货币量传导机制产生了显著影响，且影响方向为正，相应系数为 0.0751，表明中国在欧盟国家金融合作过程中的货币市场合作，有利于中国与欧盟国家货币政策中货币量传导机制作用的发挥。从各控制变量来看，无论是在货币市场合作下还是在资本市场合作下，固定资产投资额均对欧盟国家货币量传导机制产生了正向显著影响，财政支出对欧盟国家货币量传导机制产生了显著负向影响。固定资产投资、金融创新程度以及国际储备对中国货币量传导机制产生了显著影响，且影响方向均为正，表明这几种因素有利于中国货币量传导机制作用的发挥，具体如表 7-12 所示。

表 7-12　中国与欧盟国家金融合作对货币量传导机制的影响

| 变量名称 | 中国 | 欧盟国家 | 变量名称 | 中国 | 欧盟国家 |
| --- | --- | --- | --- | --- | --- |
| 货币市场合作 ($lnmfcorp$) | 0.0751** (0.0376) | 0.1687 (0.0651) | 资本市场合作 ($lncfcorp$) | 0.0102 (0.0185) | 0.0344 (0.0679) |
| 财政支出 ($fis$) | −0.0184 (0.0631) | −0.1529** (0.0754) | 财政支出 ($fis$) | −0.0102 (0.0635) | −0.1345* (0.0742) |
| 固定资产投资 ($inv$) | 0.5416*** (0.0345) | 0.8892*** (0.0606) | 固定资产投资 ($inv$) | 0.5299*** (0.0347) | 0.8625*** (0.0629) |
| 金融创新程度 ($creat$) | 0.0382** (0.0169) | 0.0105 (0.0357) | 金融创新程度 ($creat$) | 0.0279* (0.0184) | 0.0121 (0.0339) |
| 国际储备额 ($sto$) | 0.0196** (0.0109) | −0.0010 (0.0086) | 国际储备额 ($sto$) | 0.0202* (0.0109) | 0.0004 (0.0008) |
| 常数项 ($cons$) | 0.0169*** (0.0039) | −0.0021 (0.0057) | 常数项 ($cons$) | 0.0127*** (0.0036) | −0.0104 (0.0084) |
| $R^2$ | 0.4487*** | 0.4652*** | $R^2$ | 0.4437*** | 0.4547*** |

注：*表示在10%的水平上显著，**表示在5%的水平上显著，***表示在1%的水平上显著；括号内为标准误。

从中国与欧盟国家货币市场合作与资本市场合作对利率传导机制的影响来看，欧盟国家相应的 $R^2$ 值分别为 0.4942、0.5003，中国相应的 $R^2$ 值分别为 0.6729、0.6749，且均通过了1%的显著性检验，表明结果具有较高可信度。具体来看，中国与欧盟国家货币市场合作对欧盟国家货币政策的利率传导机制产生了影响，资本市场合作对中国的货币政策利率传导机制产生了负向影响，相应系数分别为-0.1343、-0.5003，这表明随着中国与欧盟国家货币市场与资本市场合作程度的加深，不利于利率传导机制传导效率的提升，这与中美金融合作、中国与"一带一路"共建国家金融合作对利率传导机制影响的原因类似，由于金融合作对于利率传导机制风险防范作用较差，中国与欧盟国家在货币市场与资本市场合作过程中产生的效益小于风险带来的效益损失，对于利率传导机制的影响为负。从各控制变量来看，中国与欧盟国家在货币市场与资本市场合作过程中，固定资产投资额与金融创新度均对欧盟国家货币政策的利率传导机制产生了显著正向影响，而所有控制变量均对中国货币政策的利率传导机制产生了显著影响，其中财政支出与固定资产投资额的影响为负，金融创新程度与国际储备额的影响为正。具体如表7-13所示。

表7-13　中国与欧盟国家金融合作对利率传导机制的影响

| 变量名称 | 中国 | 欧盟国家 | 变量名称 | 中国 | 欧盟国家 |
| --- | --- | --- | --- | --- | --- |
| 货币市场合作（lnmfcorp） | 0.2208（0.3132） | -0.1343***（0.0275） | 资本市场合作（lncfcorp） | -0.5003*（0.2876） | -0.0283（0.0304） |
| 财政支出（fis） | -0.9202**（0.4011） | 0.0049（0.0437） | 财政支出（fis） | -0.9444**（0.3903） | -0.0812（0.1153） |
| 固定资产投资（inv） | -0.6405***（0.2081） | 0.0398*（0.0207） | 固定资产投资（inv） | -0.6514***（0.2094） | 0.2257***（0.0674） |
| 金融创新程度（creat） | 0.4949**（0.2022） | 0.0328*（0.0175） | 金融创新程度（creat） | 0.4497**（0.1953） | 0.0649**（0.0325） |
| 国际储备额（sto） | 0.1833***（0.0675） | 0.0035（0.0060） | 国际储备额（sto） | 0.1811***（0.0671） | -0.0007（0.0091） |
| 常数项（cons） | -0.0074（0.0280） | 0.0342***（0.0029） | 常数项（cons） | 0.0771*（0.0397） | 0.0278***（0.0058） |
| $R^2$ | 0.6729*** | 0.4942*** | $R^2$ | 0.6749*** | 0.5003*** |

注：\*表示在10%的水平上显著，\*\*表示在5%的水平上显著，\*\*\*表示在1%的水平上显著；括号内为标准误。

从中国与欧盟国家货币市场合作与资本市场合作对货币政策的汇率传导机制影响来看，欧盟国家相应的 $R^2$ 值分别为 0.5233、0.5850，中国相应的 $R^2$ 值分别为 0.7857、0.7576，且均通过了 1% 的显著性检验，表明回归结果具有可信度。具体来看，中国与欧盟国家的货币市场合作与资本市场合作均对"两国"的货币政策汇率传导机制产生了显著影响，对欧盟国家影响系数分别为 0.8017、0.0462，对中国影响系数分别为 0.1202、0.0419，这表明中欧货币市场合作与资本市场合作有利于提升"两国"的货币政策汇率传导机制的效率。这可能是因为无论是中国还是欧盟各国都具有相对较高的汇率市场化程度，因此正如本章第一节理论分析所得结论，"两国"的金融合作使货币政策传导机制中的汇率传导机制传导效率得到加强。从各控制变量来看，无论中国与欧盟国家在货币市场合作方面还是资本市场合作方面，"两国"金融创新均对汇率传导机制产生了显著的正向影响，这表明金融创新有利于"两国"货币政策汇率传导机制传导效率提升。在中国与欧盟国家资本市场合作的过程中，国家储备额对欧盟国家货币政策的汇率传导机制产生了显著负向影响，系数为 -0.0099，数值相对较小，影响程度较轻。具体如表 7-14 所示。

表 7-14　中国与欧盟国家金融合作对汇率传导机制的影响

| 变量名称 | 中国 | 欧盟国家 | 变量名称 | 中国 | 欧盟国家 |
| --- | --- | --- | --- | --- | --- |
| 货币市场合作<br>（lnmfcorp） | 0.1202***<br>（0.0463） | 0.8017***<br>（0.2757） | 资本市场合作<br>（lncfcorp） | 0.0419*<br>（0.0229） | 0.0462**<br>（0.0206） |
| 财政支出<br>（fis） | 0.0220<br>（0.0608） | -0.2209<br>（0.2974） | 财政支出<br>（fis） | 0.1018<br>（0.0375） | -0.0239<br>（0.0456） |
| 固定资产投资<br>（inv） | 0.0306<br>（0.0216） | -0.0523<br>（0.3206） | 固定资产投资<br>（inv） | -0.0608<br>（0.0134） | 0.0171<br>（0.0188） |
| 金融创新程度<br>（creat） | 0.1397***<br>（0.0335） | 0.6241**<br>（0.2981） | 金融创新程度<br>（creat） | 0.0225***<br>（0.0164） | 0.0931***<br>（0.0299） |

续表

| 变量名称 | 中国 | 欧盟国家 | 变量名称 | 中国 | 欧盟国家 |
| --- | --- | --- | --- | --- | --- |
| 国际储备额（sto） | 0.0094（0.0077） | -0.0087（0.5016） | 国际储备额（sto） | 0.0020（0.0052） | -0.0099*（0.0055） |
| 常数项（cons） | -0.0017（0.0042） | 0.0775*（0.0430） | 常数项（cons） | 0.0347***（0.0032） | 0.0289***（0.0031） |
| $R^2$ | 0.7857*** | 0.5233** | $R^2$ | 0.7576*** | 0.5850*** |

注：*表示在10%的水平上显著，**表示在5%的水平上显著，***表示在1%的水平上显著；括号内为标准误。

从中国与欧盟国家货币市场合作与资本市场合作对资产价格传导机制的影响来看，欧盟国家相应的 $R^2$ 值分别为0.5505、0.5442，中国相应的 $R^2$ 值分别为0.6744、0.6727，且均通过了一定的显著性检验，表明结果具有较高可信度。具体来看，中国与欧盟国家货币市场合作与资本市场合作均未对中国货币政策的资产价格传导机制产生显著影响，但均对欧盟国家货币政策的资产价格传导机制产生了显著影响，影响系数分别为0.9094、-0.3105，分别通过了1%和10%的显著性检验，但影响方向不同，这表明中国与欧盟国家之间在短期结算、跨境贸易、短期投资、贷款等方面的合作中，会提升欧盟国家资产价格传导机制的传导效率，而股票、长期贷款、债券等方面的合作会降低欧盟国家资产价格传导机制的传导效率。从各控制变量来看，无论是货币市场合作还是资本市场合作，金融创新程度均对欧盟与中国货币政策的资产价格传导机制产生了正向影响，表明金融合作有利于中国与欧盟国家资产价格传导机制作用的发挥。此外，货币市场合作中国家储备额对欧盟各国资产价格传导机制产生了显著正向影响，财政支出与固定资产投资额对中国资产价格传导机制产生了显著正向影响。在资本市场合作过程中，国际储备额对欧盟国家资产价格传导机制产生了显著正向影响，固定资产投资额对中国资产价格传导机制产生了显著正向影响。具体如表7-15所示。

表 7-15　中国与欧盟国家金融合作对资产价格传导机制的影响

| 变量名称 | 中国 | 欧盟国家 | 变量名称 | 中国 | 欧盟国家 |
| --- | --- | --- | --- | --- | --- |
| 货币市场合作（ln$mfcorp$） | 1.3205<br>(1.2554) | 0.9094 ***<br>(0.2886) | 资本市场合作（ln$cfcorp$） | -1.0129<br>(1.1831) | -0.3105 *<br>(0.1925) |
| 财政支出（$fis$） | 2.5932 *<br>(1.5792) | 0.0839<br>(0.3690) | 财政支出（$fis$） | 2.4394<br>(1.5382) | -0.0237<br>(0.3850) |
| 固定资产投资（$inv$） | 2.3830 ***<br>(0.9221) | 1.2104<br>(1.0812) | 固定资产投资（$inv$） | 2.3685 **<br>(0.9250) | 1.2104<br>(1.0819) |
| 金融创新程度（$creat$） | 2.7702 ***<br>(0.9361) | 0.5906 **<br>(0.2481) | 金融创新程度（$creat$） | 2.5614 ***<br>(0.8948) | 0.4588 **<br>(0.2160) |
| 国际储备额（$sto$） | 0.1146<br>(0.2295) | 0.0628 *<br>(0.0381) | 国际储备额（$sto$） | 0.1081<br>(0.2269) | 0.0597 *<br>(0.0370) |
| 常数项（$cons$） | 0.2517 **<br>(0.1106) | 0.0084<br>(0.0267) | 常数项（$cons$） | 0.4794 ***<br>(0.1582) | 0.1188 ***<br>(0.0245) |
| $R^2$ | 0.6744 *** | 0.5505 *** | $R^2$ | 0.6727 *** | 0.5442 ** |

注：*表示在10%的水平上显著，**表示在5%的水平上显著，***表示在1%的水平上显著；括号内为标准误。

# 第三节　国际金融合作异质性影响货币政策传导机制的对比与总结

根据以上回归结果的分析可以看出，中美之间金融合作主要会影响美国货币政策传导机制中的资产价格传导机制，而对中国货币政策传导机制中的利率机制与汇率机制均会产生显著影响。中国与"一带一路"共建国家的金融合作主要会影响"一带一路"共建国家货币政策传导机制中的利率、汇率以及资产价格传导机制，对中国的信贷机制、货币量机制、利率机制均会产生显著影响。中国与欧盟国家的金融合作会影响到欧盟国家货币政策利率、汇率以及资产价格传导机制，具体如表 7-16 所示。这些结果验证了本章第一节合作博弈理论分析中所得到的推论7-1。可以看出，中国在同美国进行金融合作的过程中，主要表现在通过资本市场合作对利率、汇率等价格型货币政策传导机制产生影响，进而影响价格型货币政策目标；而与"一带一路"共建国家进行合作时，主要通过对信贷、货币量等数量型货币政策传导机制产生影响，进而影响数量型货币政策目标；在与欧盟国家合作的过程中，通过货币市场合作对信贷、货币量、利率机制产生了显著影响，通过资本市场合作对利率与汇率机制产生了显著影响，进而影响到数量型与价格型货币政策目标。这些结论正好与中美金融合作、中国"一带一路"共建国家金融合作以及中国欧盟国家金融合作的特征事实分析中所得到的结论相对应。同时，由于各国在开展货币市场合作与资本市场合作过程中，对利率传导机制中的风险防范作用较弱，对于金融合作的各个国家而言，对利率传导机制产生的影响一般均为负向。

表7-16　　不同国家金融合作对货币政策传导机制的影响

| 项目 | | | 货币市场合作 | | 资本市场合作 | |
| --- | --- | --- | --- | --- | --- | --- |
| | | | 中国 | 合作国 | 中国 | 合作国 |
| 中美金融合作 | 数量型货币政策目标 | 信贷传导机制 | — | — | — | — |
| | | 货币量传导机制 | — | — | — | — |
| | 价格型货币政策目标 | 利率传导机制 | 负向 | — | 负向 | — |
| | | 汇率传导机制 | — | — | 正向 | — |
| | | 资产价格传导机制 | — | 负向 | — | 负向 |
| 中国"一带一路"共建国家金融合作 | 数量型货币政策目标 | 信贷传导机制 | 正向 | — | — | — |
| | | 货币量传导机制 | 正向 | — | — | — |
| | 价格型货币政策目标 | 利率传导机制 | 正向 | 负向 | 负向 | — |
| | | 汇率传导机制 | — | 负向 | — | — |
| | | 资产价格传导机制 | — | 负向 | — | 负向 |
| 中国欧盟国家金融合作 | 数量型货币政策目标 | 信贷传导机制 | 正向 | — | — | — |
| | | 货币量传导机制 | 正向 | — | — | — |
| | 价格型货币政策目标 | 利率传导机制 | — | 负向 | 负向 | — |
| | | 汇率传导机制 | 正向 | 正向 | 正向 | 正向 |
| | | 资产价格传导机制 | 正向 | — | 负向 | 负向 |

根据本书第三章特征事实分析，由于中国同美国之间主要体现在资本市场合作，通过资本市场合作影响到中国的利率、汇率、资产价格机制，进而影响到价格型货币政策目标。又根据本书第五章与第六章货币市场合作与资本市场合作过程中的风险防范分析，其间一些风险无法通过资本市场合作进行防范，这主要是因为货币政策传导市场化机制形成过程中，会产生道德风险、信息不对称等市场失灵行为，抵消了部分资本市场合作过程中风险防范的作用。同时根据本书第四章理论部分分析，需要通过签订大量金融监管协议进行风险的防范与预警，而通过中美金融合作的特征总结得知，中美之间的金融监管合作又相对缺乏。由此可以得出引申结论："绝对大国"与"绝对小国"之间的金融合作主要表现在资本市场的合作，中美之间的资本市场合作可以更好地提升中国市场利率、汇率、资产价格等传导机制效率，也有利于利率、汇率等既定的价格型货币政策目标实现，加快货币政策传导的市场化进程，但会相应地增加部分金融风险，这需要"绝对大国"与"绝对小国"之间建立较好的对话机制，开展更多的金融监管合作。

结合中国同"一带一路"共建国家金融合作的现状以及相应理论分析所得到的结果，目前二者主要表现在通过货币市场合作影响中国货币政策的信贷与货币量传导机制，而信贷传导机制与货币量传导机制对应的是信贷、货币量等数量型货币政策目标。根据第五章分析可知，对于信贷传导机制与货币量传导机制中的风险，货币市场合作可以进行显著的防范，根据特征事实分析，这与中国同"一带一路"共建国家金融合作，特别是货币市场合作的深入开展有关，货币市场合作本身降低了金融业务过程中的风险，同时中国同"一带一路"共建国家的金融监管合作也在广泛展开。由此可以得出引申结论："相对大国"与"相对小国"的金融合作主要表现在货币市场合作方面，货币市场合作期间可以更好地通过信贷、货币量等货币政策传导机制实现既定数量型货币政策目标，进而发挥疏通货币政策传导机制的作用。

结合中国同欧盟国家金融合作的现状与特征分析可知，二者的资本市场与货币市场合作同时对货币政策传导机制产生了影响。合作过程中可以发挥相应的风险防范作用，同时根据表7-11至表7-15可知，在中国与欧盟国家合作过程中，金融创新程度在货币市场合作与资本市场合作过程中对货币政策传导的各个机制效率提升均产生了显著的正向影响。由此可以得到引申结论："两国"之间进行金融合作既可以通过货币市场合作又可以通过资本市场合作影响数量型与价格型货币政策既定目标的实现。同时，由于"两国"发展差距相对较小，需要更多的金融合作创新，进而产生更多的国际金融合作业务，降低金融业务中的风险，促进数量型货币政策工具与价格型货币政策工具作用的共同发挥，进一步提升"两国"货币政策传导机制的传导效率。

## 第四节　本章小结

本章根据第一节合作博弈模型理论分析，对不同类型国家之间金融合作对货币政策传导机制的影响构建了金融合作博弈理论模型，并在第二节进行了实证检验。通过建立不同大小国家之间的金融合作博弈模型，分析不同大小国家之间金融合作对货币政策传导机制所产生的不同影响，得到主要结论为国家之间金融合作所带来的效果具有异质性，"绝对大国"与"绝对小国"、"相对大国"与"相对小国"以及"两国"之间金融合作会给各自货币政策传导机制带来差异性影响。进一步通过构建三种类型国家金融合作的计量模型验证了所得结论并发现：对于"绝对小国"来说，主要表现在与"绝对大国"通过资本市场合作影响货币政策传导机制的利率、汇率等价格型货币政策传导机制，进而影响价格型货币政策目标的实现。对于"相对大国"来说，主要表现在与"相对小国"通过货币市场合作影响货币政策传导机制的信贷、货币量等数量型货币政策传导机制，进而影响数量型货币政策目标的实现。对于"两国"合作中的一方来说，与另一方合作可以表现在同时通过货币市场合作与资本市场合作影响货币政策数量型与价格型货币政策传导机制；同时，"两国"在金融合作中的创新可以进一步提升各自货币政策传导机制的效率。

# 第八章

# 结论、启示与展望

## 第一节　主要结论

当今世界全球化程度不断加快,各国家之间以不同目的进行的不同形式的金融合作也呈多样化发展趋势,本书构建了一个国际金融合作影响货币政策传导机制的理论框架,研究了国际货币市场合作与资本市场合作对锚定目标下货币政策传导机制的影响,具体得到以下三个方面的结论。

第一,建立 DSGE 模型,并以中国开展金融合作为例进行数值模拟,分析货币市场合作与资本市场合作对货币政策传导机制的影响。得到的结论具体如下:一是开展货币市场合作与资本市场合作都可以对货币政策传导机制中的信贷、货币量、利率、汇率、资产价格等变量产生冲击,且冲击趋势大体相同;二是开展货币市场合作对信贷、货币量等货币政策传导机制的冲击要强于开展资本市场合作带来的冲击,而开展资本市场合作对利率、汇率、资产价格等货币政策传导机制的冲击要强于开展货币市场合作带来的冲击;三是资本市场合作风险防范成本与杠杆率相关,相对于货币市场合作,开展资本市场合作自身可能存在风险,需要进行风险防范。

第二,进一步分析既定的数量型货币政策与价格型货币政策目标下货币市场合作与资本市场合作对货币政策传导机制的影响机理,并以中国为例实证检验二者对信贷、货币量、利率、汇率、资产价格传导机制的影响以及对各传导机制中风险的防范作用。得到的结论具体如下：一是开展货币市场合作主要影响信贷、货币量等数量型货币政策传导机制，但会降低货币政策传导机制的效率。开展资本市场合作主要影响利率、汇率、资产价格这样的价格型货币政策传导机制，三者都会显著提高货币政策传导机制的效率。二是货币市场合作对信贷传导机制中的杠杆率风险与货币量传导机制中的流动性风险具有显著防范作用；资本市场合作对利率传导机制中的通货膨胀风险没有产生防范作用，对汇率传导机制与资产价格传导机制中的汇率剧烈波动风险、金融资产溢出风险具有显著防范作用；开展货币市场合作对稳定货币政策传导机制的作用是持续性的，开展资本市场合作对稳定货币政策传导机制作用是不确定的，如果在合作过程中不能对风险进行有效的监督与管理，开展资本市场合作可能会增加货币政策传导机制中的风险。

第三，通过对不同类型国家金融合作特征事实进行分析，并在合作博弈理论框架下以中美金融合作、中国"一带一路"共建国家金融合作以及中国欧盟国家金融合作为例进行异质性检验，得到的具体结论如下：一是中美（"绝对小国"与"绝对大国"）资本市场合作明显多于货币市场合作。但中美之间金融监管类合作及以风险防范为主要目的的合作相对匮乏，还没有实质性进展。且对于"绝对小国"来说，主要表现在与"绝对大国"通过资本市场合作影响利率、汇率、资产价格等价格型货币政策传导机制，进而影响价格型货币政策目标的实现；二是中国"一带一路"共建国家（"相对大国"与"相对小国"）货币市场合作要明显多于资本市场合作，同时二者的金融风险防范与金融监管领域合作取得了实质性进展。且对于"相对大国"来说，主要表现在与"相对小国"通过货币市场合作影响信贷、货币量等数量型货币政策传导机制，进而影响数量型货币政策目标的实现；三是中国欧盟国家（"两国"）货币市场合作与资本市场合作没有明显差异，并且金融合作创新发展相对较好，通过金融合作创新也可能对货币政策传导机制产生影响。对于"两国"合作中的一方来说，与另一方合作可以表现在同时通过货币市场合作与资本市场合作影响货币政策数量型与价格型目标的实现，同时，两国在金融合作中的创新可以进一步提升各自货币政策传导机制的效率。

## 第二节　国际金融合作对货币政策传导机制影响的启示

根据本书的理论分析与实证检验，可以看出在经济全球化不断加深的背景下，进一步扩大一个国家国际金融合作，通过金融合作来拓展本国金融业务。加快本国金融市场发展是加快本国市场化改革，扩大对外开放，实现互利共赢，构建人类命运共同体的重要途径。但对于世界上大部分国家，特别是对广大发展中国家来说，在短时间内可能还无法完全发挥通过货币市场合作与资本市场合作疏通货币政策传导机制的作用，因此下一步可以主要从以下几个方面采取措施发挥金融合作对货币政策传导机制的作用。

### 一　进一步加深本国国际金融合作程度

（一）推动金融基础设施建设

进一步推动本国金融基础设施建设，可以构建更加完善的国际结算交易系统、支付清算系统以及信用评级系统，建设特定的国际证券交易、债券交易、存贷交易等金融场所，便利金融合作相关业务的展开。金融基础设施的完善可以为金融合作提供良好的条件与环境，探索本国与合作国家，特别是与周边国家金融基础设施的互联互通，是实现资金融通的重要途径，也有利于加强同合作国家的金融联系，进而建立新型的金融合作机制。加快金融基础设施建设还应加快金融基础设施的软环境建设，不断提高金融的服务效率。一般来说，在金融合作过程中会有大量的外资业务占用国内传统金融业务的空间，因此本国金融机构必须转变经营战略，促进金融服务与产品发展，从整体上创造良好的金融软环境，并不断优化金融数据管理基础设施的服务，形成以大数据为背景的决策平台，实现更多的外资金融企业"引进来",鼓励更多的本土金融企业走出去。

(二) 完善金融市场体系建设

金融市场体系是发展金融业务、促进金融业对外合作的载体,一个好的金融市场体系能够为企业开展金融相关业务提供良好的平台。在开展国际金融合作的过程中,必须加快建立完善的金融市场体系,不断推进金融开放的步伐,增强金融市场在全球配置资源的能力,服务与构建好新的发展格局。完善的金融市场体系是一个各种金融要素十分健全的体系,因此要努力吸引和培养出更多、更高端的金融人才,大力发展与金融相关的技术,将更多的健康资金注入金融市场,构建完善的金融信用体系,统筹好本国与国外相关的金融资源,提高对资本、劳动力、技术、人才等关键要素的把控与配置能力,建设国际水平的金融资产交易平台,提高金融市场国际影响力,更好地引领国际金融业务。此外,还要进一步推动多层次资本市场体系建设,资本市场体系的完善是一个国家金融市场体系是否成熟的重要标志,因此要不断推进资本市场的市场化改革,构建资本市场与实体经济之间的良性循环,完善资本市场与国际资本市场之间的高效循环,为国际金融合作创造良好条件。

(三) 加快金融创新建设

加强国际金融合作还要吸引更多金融客户,拓展金融业务是金融企业发展的重要手段,大力开展金融创新,开发比国外投资者所在国家利润更高、风险更低的金融产品是吸引国外投资者的重要方式,因此在合作中,本国应全力推动金融科技关键技术的研究与开发,在本国各地区推动大数据、5G等前沿科技的发展,实现先进技术与金融业务、金融发展的深度融合,用金融科技与金融创新来吸引更多的国外投资者,开展更多的新兴金融业务,不断扩大金融开放,实现与更多国家的金融合作。此外,合作本国应积极探索自贸试验区建设,在自贸试验区大力推动金融创新建设,用金融创新服务自由贸易试验区,在各个自由贸易试验区推进人民币资本项目的可兑换,创新性地扩大人民币跨境使用范围,不断扩大金融服务业的对内和对外开放。

### （四）通过国际金融合作发挥不同货币政策传导机制作用力

根据上文分析，"绝对大国"与"绝对小国"的金融合作主要表现在资本市场的合作上，"相对大国"与"相对小国"的金融合作主要表现在货币市场的合作上，"两国"之间的金融合作兼具货币市场合作与资本市场合作特征，且金融合作创新方面的表现更加突出。因此，"绝对小国"与"绝对大国"资本市场合作的重点在于发挥"绝对大国"完善的货币政策传导机制对"绝对小国"金融市场化发展的溢出效应，"绝对小国"学习并借鉴"绝对大国"货币政策传导机制市场化发展经验。当经济过热时，二者可以通过加强资本市场合作，并主要采用紧缩性货币政策，"绝对大国"发挥货币政策的资产价格传导机制调节作用，"绝对小国"发挥货币政策的利率、资产价格等价格型货币政策传导机制的作用来调节经济过热。同时，当经济增长缓慢时，"绝对小国"可以采用稳健性或扩张性货币政策，增强汇率传导机制的作用。

"相对大国"与"相对小国"的金融合作重点在于积极开展货币市场的合作，当"相对大国"经济处于增长期时，主要采用稳健的或适度扩张的货币政策，发挥信贷、货币量等数量型货币政策传导机制作用。而当"相对小国"经济过热时，主要采取紧缩性货币政策，通过发挥利率、汇率、资产价格等价格型货币政策传导机制作用力来调节经济。同时，由于大部分的"相对小国"金融市场发展相对不完善，对于构建金融监管组织，以及防御国际游资的冲击具有共同的利益诉求，应在金融风险防范领域加强"相对大国"与"相对小国"之间的金融合作。

"两国"之间的金融合作可以同时注重货币市场与资本市场的开发，通过金融合作不断扩展双方的金融业务。当经济萧条或增长过缓时，采用扩张型货币政策，主要发挥货币量、信贷等数量型货币政策传导机制作用，或汇率、资产价格等价格型货币政策传导机制作用，增强货币政策的调节效力。当经济增长过热时，主要发挥货币政策利率传导机制的调节效力。同时，注重绿色金融、科技金融方面的开发与合作，利用"两国"货币的影响力，通过金融创新合作共同推动新型国际金融秩序的构建。

## 二 坚持货币政策的市场化改革方向

（一）加强货币政策与财政政策的协调配合

在发挥货币政策作用的过程中，要加强与财政政策手段的配合。由于财政政策对产出、利率等国民经济变量同样具有调节作用，而货币政策的调节作用主要是通过对社会总需求的途径来实现的，在制定货币政策、发挥货币政策传导作用时应注重与财政政策的配合。从世界各国货币政策的整体情况来看，如果单纯依靠货币政策，通过货币政策工具发挥对国民经济的传导作用很难实现对经济体制与结构进行深层次的调整，也无法实现对合作本国的经济的调节，因此合作国中央银行在实行货币政策的过程中，要进一步加强对宏观经济调控的针对性，进而最大限度地发挥货币政策对国民经济的调节作用。

（二）合理利用价格型货币政策工具与数量型货币政策工具作用，实现优势互补

目前，世界上大部分发展中国家在发挥货币政策传导机制作用的过程中主要通过公开市场业务、信贷、准备金率等数量型货币政策工具，这是由发展中国家的国情决定的。一方面由于长期以来发展中国家的融资方式是以银行作为中介的间接融资为主的，公开市场业务、准备金率、信贷等政策工具的使用作用到银行信贷规模，进而能有效地影响投放到社会上的资金数量；另一方面由于大部分发展中国家资本市场的发展还处于初级阶段，各项制度还不成熟，影响到了市场化利率、汇率等价格型货币政策工具作用的发挥。但随着各发展中国家改革不断深入，市场化改革取得了突飞猛进的发展，因此价格型货币政策工具的使用已经成为发展中国家实施货币政策的一个重要方向，但这并不等于要放弃传统的数量型货币政策工具的使用，只有数量型货币政策工具与价格型货币政策工具的协调使用才能保证货币政策传导的有效性，因此央行应根据调节经济的目标与实际情况灵活运用各类货币政策工具。

（三）缩短货币政策传导时滞，增强货币政策传导效果，进一步疏通货币政策传导机制

在制定货币政策的过程中，合作国央行应通过各种手段尽量减少

货币政策的传导时滞作用，货币政策的传导时滞直接影响货币政策传导机制的通畅，世界上很多国家的疏通货币政策传导机制的目标主要是通过缩短货币政策传导时滞实现的。因此，央行在制定货币政策目标时应更加关注货币政策的制定是否有针对性与前瞻性。价格型货币政策工具在发挥传导作用过程中时滞性较短，因此为缩短货币政策传导时滞，央行应注重发挥价格型货币政策工具的作用，同时还应加强与市场中微观主体的沟通，通过构建完善的市场体系，提高微观主体的敏感度来缩短货币政策的时滞。通过本书研究可知，加强开展国际货币市场合作与国际资本市场合作还可以作为合作本国央行疏通货币政策传导机制，缩短货币政策时滞的另一个重点考虑方向。

## 第三节 研究展望

基于上文分析可以发现，本书还存在较多的拓展空间，后续的研究可从以下几方面进一步展开。

第一，研究主体的拓展。本书在研究金融合作对货币政策传导机制影响的过程中，主要是通过宏观层面的货币市场与资本市场相关合作业务展开，未来的研究可以拓展到具体的企业合作业务中，研究企业之间的金融业务合作对国际资本流动以及货币政策及其货币政策效果会带来怎样的影响。

第二，对不同类型国家之间的金融合作进行更深入的研究。本书将中国与其他国家和地区之间的金融合作分为"绝对大国"与"绝对小国"、"相对大国"与"相对小国"、"两国"之间金融合作三种类型，并根据合作博弈模型求出了相应合作的帕累托最优边界与 Shapley 均衡值，具体分析了每种类型的金融合作的特征及其影响货币政策传导机制的方式。下一步研究可以博弈论为基础，更加深入地从理论上研究不同类型国家之间的金融合作对货币政策及其效果会产生怎样的影响，这也是对蒙代尔的相对国家大小理论作出的补充。

第三，基于本书对于金融合作所作出的定义，继续深入研究不同类型国家之间进行金融合作对于合作国家产业、贸易、投资等方面的影响机制。本书主要从理论上揭示了金融合作对货币政策传导机制的影响，但现实中国际金融合作是一个庞大的"工程"，可能涉及的不仅是对本国货币政策等金融层面的影响，对于合作国家之间的投资、贸易、产业、创新（如本书实证检验部分所列举的控制变量）等方面也会产生不同的影响，这些影响都是未来可以进行拓展研究的空间。

第四，研究层面的进一步拓展。本书限于数据的可得性，在实证检验部分只从整体层面验证了开展货币市场合作与资本市场合作对货币政策传导机制的影响以及对货币政策传导机制中风险稳定的作用，在实证检验中国与不同类型国家金融合作对各自货币政策传导机制的影响过程中，没有从相应合作业务构建直接的货币市场合作与资本市场合作指标。由数据可得，则能够更加精准地构建不同类型国家之间货币市场合作与资本市场合作的指标体系，对解释货币政策传导机制的影响效果会更具说服力，并继续深入研究不同类型国家之间金融合作对各自国家的货币政策与货币政策效果的影响，甚至次区域之间金融合作所带来的影响，这也将更有利于解释本话题。

第五，对金融合作还可以进行综合拓展分析。本书分别分析了开展货币市场合作与资本市场合作对货币政策传导机制的不同影响。从深度上说，还可以进一步分析货币市场合作和资本市场合作同时发挥作用时，对货币政策传导机制的综合影响。从广度上说，还可以拓展到外汇市场合作、衍生品市场合作、保险市场合作、融资租赁市场合作、黄金市场合作等维度；根据合作内容，还可以分为能源金融合作、基础设施金融合作等方面，这些类型的合作对货币政策传导机制、货币政策传导工具等方面均有可能带来不同程度的影响。

# 附 录

**附表 1　中国货币市场金融合作指数与资本市场金融合作指数**

| 年月 | 基于货币市场金融合作指数 | 基于资本市场金融合作指数 | 年月 | 基于货币市场金融合作指数 | 基于资本市场金融合作指数 |
| --- | --- | --- | --- | --- | --- |
| 2012 年 1 月 | 0.000312 | 0.002765 | 2016 年 1 月 | 0.01585 | 0.00915 |
| 2012 年 2 月 | 0.00098 | 0.003363 | 2016 年 2 月 | 0.009891 | 0.008944 |
| 2012 年 3 月 | 0.00219 | 0.003471 | 2016 年 3 月 | 0.012208 | 0.009174 |
| 2012 年 4 月 | 0.001703 | 0.003477 | 2016 年 4 月 | 0.011277 | 0.009306 |
| 2012 年 5 月 | 0.001854 | 0.002649 | 2016 年 5 月 | 0.011688 | 0.009128 |
| 2012 年 6 月 | 0.002346 | 0.003107 | 2016 年 6 月 | 0.014294 | 0.009402 |
| 2012 年 7 月 | 0.002163 | 0.003209 | 2016 年 7 月 | 0.0129 | 0.009453 |
| 2012 年 8 月 | 0.002545 | 0.003574 | 2016 年 8 月 | 0.012883 | 0.00938 |
| 2012 年 9 月 | 0.002917 | 0.003818 | 2016 年 9 月 | 0.013941 | 0.00934 |
| 2012 年 10 月 | 0.002351 | 0.00394 | 2016 年 10 月 | 0.011888 | 0.008982 |
| 2012 年 11 月 | 0.003115 | 0.004235 | 2016 年 11 月 | 0.013601 | 0.008576 |
| 2012 年 12 月 | 0.004396 | 0.004541 | 2016 年 12 月 | 0.010926 | 0.008447 |
| 2013 年 1 月 | 0.003476 | 0.005683 | 2017 年 1 月 | 0.009053 | 0.008684 |
| 2013 年 2 月 | 0.00286 | 0.005756 | 2017 年 2 月 | 0.008548 | 0.008887 |
| 2013 年 3 月 | 0.005232 | 0.006334 | 2017 年 3 月 | 0.010831 | 0.009182 |
| 2013 年 4 月 | 0.004154 | 0.007354 | 2017 年 4 月 | 0.009885 | 0.009583 |
| 2013 年 5 月 | 0.004527 | 0.007219 | 2017 年 5 月 | 0.010094 | 0.009971 |
| 2013 年 6 月 | 0.005396 | 0.007135 | 2017 年 6 月 | 0.01219 | 0.010272 |
| 2013 年 7 月 | 0.005062 | 0.007757 | 2017 年 7 月 | 0.010565 | 0.010632 |
| 2013 年 8 月 | 0.005471 | 0.00796 | 2017 年 8 月 | 0.011496 | 0.010882 |
| 2013 年 9 月 | 0.006087 | 0.009197 | 2017 年 9 月 | 0.011366 | 0.011229 |

续表

| 年月 | 基于货币市场金融合作指数 | 基于资本市场金融合作指数 | 年月 | 基于货币市场金融合作指数 | 基于资本市场金融合作指数 |
| --- | --- | --- | --- | --- | --- |
| 2013年10月 | 0.006274 | 0.010034 | 2017年10月 | 0.010782 | 0.01135 |
| 2013年11月 | 0.007342 | 0.010657 | 2017年11月 | 0.015467 | 0.011565 |
| 2013年12月 | 0.009839 | 0.011038 | 2017年12月 | 0.013712 | 0.011985 |
| 2014年1月 | 0.008243 | 0.011625 | 2018年1月 | 0.013142 | 0.012481 |
| 2014年2月 | 0.00705 | 0.012255 | 2018年2月 | 0.011349 | 0.012348 |
| 2014年3月 | 0.009788 | 0.012723 | 2018年3月 | 0.015555 | 0.01267 |
| 2014年4月 | 0.008595 | 0.013176 | 2018年4月 | 0.012327 | 0.012618 |
| 2014年5月 | 0.008516 | 0.013354 | 2018年5月 | 0.01487 | 0.012592 |
| 2014年6月 | 0.009922 | 0.013592 | 2018年6月 | 0.01489 | 0.012725 |
| 2014年7月 | 0.009207 | 0.013431 | 2018年7月 | 0.014183 | 0.012975 |
| 2014年8月 | 0.007951 | 0.0136 | 2018年8月 | 0.014504 | 0.013001 |
| 2014年9月 | 0.009547 | 0.012972 | 2018年9月 | 0.013612 | 0.012889 |
| 2014年10月 | 0.009356 | 0.012836 | 2018年10月 | 0.013395 | 0.012605 |
| 2014年11月 | 0.010021 | 0.012962 | 2018年11月 | 0.014409 | 0.012801 |
| 2014年12月 | 0.0124 | 0.013122 | 2018年12月 | 0.016169 | 0.012998 |
| 2015年1月 | 0.010209 | 0.013032 | 2019年1月 | 0.014474 | 0.013525 |
| 2015年2月 | 0.009206 | 0.013075 | 2019年2月 | 0.011702 | 0.013666 |
| 2015年3月 | 0.011641 | 0.012552 | 2019年3月 | 0.015877 | 0.013909 |
| 2015年4月 | 0.010519 | 0.012944 | 2019年4月 | 0.015127 | 0.013977 |
| 2015年5月 | 0.010616 | 0.012734 | 2019年5月 | 0.014922 | 0.0144 |
| 2015年6月 | 0.012714 | 0.012699 | 2019年6月 | 0.015748 | 0.014699 |
| 2015年7月 | 0.011616 | 0.012399 | 2019年7月 | 0.015927 | 0.014732 |
| 2015年8月 | 0.014922 | 0.011592 | 2019年8月 | 0.016428 | 0.014987 |
| 2015年9月 | 0.021625 | 0.011266 | 2019年9月 | 0.016255 | 0.015161 |
| 2015年10月 | 0.012411 | 0.011557 | 2019年10月 | 0.014806 | 0.015366 |
| 2015年11月 | 0.013473 | 0.010771 | 2019年11月 | 0.01563 | 0.015393 |
| 2015年12月 | 0.017764 | 0.009801 | 2019年12月 | 0.019461 | 0.015637 |

附表 2  中国金融稳定指数

| 年月 | 金融稳定指数 | 年月 | 金融稳定指数 | 年月 | 金融稳定指数 |
| --- | --- | --- | --- | --- | --- |
| 2012 年 1 月 | 0.007118 | 2014 年 9 月 | 0.012026 | 2017 年 5 月 | 0.010859 |
| 2012 年 2 月 | 0.018871 | 2014 年 10 月 | 0.015113 | 2017 年 6 月 | 0.006599 |
| 2012 年 3 月 | 0.007996 | 2014 年 11 月 | 0.013902 | 2017 年 7 月 | 0.005767 |
| 2012 年 4 月 | 0.00329 | 2014 年 12 月 | 0.01509 | 2017 年 8 月 | 0.004288 |
| 2012 年 5 月 | 0.011789 | 2015 年 1 月 | 0.013519 | 2017 年 9 月 | 0.005649 |
| 2012 年 6 月 | 0.015246 | 2015 年 2 月 | 0.006752 | 2017 年 10 月 | 0.004969 |
| 2012 年 7 月 | 0.01033 | 2015 年 3 月 | 0.016644 | 2017 年 11 月 | 0.00408 |
| 2012 年 8 月 | 0.014371 | 2015 年 4 月 | 0.016701 | 2017 年 12 月 | 0.003157 |
| 2012 年 9 月 | 0.011056 | 2015 年 5 月 | 0.020478 | 2018 年 1 月 | 0.006112 |
| 2012 年 10 月 | 0.008705 | 2015 年 6 月 | 0.024057 | 2018 年 2 月 | 0.017118 |
| 2012 年 11 月 | 0.011588 | 2015 年 7 月 | 0.009909 | 2018 年 3 月 | 0.006197 |
| 2012 年 12 月 | 0.010937 | 2015 年 8 月 | 0.006747 | 2018 年 4 月 | 0.008793 |
| 2013 年 1 月 | 0.007861 | 2015 年 9 月 | 0.005148 | 2018 年 5 月 | 0.007843 |
| 2013 年 2 月 | 0.015388 | 2015 年 10 月 | 0.009384 | 2018 年 6 月 | 0.010728 |
| 2013 年 3 月 | 0.005988 | 2015 年 11 月 | 0.006173 | 2018 年 7 月 | 0.014181 |
| 2013 年 4 月 | 0.006575 | 2015 年 12 月 | 0.009276 | 2018 年 8 月 | 0.007819 |
| 2013 年 5 月 | 0.009404 | 2016 年 1 月 | 0.012181 | 2018 年 9 月 | 0.008374 |
| 2013 年 6 月 | 0.01568 | 2016 年 2 月 | 0.009811 | 2018 年 10 月 | 0.006318 |
| 2013 年 7 月 | 0.008066 | 2016 年 3 月 | 0.013827 | 2018 年 11 月 | 0.004924 |
| 2013 年 8 月 | 0.004345 | 2016 年 4 月 | 0.015885 | 2018 年 12 月 | 0.007403 |
| 2013 年 9 月 | 0.006123 | 2016 年 5 月 | 0.011938 | 2019 年 1 月 | 0.010269 |
| 2013 年 10 月 | 0.006398 | 2016 年 6 月 | 0.008102 | 2019 年 2 月 | 0.009504 |
| 2013 年 11 月 | 0.010131 | 2016 年 7 月 | 0.006892 | 2019 年 3 月 | 0.020011 |
| 2013 年 12 月 | 0.012021 | 2016 年 8 月 | 0.00576 | 2019 年 4 月 | 0.010329 |
| 2014 年 1 月 | 0.009291 | 2016 年 9 月 | 0.005141 | 2019 年 5 月 | 0.00614 |
| 2014 年 2 月 | 0.007884 | 2016 年 10 月 | 0.007641 | 2019 年 6 月 | 0.010616 |
| 2014 年 3 月 | 0.017332 | 2016 年 11 月 | 0.013036 | 2019 年 7 月 | 0.007506 |
| 2014 年 4 月 | 0.012303 | 2016 年 12 月 | 0.019545 | 2019 年 8 月 | 0.011091 |
| 2014 年 5 月 | 0.013078 | 2017 年 1 月 | 0.005496 | 2019 年 9 月 | 0.036526 |
| 2014 年 6 月 | 0.005648 | 2017 年 2 月 | 0.011341 | 2019 年 10 月 | 0.016428 |
| 2014 年 7 月 | 0.011767 | 2017 年 3 月 | 0.011671 | 2019 年 11 月 | 0.014413 |
| 2014 年 8 月 | 0.010481 | 2017 年 4 月 | 0.004662 | 2019 年 12 月 | 0.005077 |

附表3　中国与相应国家货币市场合作指数

| 国家 | 2005年 | 2006年 | 2007年 | 2008年 | 2009年 | 2010年 | 2011年 | 2012年 | 2013年 | 2014年 | 2015年 | 2016年 | 2017年 | 2018年 | 2019年 |
|---|---|---|---|---|---|---|---|---|---|---|---|---|---|---|---|
| 阿尔巴尼亚 | 0.008 | 0.013 | 0.019 | 0.023 | 0.024 | 0.025 | 0.026 | 0.026 | 0.025 | 0.025 | 0.023 | 0.023 | 0.021 | 0.020 | 0.021 |
| 亚美尼亚 | 0.002 | 0.002 | 0.006 | 0.011 | 0.015 | 0.018 | 0.023 | 0.027 | 0.028 | 0.034 | 0.031 | 0.034 | 0.036 | 0.039 | 0.042 |
| 奥地利 | 0.071 | 0.071 | 0.071 | 0.073 | 0.075 | 0.076 | 0.075 | 0.073 | 0.072 | 0.069 | 0.067 | 0.065 | 0.067 | 0.067 | 0.069 |
| 阿塞拜疆 | 0.003 | 0.005 | 0.007 | 0.008 | 0.011 | 0.010 | 0.010 | 0.012 | 0.016 | 0.020 | 0.026 | 0.021 | 0.013 | 0.012 | 0.014 |
| 比利时 | 0.047 | 0.049 | 0.051 | 0.047 | 0.044 | 0.044 | 0.044 | 0.044 | 0.046 | 0.049 | 0.052 | 0.054 | 0.056 | 0.060 | 0.062 |
| 孟加拉国 | 0.019 | 0.021 | 0.021 | 0.023 | 0.024 | 0.028 | 0.029 | 0.030 | 0.029 | 0.031 | 0.031 | 0.032 | 0.034 | 0.034 | 0.033 |
| 保加利亚 | 0.026 | 0.029 | 0.042 | 0.049 | 0.050 | 0.050 | 0.048 | 0.048 | 0.049 | 0.043 | 0.039 | 0.037 | 0.035 | 0.036 | 0.036 |
| 巴林 | 0.030 | 0.031 | 0.037 | 0.046 | 0.052 | 0.049 | 0.050 | 0.050 | 0.051 | 0.046 | 0.054 | 0.062 | 0.062 | 0.063 | 0.064 |
| 白俄罗斯 | 0.008 | 0.012 | 0.016 | 0.019 | 0.024 | 0.030 | 0.026 | 0.013 | 0.014 | 0.014 | 0.016 | 0.014 | 0.014 | 0.015 | 0.017 |
| 文莱 | 0.027 | 0.023 | 0.025 | 0.023 | 0.030 | 0.025 | 0.018 | 0.018 | 0.021 | 0.022 | 0.029 | 0.030 | 0.027 | 0.024 | 0.024 |
| 塞浦路斯 | 0.118 | 0.123 | 0.137 | 0.162 | 0.173 | 0.180 | 0.186 | 0.191 | 0.196 | 0.193 | 0.187 | 0.166 | 0.147 | 0.104 | 0.084 |
| 捷克 | 0.020 | 0.024 | 0.029 | 0.034 | 0.035 | 0.038 | 0.040 | 0.040 | 0.042 | 0.041 | 0.042 | 0.043 | 0.043 | 0.046 | 0.046 |
| 德国 | 0.120 | 0.127 | 0.133 | 0.145 | 0.141 | 0.155 | 0.169 | 0.163 | 0.162 | 0.170 | 0.156 | 0.152 | 0.163 | 0.173 | 0.175 |
| 丹麦 | 0.122 | 0.132 | 0.145 | 0.151 | 0.158 | 0.153 | 0.149 | 0.145 | 0.141 | 0.139 | 0.136 | 0.133 | 0.130 | 0.130 | 0.129 |
| 西班牙 | 0.111 | 0.129 | 0.142 | 0.148 | 0.145 | 0.148 | 0.146 | 0.137 | 0.128 | 0.117 | 0.108 | 0.102 | 0.100 | 0.097 | 0.094 |
| 爱沙尼亚 | 0.042 | 0.057 | 0.063 | 0.068 | 0.076 | 0.070 | 0.059 | 0.055 | 0.052 | 0.051 | 0.052 | 0.052 | 0.048 | 0.047 | 0.044 |
| 芬兰 | 0.058 | 0.062 | 0.066 | 0.069 | 0.072 | 0.075 | 0.077 | 0.078 | 0.079 | 0.078 | 0.078 | 0.077 | 0.077 | 0.078 | 0.079 |
| 法国 | 0.074 | 0.080 | 0.089 | 0.095 | 0.095 | 0.102 | 0.107 | 0.106 | 0.105 | 0.107 | 0.105 | 0.104 | 0.112 | 0.119 | 0.123 |

续表

| 国家 | 2005年 | 2006年 | 2007年 | 2008年 | 2009年 | 2010年 | 2011年 | 2012年 | 2013年 | 2014年 | 2015年 | 2016年 | 2017年 | 2018年 | 2019年 |
|---|---|---|---|---|---|---|---|---|---|---|---|---|---|---|---|
| 格鲁吉亚 | 0.007 | 0.011 | 0.017 | 0.021 | 0.020 | 0.019 | 0.020 | 0.022 | 0.025 | 0.029 | 0.032 | 0.038 | 0.039 | 0.043 | 0.047 |
| 希腊 | 0.057 | 0.060 | 0.068 | 0.072 | 0.070 | 0.089 | 0.094 | 0.093 | 0.094 | 0.093 | 0.090 | 0.086 | 0.080 | 0.073 | 0.067 |
| 克罗地亚 | 0.036 | 0.042 | 0.044 | 0.047 | 0.048 | 0.049 | 0.051 | 0.052 | 0.051 | 0.049 | 0.046 | 0.043 | 0.041 | 0.040 | 0.039 |
| 匈牙利 | 0.031 | 0.035 | 0.041 | 0.047 | 0.047 | 0.048 | 0.047 | 0.040 | 0.037 | 0.035 | 0.028 | 0.027 | 0.027 | 0.028 | 0.028 |
| 印度尼西亚 | 0.027 | 0.027 | 0.031 | 0.036 | 0.033 | 0.042 | 0.055 | 0.061 | 0.064 | 0.062 | 0.056 | 0.056 | 0.061 | 0.070 | 0.071 |
| 印度 | 0.038 | 0.046 | 0.056 | 0.067 | 0.061 | 0.075 | 0.084 | 0.080 | 0.080 | 0.082 | 0.083 | 0.080 | 0.089 | 0.097 | 0.096 |
| 爱尔兰 | 0.098 | 0.114 | 0.125 | 0.132 | 0.133 | 0.105 | 0.093 | 0.089 | 0.084 | 0.065 | 0.044 | 0.041 | 0.039 | 0.039 | 0.037 |
| 伊朗 | 0.032 | 0.039 | 0.045 | 0.048 | 0.047 | 0.054 | 0.065 | 0.059 | 0.057 | 0.068 | 0.063 | 0.066 | 0.070 | 0.068 | 0.061 |
| 以色列 | 0.060 | 0.059 | 0.054 | 0.057 | 0.054 | 0.056 | 0.058 | 0.057 | 0.056 | 0.057 | 0.057 | 0.056 | 0.057 | 0.059 | 0.058 |
| 意大利 | 0.065 | 0.073 | 0.082 | 0.087 | 0.086 | 0.099 | 0.103 | 0.097 | 0.096 | 0.097 | 0.094 | 0.091 | 0.092 | 0.092 | 0.090 |
| 约旦 | 0.065 | 0.068 | 0.068 | 0.058 | 0.054 | 0.053 | 0.053 | 0.053 | 0.053 | 0.050 | 0.050 | 0.053 | 0.056 | 0.057 | 0.058 |
| 哈萨克斯坦 | 0.028 | 0.038 | 0.050 | 0.045 | 0.043 | 0.039 | 0.038 | 0.039 | 0.040 | 0.036 | 0.031 | 0.027 | 0.027 | 0.026 | 0.026 |
| 吉尔吉斯斯坦 | 0.002 | 0.005 | 0.003 | 0.012 | 0.009 | 0.009 | 0.007 | 0.009 | 0.011 | 0.014 | 0.016 | 0.015 | 0.015 | 0.017 | 0.019 |
| 柬埔寨 | 0.003 | 0.005 | 0.010 | 0.014 | 0.015 | 0.018 | 0.019 | 0.027 | 0.038 | 0.047 | 0.056 | 0.062 | 0.066 | 0.078 | 0.090 |
| 科威特 | 0.036 | 0.037 | 0.045 | 0.045 | 0.060 | 0.059 | 0.050 | 0.047 | 0.050 | 0.057 | 0.079 | 0.083 | 0.080 | 0.077 | 0.073 |
| 老挝 | 0.001 | 0.000 | 0.001 | 0.003 | 0.009 | 0.012 | 0.015 | 0.018 | 0.022 | 0.025 | 0.028 | 0.030 | 0.034 | 0.037 | 0.040 |
| 黎巴嫩 | 0.050 | 0.052 | 0.054 | 0.056 | 0.052 | 0.061 | 0.067 | 0.067 | 0.070 | 0.074 | 0.075 | 0.078 | 0.080 | 0.082 | 0.083 |
| 斯里兰卡 | 0.022 | 0.023 | 0.023 | 0.020 | 0.017 | 0.017 | 0.025 | 0.025 | 0.025 | 0.026 | 0.031 | 0.034 | 0.035 | 0.037 | 0.037 |

续表

| 国家 | 2005年 | 2006年 | 2007年 | 2008年 | 2009年 | 2010年 | 2011年 | 2012年 | 2013年 | 2014年 | 2015年 | 2016年 | 2017年 | 2018年 | 2019年 |
|---|---|---|---|---|---|---|---|---|---|---|---|---|---|---|---|
| 立陶宛 | 0.033 | 0.035 | 0.037 | 0.039 | 0.040 | 0.042 | 0.035 | 0.033 | 0.031 | 0.029 | 0.029 | 0.030 | 0.029 | 0.029 | 0.028 |
| 卢森堡 | 0.054 | 0.056 | 0.065 | 0.081 | 0.081 | 0.068 | 0.065 | 0.067 | 0.069 | 0.068 | 0.072 | 0.075 | 0.078 | 0.080 | 0.081 |
| 拉脱维亚 | 0.054 | 0.055 | 0.056 | 0.057 | 0.057 | 0.072 | 0.059 | 0.049 | 0.044 | 0.039 | 0.036 | 0.035 | 0.031 | 0.027 | 0.025 |
| 马尔代夫 | 0.025 | 0.028 | 0.036 | 0.039 | 0.036 | 0.031 | 0.026 | 0.021 | 0.018 | 0.016 | 0.016 | 0.017 | 0.018 | 0.018 | 0.018 |
| 马耳他 | 0.072 | 0.080 | 0.081 | 0.087 | 0.092 | 0.088 | 0.091 | 0.084 | 0.078 | 0.074 | 0.065 | 0.061 | 0.057 | 0.057 | 0.056 |
| 黑山 | 0.009 | 0.023 | 0.058 | 0.063 | 0.055 | 0.047 | 0.039 | 0.038 | 0.037 | 0.036 | 0.034 | 0.034 | 0.033 | 0.034 | 0.034 |
| 蒙古国 | 0.017 | 0.020 | 0.029 | 0.028 | 0.028 | 0.024 | 0.033 | 0.034 | 0.046 | 0.046 | 0.041 | 0.043 | 0.041 | 0.044 | 0.039 |
| 马来西亚 | 0.097 | 0.099 | 0.103 | 0.103 | 0.114 | 0.124 | 0.135 | 0.142 | 0.154 | 0.152 | 0.151 | 0.144 | 0.146 | 0.156 | 0.165 |
| 荷兰 | 0.105 | 0.107 | 0.114 | 0.115 | 0.114 | 0.120 | 0.128 | 0.130 | 0.129 | 0.134 | 0.126 | 0.128 | 0.132 | 0.132 | 0.127 |
| 阿曼 | 0.022 | 0.024 | 0.028 | 0.031 | 0.036 | 0.036 | 0.037 | 0.040 | 0.043 | 0.048 | 0.058 | 0.064 | 0.064 | 0.063 | 0.068 |
| 巴基斯坦 | 0.018 | 0.020 | 0.021 | 0.022 | 0.017 | 0.018 | 0.016 | 0.016 | 0.017 | 0.018 | 0.019 | 0.020 | 0.021 | 0.022 | 0.021 |
| 菲律宾 | 0.028 | 0.031 | 0.036 | 0.035 | 0.030 | 0.035 | 0.039 | 0.043 | 0.046 | 0.052 | 0.055 | 0.058 | 0.063 | 0.067 | 0.071 |
| 波兰 | 0.019 | 0.023 | 0.029 | 0.039 | 0.038 | 0.041 | 0.044 | 0.044 | 0.045 | 0.048 | 0.048 | 0.049 | 0.050 | 0.052 | 0.053 |
| 葡萄牙 | 0.095 | 0.102 | 0.109 | 0.117 | 0.123 | 0.121 | 0.122 | 0.119 | 0.111 | 0.102 | 0.094 | 0.088 | 0.081 | 0.077 | 0.072 |
| 卡塔尔 | 0.022 | 0.024 | 0.029 | 0.029 | 0.037 | 0.033 | 0.030 | 0.030 | 0.033 | 0.038 | 0.055 | 0.062 | 0.063 | 0.066 | 0.081 |
| 罗马尼亚 | 0.012 | 0.020 | 0.024 | 0.026 | 0.026 | 0.029 | 0.029 | 0.028 | 0.025 | 0.023 | 0.022 | 0.021 | 0.020 | 0.020 | 0.020 |
| 俄罗斯 | 0.034 | 0.042 | 0.059 | 0.066 | 0.057 | 0.065 | 0.079 | 0.087 | 0.091 | 0.099 | 0.082 | 0.081 | 0.089 | 0.102 | 0.105 |
| 新加坡 | 0.086 | 0.088 | 0.095 | 0.107 | 0.102 | 0.107 | 0.119 | 0.129 | 0.142 | 0.147 | 0.141 | 0.137 | 0.141 | 0.141 | 0.147 |

续表

| 国家 | 2005年 | 2006年 | 2007年 | 2008年 | 2009年 | 2010年 | 2011年 | 2012年 | 2013年 | 2014年 | 2015年 | 2016年 | 2017年 | 2018年 | 2019年 |
|---|---|---|---|---|---|---|---|---|---|---|---|---|---|---|---|
| 斯洛伐克 | 0.019 | 0.022 | 0.026 | 0.029 | 0.032 | 0.033 | 0.036 | 0.036 | 0.037 | 0.039 | 0.040 | 0.044 | 0.046 | 0.049 | 0.051 |
| 斯洛文尼亚 | 0.037 | 0.043 | 0.051 | 0.056 | 0.061 | 0.063 | 0.061 | 0.059 | 0.048 | 0.040 | 0.036 | 0.034 | 0.033 | 0.033 | 0.032 |
| 瑞典 | 0.078 | 0.081 | 0.089 | 0.095 | 0.100 | 0.100 | 0.103 | 0.106 | 0.108 | 0.107 | 0.105 | 0.105 | 0.109 | 0.111 | 0.112 |
| 泰国 | 0.082 | 0.082 | 0.084 | 0.090 | 0.090 | 0.100 | 0.116 | 0.123 | 0.128 | 0.131 | 0.134 | 0.132 | 0.134 | 0.139 | 0.141 |
| 塔吉克斯坦 | 0.003 | 0.003 | 0.006 | 0.007 | 0.006 | 0.006 | 0.008 | 0.007 | 0.011 | 0.013 | 0.014 | 0.011 | 0.007 | 0.006 | 0.005 |
| 东帝汶 | 0.013 | 0.015 | 0.010 | 0.008 | 0.007 | 0.005 | 0.005 | 0.006 | 0.006 | 0.006 | 0.006 | 0.005 | 0.008 | 0.008 | 0.006 |
| 土耳其 | 0.017 | 0.021 | 0.026 | 0.029 | 0.031 | 0.040 | 0.046 | 0.049 | 0.059 | 0.062 | 0.062 | 0.063 | 0.065 | 0.063 | 0.062 |
| 乌克兰 | 0.023 | 0.033 | 0.046 | 0.059 | 0.057 | 0.050 | 0.047 | 0.045 | 0.049 | 0.048 | 0.037 | 0.030 | 0.025 | 0.024 | 0.021 |
| 美国 | 0.232 | 0.281 | 0.295 | 0.337 | 0.332 | 0.417 | 0.463 | 0.479 | 0.515 | 0.553 | 0.570 | 0.624 | 0.725 | 0.823 | 0.785 |

附表4　中国与相应国家资本市场合作指数

| 国家 | 2005年 | 2006年 | 2007年 | 2008年 | 2009年 | 2010年 | 2011年 | 2012年 | 2013年 | 2014年 | 2015年 | 2016年 | 2017年 | 2018年 | 2019年 |
|---|---|---|---|---|---|---|---|---|---|---|---|---|---|---|---|
| 阿尔巴尼亚 | 0.111 | 0.111 | 0.111 | 0.111 | 0.111 | 0.111 | 0.111 | 0.111 | 0.111 | 0.111 | 0.111 | 0.111 | 0.111 | 0.111 | 0.111 |
| 亚美尼亚 | 0.111 | 0.111 | 0.111 | 0.111 | 0.111 | 0.111 | 0.111 | 0.111 | 0.111 | 0.111 | 0.111 | 0.111 | 0.111 | 0.112 | 0.111 |
| 奥地利 | 0.113 | 0.109 | 0.107 | 0.106 | 0.113 | 0.113 | 0.109 | 0.111 | 0.112 | 0.115 | 0.116 | 0.118 | 0.119 | 0.115 | 0.114 |
| 阿塞拜疆 | 0.111 | 0.111 | 0.111 | 0.111 | 0.111 | 0.111 | 0.111 | 0.111 | 0.111 | 0.111 | 0.112 | 0.111 | 0.111 | 0.112 | 0.112 |
| 比利时 | 0.117 | 0.112 | 0.117 | 0.105 | 0.106 | 0.116 | 0.115 | 0.104 | 0.108 | 0.112 | 0.112 | 0.116 | 0.116 | 0.113 | 0.113 |

续表

| 国家 | 2005年 | 2006年 | 2007年 | 2008年 | 2009年 | 2010年 | 2011年 | 2012年 | 2013年 | 2014年 | 2015年 | 2016年 | 2017年 | 2018年 | 2019年 |
|---|---|---|---|---|---|---|---|---|---|---|---|---|---|---|---|
| 孟加拉国 | 0.112 | 0.112 | 0.112 | 0.112 | 0.112 | 0.112 | 0.112 | 0.112 | 0.112 | 0.112 | 0.113 | 0.113 | 0.114 | 0.117 | 0.119 |
| 保加利亚 | 0.112 | 0.111 | 0.112 | 0.112 | 0.112 | 0.112 | 0.112 | 0.113 | 0.113 | 0.113 | 0.113 | 0.113 | 0.114 | 0.113 | 0.113 |
| 巴林 | 0.112 | 0.113 | 0.113 | 0.110 | 0.110 | 0.111 | 0.111 | 0.112 | 0.112 | 0.112 | 0.112 | 0.112 | 0.112 | 0.112 | 0.113 |
| 白俄罗斯 | 0.111 | 0.111 | 0.111 | 0.111 | 0.111 | 0.111 | 0.112 | 0.112 | 0.112 | 0.113 | 0.114 | 0.114 | 0.114 | 0.114 | 0.115 |
| 文莱 | 0.111 | 0.112 | 0.111 | 0.112 | 0.112 | 0.112 | 0.112 | 0.112 | 0.112 | 0.112 | 0.112 | 0.113 | 0.113 | 0.113 | 0.115 |
| 塞浦路斯 | 0.111 | 0.111 | 0.111 | 0.114 | 0.113 | 0.112 | 0.110 | 0.111 | 0.110 | 0.112 | 0.112 | 0.112 | 0.115 | 0.116 | 0.118 |
| 捷克 | 0.112 | 0.112 | 0.112 | 0.112 | 0.111 | 0.111 | 0.112 | 0.112 | 0.112 | 0.114 | 0.112 | 0.112 | 0.111 | 0.114 | 0.113 |
| 德国 | 0.119 | 0.119 | 0.088 | 0.112 | 0.135 | 0.142 | 0.119 | 0.139 | 0.163 | 0.168 | 0.173 | 0.185 | 0.209 | 0.210 | 0.199 |
| 丹麦 | 0.114 | 0.115 | 0.113 | 0.111 | 0.111 | 0.113 | 0.112 | 0.115 | 0.111 | 0.115 | 0.111 | 0.112 | 0.114 | 0.121 | 0.115 |
| 西班牙 | 0.106 | 0.081 | 0.097 | 0.113 | 0.104 | 0.108 | 0.121 | 0.123 | 0.103 | 0.114 | 0.118 | 0.126 | 0.122 | 0.123 | 0.111 |
| 爱沙尼亚 | 0.112 | 0.112 | 0.112 | 0.112 | 0.112 | 0.112 | 0.112 | 0.112 | 0.113 | 0.113 | 0.113 | 0.113 | 0.113 | 0.113 | 0.113 |
| 芬兰 | 0.114 | 0.115 | 0.114 | 0.113 | 0.115 | 0.115 | 0.112 | 0.113 | 0.113 | 0.115 | 0.114 | 0.115 | 0.114 | 0.112 | 0.113 |
| 法国 | 0.116 | 0.132 | 0.137 | 0.110 | 0.069 | 0.093 | 0.087 | 0.127 | 0.126 | 0.552 | 0.149 | 0.124 | 0.147 | 0.149 | 0.131 |
| 格鲁吉亚 | 0.111 | 0.111 | 0.111 | 0.112 | 0.112 | 0.112 | 0.112 | 0.112 | 0.113 | 0.114 | 0.114 | 0.114 | 0.114 | 0.115 | 0.115 |
| 希腊 | 0.112 | 0.112 | 0.110 | 0.110 | 0.109 | 0.117 | 0.117 | 0.131 | 0.115 | 0.115 | 0.115 | 0.115 | 0.111 | 0.115 | 0.118 |
| 克罗地亚 | 0.111 | 0.111 | 0.111 | 0.112 | 0.111 | 0.111 | 0.111 | 0.111 | 0.111 | 0.112 | 0.111 | 0.112 | 0.112 | 0.112 | 0.112 |
| 匈牙利 | 0.114 | 0.114 | 0.112 | 0.112 | 0.113 | 0.114 | 0.113 | 0.114 | 0.114 | 0.115 | 0.115 | 0.114 | 0.114 | 0.113 | 0.114 |
| 印度尼西亚 | 0.114 | 0.114 | 0.117 | 0.117 | 0.117 | 0.119 | 0.123 | 0.130 | 0.139 | 0.148 | 0.157 | 0.164 | 0.170 | 0.184 | 0.195 |

续表

| 国家 | 2005年 | 2006年 | 2007年 | 2008年 | 2009年 | 2010年 | 2011年 | 2012年 | 2013年 | 2014年 | 2015年 | 2016年 | 2017年 | 2018年 | 2019年 |
|---|---|---|---|---|---|---|---|---|---|---|---|---|---|---|---|
| 印度 | 0.112 | 0.113 | 0.111 | 0.118 | 0.114 | 0.113 | 0.120 | 0.119 | 0.130 | 0.132 | 0.138 | 0.136 | 0.140 | 0.146 | 0.136 |
| 爱尔兰 | 0.104 | 0.111 | 0.114 | 0.122 | 0.108 | 0.097 | 0.108 | 0.114 | 0.121 | 0.109 | 0.101 | 0.120 | 0.109 | 0.124 | 0.123 |
| 伊朗 | 0.111 | 0.111 | 0.111 | 0.112 | 0.111 | 0.113 | 0.118 | 0.121 | 0.125 | 0.126 | 0.124 | 0.126 | 0.127 | 0.127 | 0.124 |
| 以色列 | 0.113 | 0.112 | 0.113 | 0.113 | 0.113 | 0.113 | 0.114 | 0.114 | 0.114 | 0.113 | 0.116 | 0.135 | 0.135 | 0.139 | 0.134 |
| 意大利 | 0.109 | 0.107 | 0.113 | 0.104 | 0.107 | 0.123 | 0.119 | 0.113 | 0.115 | 0.116 | 0.133 | 0.143 | 0.136 | 0.144 | 0.118 |
| 约旦 | 0.111 | 0.111 | 0.111 | 0.111 | 0.111 | 0.111 | 0.111 | 0.111 | 0.111 | 0.111 | 0.111 | 0.111 | 0.112 | 0.112 | 0.113 |
| 哈萨克斯坦 | 0.114 | 0.114 | 0.117 | 0.122 | 0.121 | 0.121 | 0.130 | 0.149 | 0.151 | 0.154 | 0.140 | 0.143 | 0.153 | 0.153 | 0.153 |
| 吉尔吉斯斯坦 | 0.111 | 0.112 | 0.112 | 0.112 | 0.113 | 0.113 | 0.114 | 0.115 | 0.116 | 0.116 | 0.117 | 0.118 | 0.118 | 0.119 | 0.119 |
| 柬埔寨 | 0.112 | 0.112 | 0.112 | 0.113 | 0.114 | 0.117 | 0.120 | 0.123 | 0.126 | 0.128 | 0.131 | 0.134 | 0.140 | 0.143 | 0.145 |
| 科威特 | 0.114 | 0.116 | 0.118 | 0.117 | 0.114 | 0.117 | 0.115 | 0.118 | 0.117 | 0.122 | 0.122 | 0.120 | 0.123 | 0.120 | 0.123 |
| 老挝 | 0.111 | 0.111 | 0.113 | 0.113 | 0.114 | 0.116 | 0.118 | 0.121 | 0.126 | 0.135 | 0.137 | 0.140 | 0.146 | 0.150 | 0.155 |
| 黎巴嫩 | 0.111 | 0.111 | 0.112 | 0.112 | 0.112 | 0.112 | 0.112 | 0.112 | 0.112 | 0.112 | 0.112 | 0.111 | 0.112 | 0.113 | 0.112 |
| 斯里兰卡 | 0.111 | 0.111 | 0.111 | 0.112 | 0.111 | 0.112 | 0.112 | 0.112 | 0.113 | 0.113 | 0.116 | 0.116 | 0.116 | 0.114 | 0.115 |
| 立陶宛 | 0.111 | 0.111 | 0.111 | 0.112 | 0.111 | 0.111 | 0.111 | 0.111 | 0.112 | 0.112 | 0.112 | 0.112 | 0.112 | 0.112 | 0.111 |
| 卢森堡 | 0.105 | 0.102 | 0.094 | 0.107 | 0.132 | 0.132 | 0.133 | 0.113 | 0.152 | 0.177 | 0.125 | 0.144 | 0.176 | 0.176 | 0.180 |
| 拉脱维亚 | 0.112 | 0.112 | 0.112 | 0.112 | 0.112 | 0.112 | 0.112 | 0.112 | 0.112 | 0.113 | 0.113 | 0.113 | 0.113 | 0.112 | 0.113 |
| 马尔代夫 | 0.111 | 0.111 | 0.111 | 0.111 | 0.111 | 0.111 | 0.111 | 0.111 | 0.111 | 0.111 | 0.111 | 0.111 | 0.111 | 0.112 | 0.111 |
| 马耳他 | 0.113 | 0.113 | 0.114 | 0.112 | 0.113 | 0.113 | 0.114 | 0.113 | 0.114 | 0.114 | 0.113 | 0.114 | 0.114 | 0.114 | 0.114 |

续表

| 国家 | 2005年 | 2006年 | 2007年 | 2008年 | 2009年 | 2010年 | 2011年 | 2012年 | 2013年 | 2014年 | 2015年 | 2016年 | 2017年 | 2018年 | 2019年 |
|---|---|---|---|---|---|---|---|---|---|---|---|---|---|---|---|
| 黑山 | 0.111 | 0.111 | 0.111 | 0.111 | 0.111 | 0.111 | 0.111 | 0.111 | 0.111 | 0.111 | 0.111 | 0.111 | 0.111 | 0.112 | 0.112 |
| 蒙古国 | 0.112 | 0.113 | 0.114 | 0.116 | 0.118 | 0.119 | 0.121 | 0.127 | 0.129 | 0.131 | 0.131 | 0.132 | 0.131 | 0.129 | 0.130 |
| 马来西亚 | 0.113 | 0.112 | 0.113 | 0.117 | 0.115 | 0.114 | 0.115 | 0.115 | 0.121 | 0.123 | 0.125 | 0.132 | 0.139 | 0.158 | 0.155 |
| 荷兰 | 0.105 | 0.100 | 0.129 | 0.101 | 0.115 | 0.108 | 0.116 | 0.128 | 0.130 | 0.143 | 0.212 | 0.225 | 0.217 | 0.216 | 0.246 |
| 阿曼 | 0.112 | 0.113 | 0.113 | 0.113 | 0.113 | 0.113 | 0.114 | 0.114 | 0.115 | 0.115 | 0.115 | 0.114 | 0.114 | 0.114 | 0.115 |
| 巴基斯坦 | 0.113 | 0.112 | 0.117 | 0.119 | 0.120 | 0.122 | 0.124 | 0.124 | 0.124 | 0.131 | 0.133 | 0.137 | 0.142 | 0.135 | 0.138 |
| 菲律宾 | 0.112 | 0.113 | 0.112 | 0.113 | 0.113 | 0.114 | 0.114 | 0.115 | 0.115 | 0.117 | 0.117 | 0.116 | 0.117 | 0.117 | 0.116 |
| 波兰 | 0.111 | 0.113 | 0.114 | 0.113 | 0.111 | 0.109 | 0.111 | 0.111 | 0.113 | 0.114 | 0.115 | 0.114 | 0.114 | 0.116 | 0.117 |
| 葡萄牙 | 0.112 | 0.111 | 0.110 | 0.109 | 0.109 | 0.114 | 0.113 | 0.118 | 0.114 | 0.112 | 0.113 | 0.115 | 0.115 | 0.115 | 0.114 |
| 卡塔尔 | 0.133 | 0.130 | 0.127 | 0.124 | 0.121 | 0.118 | 0.116 | 0.113 | 0.116 | 0.117 | 0.117 | 0.117 | 0.117 | 0.115 | 0.115 |
| 罗马尼亚 | 0.112 | 0.113 | 0.112 | 0.113 | 0.113 | 0.113 | 0.113 | 0.112 | 0.112 | 0.113 | 0.114 | 0.114 | 0.113 | 0.114 | 0.114 |
| 俄罗斯 | 0.120 | 0.119 | 0.124 | 0.133 | 0.130 | 0.133 | 0.143 | 0.145 | 0.165 | 0.172 | 0.197 | 0.189 | 0.192 | 0.195 | 0.186 |
| 新加坡 | 0.118 | 0.122 | 0.132 | 0.134 | 0.148 | 0.155 | 0.178 | 0.198 | 0.210 | 0.236 | 0.296 | 0.299 | 0.357 | 0.389 | 0.416 |
| 斯洛伐克 | 0.113 | 0.112 | 0.113 | 0.112 | 0.113 | 0.112 | 0.112 | 0.111 | 0.111 | 0.113 | 0.113 | 0.113 | 0.113 | 0.114 | 0.113 |
| 斯洛文尼亚 | 0.112 | 0.112 | 0.113 | 0.112 | 0.111 | 0.112 | 0.112 | 0.112 | 0.111 | 0.112 | 0.113 | 0.113 | 0.113 | 0.113 | 0.114 |
| 瑞典 | 0.112 | 0.115 | 0.111 | 0.116 | 0.104 | 0.110 | 0.116 | 0.123 | 0.120 | 0.132 | 0.128 | 0.132 | 0.151 | 0.147 | 0.159 |
| 泰国 | 0.112 | 0.113 | 0.115 | 0.114 | 0.115 | 0.117 | 0.119 | 0.124 | 0.127 | 0.131 | 0.133 | 0.137 | 0.141 | 0.145 | 0.152 |
| 塔吉克斯坦 | 0.111 | 0.111 | 0.112 | 0.112 | 0.112 | 0.112 | 0.112 | 0.114 | 0.114 | 0.115 | 0.116 | 0.117 | 0.120 | 0.121 | 0.121 |

续表

| 国家 | 2005年 | 2006年 | 2007年 | 2008年 | 2009年 | 2010年 | 2011年 | 2012年 | 2013年 | 2014年 | 2015年 | 2016年 | 2017年 | 2018年 | 2019年 |
|---|---|---|---|---|---|---|---|---|---|---|---|---|---|---|---|
| 东帝汶 | 0.111 | 0.111 | 0.111 | 0.111 | 0.111 | 0.111 | 0.111 | 0.111 | 0.112 | 0.111 | 0.112 | 0.112 | 0.112 | 0.112 | 0.112 |
| 土耳其 | 0.112 | 0.114 | 0.116 | 0.117 | 0.118 | 0.116 | 0.115 | 0.113 | 0.117 | 0.119 | 0.126 | 0.122 | 0.122 | 0.128 | 0.128 |
| 乌克兰 | 0.111 | 0.111 | 0.112 | 0.113 | 0.113 | 0.112 | 0.113 | 0.112 | 0.112 | 0.114 | 0.113 | 0.113 | 0.113 | 0.113 | 0.113 |
| 美国 | 0.105 | 0.095 | 0.089 | 0.092 | 0.238 | 0.172 | 0.268 | 0.301 | 0.399 | 0.480 | 0.502 | 0.617 | 0.749 | 0.858 | 0.915 |

# 参考文献

**中文著作**

巴曙松：《中国货币政策有效性的经济学分析》，经济科学出版社 2000 年版。

李春琦：《中国货币政策有效性分析》，上海财经大学出版社 2003 年版。

林俊国：《金融监管的国际合作机制》，社会科学文献出版社 2007 年版。

王重润主编：《金融市场学》，高等教育出版社 2014 年版。

张晓慧主编：《中国货币政策》，中国金融出版社 2012 年版。

**中文文献**

巴曙松、王文强：《当前中国债券基金的困境与发展趋势》，《武汉金融》2005 年第 7 期。

毕鹏、王生年：《QFII 持股缓解了股价延迟吗？——基于中国 A 股上市公司的经验证据》，《中国地质大学学报（社会科学版）》2021 年第 4 期。

卞志村、胡恒强：《中国货币政策工具的选择：数量型还是价格型？——基于 DSGE 模型的分析》，《国际金融研究》2015 年第 6 期。

卞志村等：《货币政策调控框架转型、财政乘数非线性变动与新时代财政工具选择》，《经济研究》2019 年第 9 期。

蔡彤娟、林润红：《中日韩货币合作与东亚独立货币板块的构建：基于核心货币汇率联动的实证研究》，《世界经济研究》2020 年第 6 期。

曹凝蓉等：《金融支持一带一路设想》，《中国金融》2015 年第 21 期。

陈嘉骞等：《美国货币政策的溢出效应》，《新金融》2015 年第 12 期。

陈师等：《中国货币政策规则、最优单一规则与宏观效应》，《统计研究》2015 年第 1 期。

陈玉婵、钱利珍：《货币政策与银行风险承担》，《金融论坛》2012 年第 4 期。

陈中飞等：《资本流动与汇率失衡——基于跨国经验的实证分析》，《金融论坛》2021 年第 6 期。

戴臻、刘颖：《金砖国家金融合作及风险防范研究》，《亚太经济》2017 年第 6 期。

董哲：《"一带一路"背景下金融合作的非政府组织路径研究——以亚洲金融合作协会为例》，《经济问题探索》2018 年第 9 期。

樊明太：《金融结构及其对货币传导机制的影响》，《经济研究》2004 年第 7 期。

范从来：《论货币政策中间目标的选择》，《金融研究》2004 年第 6 期。

冯科、何理：《我国银行上市融资、信贷扩张对货币政策传导机制的影响》，《经济研究》2011 年第 S2 期。

郭豫媚等：《中国货币政策利率传导效率研究：2008—2017》，《金融研究》2018 年第 12 期。

何国华、彭意：《美、日货币政策对中国产出的溢出效应研究》，《国际金融研究》2014 年第 2 期。

何帆、覃东海：《东亚建立货币联盟的成本与收益分析》，《世界经济》2005 年第 1 期。

何雨霖等：《金融开放、资本流动与中美市场联动》，《上海金融》2021 年第 4 期。

贺妍、罗正英：《产权性质、投资机会与货币政策利率传导机制——来自上市公司投资行为的实证检验》，《管理评论》2017 年第

11 期。

胡援成、程建伟：《中国资本市场货币政策传导机制的实证研究》，《数量经济技术经济研究》2003 年第 5 期。

黄大慧：《东亚经济共同体建设的成效及挑战》，《人民论坛》2020 年第 4 期。

黄佳琳、秦凤鸣：《银行业竞争、市场化利率定价与利率传导效率》，《经济评论》2020 年第 1 期。

黄梅波、胡建梅：《中美金融政策协调的空间与前景》，《亚太经济》2010 年第 4 期。

黄梅波：《最优货币区理论与东亚货币合作的可能性分析》，《世界经济》2001 年第 10 期。

侯成琪、龚六堂：《货币政策应该对住房价格波动作出反应吗——基于两部门动态随机一般均衡模型的分析》，《金融研究》2014 年第 10 期。

金中夏、洪浩：《开放经济条件下均衡利率形成机制——基于动态随机一般均衡模型（DSGE）对中国利率变动规律的解释》，《金融研究》2013 年第 7 期。

蒋瑛琨等：《货币渠道与信贷渠道传导机制有效性的实证分析——兼论货币政策中介目标的选择》，《金融研究》2005 年第 5 期。

李春涛等：《它山之石：QFII 与上市公司信息披露》，《金融研究》2018 年第 12 期。

李浩、肖海林：《"一带一路"倡议下中国和中东地区金融合作的路径探析》，《国际贸易》2018 年第 9 期。

李纪明、方芳：《资本市场改革与公司治理变迁——QFII 制度对我国上市公司治理的影响分析》，《浙江社会科学》2005 年第 3 期。

李俊久、蔡琬琳：《"一带一路"背景下中国与东盟货币合作的可行性研究》，《亚太经济》2020 年第 4 期。

李晓、丁一兵：《东亚区域货币体系的构建：必要性、可行性与路径选择》，《社会科学战线》2003 年第 4 期。

李雪松、王秀丽：《工资粘性、经济波动与货币政策模拟——基于 DSGE 模型的分析》，《数量经济技术经济研究》2011 年第 11 期。

刘斌：《我国 DSGE 模型的开发及在货币政策分析中的应用》，《金融研究》2008 年第 10 期。

刘贝贝、赵磊：《合格境外机构投资者持股与中国资本市场有效性》，《中南财经政法大学学报》2021 年第 2 期。

刘程、涂红：《危机中的人民币汇率外部性与大国合作》，《学习与探索》2011 年第 1 期。

刘东民、何帆：《中美金融合作：进展、特征、挑战与策略》，《国际经济评论》2014 年第 2 期。

刘珈利：《中国—东盟法定数字货币合作法律机制的构建》，《云南大学学报（社会科学版）》2020 年第 2 期。

刘明志：《货币供应量和利率作为货币政策中介目标的适用性》，《金融研究》2006 年第 1 期。

刘伟、张辉：《货币政策和传导机制研究进展及启示——当代西方经济学视角》，《北京大学学报（哲学社会科学版）》2012 年第 1 期。

刘晓星、姚登宝：《金融脱媒、资产价格与经济波动：基于 DNK-DSGE 模型分析》，《世界经济》2016 年第 6 期。

刘翔峰：《中欧金融合作的前景分析》，《国际贸易》2013 年第 4 期。

梁双陆等：《金融合作对产业升级的影响研究——基于中国—东盟合作的分析》，《当代经济研究》2020 年第 10 期。

梁雪秋：《中俄金融合作及未来发展研究》，《学习与探索》2020 年第 2 期。

李力等：《短期资本、货币政策和金融稳定》，《金融研究》2016 年第 9 期。

李文乐、逯宏强：《我国金融开放与短期跨境资本流动风险防范对策研究》，《甘肃金融》2021 年第 4 期。

李向阳、王淼：《我国货币供应量对区域经济的有效性研究》，《中国软科学》2021 年第 6 期。

李正辉等：《Divisia加权货币供应量作为货币政策中介目标有效性研究——基于LSTAR模型的实证分析》，《数量经济技术经济研究》2012年第3期。

林楠：《马克思主义政治经济学国际短期资本流动分析——兼论我国跨境资金流动与外部风险考量》，《金融评论》2019年第5期。

林仁文、杨熠：《中国市场化改革与货币政策有效性演变——基于DSGE的模型分析》，《管理世界》2014年第6期。

路妍：《危机后的国际银行业竞争格局新变化及对中国的启示》，《宏观经济研究》2011年第4期。

路妍、孙刚：《金融危机后的中美金融监管合作研究》，《国际经贸探索》2010年第9期。

路妍、张寒漪：《短期国际资本流动对人民币汇率波动的影响——基于Markov Switching-VAR方法的分析》，《商业研究》2020年第8期。

陆前进等：《银行信贷、外汇储备和中国的实际汇率——基于中国2000—2011年数据的实证研究》，《金融研究》2013年第11期。

罗素梅、周光友：《上海自贸区金融开放、资本流动与利率市场化》，《上海经济研究》2015年第1期。

潘金生：《试论加强金融监管的国际合作》，《新金融》1999年第5期。

潘敏、夏频：《国有商业银行信贷资金供求与我国货币政策传导机制》，《金融研究》2002年第6期。

裴辉儒、赵婧：《利率市场化与商业银行系统性风险——基于结构异质性视角的实证分析》，《南京审计大学学报》2021年第2期。

裴平等：《论我国货币政策传导过程中的"梗阻"——基于1998—2003年实证数据的分析》，《南京社会科学》2009年第5期。

戚骥、唐冰开：《人民币国际化：中美货币金融领域竞争与合作的视角》，《当代经济研究》2011年第12期。

秦放鸣等：《基于经济周期同步性的中国与中亚国家金融合作可行性研究》，《新疆师范大学学报（哲学社会科学版）》2015年第

2期。

裘翔、周强龙：《影子银行与货币政策传导》，《经济研究》2014年第5期。

康立、龚六堂：《金融摩擦、银行净资产与国际经济危机传导——基于多部门DSGE模型分析》，《经济研究》2014年第5期。

曲博：《后金融危机时代的东亚货币合作：一种亚洲模式？》，《当代亚太》2012年第6期。

全骐：《市场利率传导发生"梗阻"了吗？——基于银行信贷的视角》，《上海金融》2021年第1期。

盛松成：《当前局势下是否需要调整我国的汇率制度》，《国际金融》2020年第11期。

盛松成、吴培新：《中国货币政策的二元传导机制——"两中介目标，两调控对象"模式研究》，《经济研究》2008年第10期。

史锦华等：《国际资本流动风险及有效监管》，《财经科学》2008年第3期。

舒长江、罗鸣：《新型货币政策工具定向调控具有显著的靶向性吗——以MLF政策工具为例》，《江西财经大学学报》2021年第5期。

宋爽、王永中：《中国对"一带一路"建设金融支持的特征、挑战与对策》，《国际经济评论》2018年第1期。

汤凌霄等：《国际金融合作视野中的金砖国家开发银行》，《中国社会科学》2014年第9期。

田涛：《人民币汇率制度变迁对我国短期资本流动的影响——基于汇率预期与汇率波动的视角》，《管理评论》2016年第6期。

万泰雷等：《国际金融监管合作及中国参与路径》，《国际经济评论》2014年第3期。

汪莹等：《金砖国家金融合作风险与防范对策研究》，《国际贸易》2017年第12期。

王博、王开元：《汇率改革、短期国际资本流动与资产价格》，《金融论坛》2018年第4期。

王国松、杨扬：《国际资本流动下我国货币需求函数稳定性检验》,《财经研究》2006 年第 10 期。

王冠楠、项卫星:《全球金融危机后的中美金融合作——基于美国汇率政治视角的分析》,《东北亚论坛》2018 年第 1 期。

王曼怡、郭珺妍:《"一带一路"沿线直接投资格局优化及对策研究》,《国际贸易》2020 年第 5 期。

王子先:《欧元与东亚区域金融合作》,《世界经济》2000 年第 3 期。

王曦等:《货币政策预期与通货膨胀管理——基于消息冲击的 DSGE 分析》,《经济研究》2016 年第 2 期。

王雪峰:《中国金融稳定状态指数的构建——基于状态空间模型分析》,《当代财经》2010 年第 5 期。

吴晓灵:《东亚金融合作:成因、进展及发展方向》,《国际金融研究》2007 年第 8 期。

武剑:《货币冲销的理论分析与政策选择》,《管理世界》2005 年第 8 期。

项卫星、王冠楠:《中美经济相互依赖关系对美国汇率政治的制约》,《当代亚太》2014 年第 6 期。

项后军等:《理解货币政策的银行风险承担渠道——反思与再研究》,《经济学动态》2016 年第 2 期。

项卫星、王冠楠:《中美经济相互依赖中的消极依赖与积极依赖——基于敏感性视角的分析》,《经济学家》2015 年第 8 期。

熊鹏、方先明:《资本流动、货币供给与价格总水平——一个理论分析框架》,《山西财经大学学报》2005 年第 6 期。

邢凯旋:《金砖国家区域金融合作机制建设研究》,《经济纵横》2014 年第 10 期。

谢洪燕、罗宁:《从贸易金融一体化与经济趋同性看东亚货币合作的最优动态决策》,《软科学》2011 年第 6 期。

徐杰:《金融开放与货币政策利率传导渠道》,《国家行政学院学报》2008 年第 6 期。

姚余栋等:《货币政策规则、资本流动与汇率稳定》,《经济研究》2014 年第 1 期。

袁仕陈、何国华：《中国国际资本流动的货币效应》，《经济评论》2013 年第 2 期。

袁仕陈、范明：《近年来中国国内货币供给源于国际资本流动吗?》，《世界经济研究》2012 年第 3 期。

杨蓉：《国际资本流动对我国货币政策有效性的影响》，《西安财经学院学报》2007 年第 1 期。

杨雪峰：《对外开放改变了中国股票市场运行特征吗?：基于双重开放架构的经验证据》，《世界经济研究》2021 年第 9 期。

赵星、崔百胜：《中国货币政策对美国的溢出效应研究——基于两国开放经济 DSGE 模型的分析》，《中国管理科学》2020 年第 7 期。

展凯等：《美国货币政策调整对中国的溢出效应与传导机制研究》，《国际经贸探索》2021 年第 1 期。

战明华、李欢：《金融市场化进程是否改变了中国货币政策不同传导渠道的相对效应?》，《金融研究》2018 年第 5 期。

张龙等：《数量型还是价格型——来自货币政策"非线性"有效性的经验证据》，《中国工业经济》2020 年第 7 期。

张明：《人民币国际化与亚洲货币合作：殊途同归?》，《国际经济评论》2015 年第 2 期。

张晓涛、杜萌：《金砖国家深化金融合作的障碍与对策研究》，《国际贸易》2014 年第 5 期。

张晓涛等：《金砖国家金融合作利益研究》，《宏观经济研究》2014 年第 5 期。

张岩：《新常态下我国数量型和价格型货币政策工具的选择范式——基于引入劳动力市场摩擦的 DSGE 模型的分析视角》，《华东经济管理》2017 年第 7 期。

张岩、胡迪：《中国金融市场风险交互溢出效应分析——来自股灾期间的新证据》，《金融论坛》2017 年第 11 期。

张庆元：《货币政策传导机制中的汇率》，《南开经济研究》2004 年第 5 期。

张原劼、施建淮：《短期国际资本流动对企业杠杆率的影响》，《中南财经政法大学学报》2020年第2期。

周程：《东亚金融合作对消费风险分担的影响》，《国际金融研究》2015年第12期。

周海赟：《所有制差异、信贷传导机制与政策工具的结构效应——基于双轨制经济结构的研究视角》，《现代财经（天津财经大学学报）》2019年第3期。

周小川：《新世纪以来中国货币政策的主要特点》，《中国金融》2013年第3期。

周晓明、朱光健：《资本流动对我国货币供给的影响与对策》，《国际金融研究》2002年第9期。

周英章、蒋振声：《货币渠道、信用渠道与货币政策有效性——中国1993—2001年的实证分析和政策含义》，《金融研究》2002年第9期。

周泽将、余中华：《股权结构、董事会特征与QFII持股的实证分析》，《云南财经大学学报》2007年第4期。

钟伟、冯维江：《开放经济条件下的国际货币合作》，《国际金融研究》2001年第11期。

朱孟楠、闫帅：《异质性投资视角下短期国际资本流动与资产价格》，《国际金融研究》2017年第2期。

朱孟楠等：《区域金融合作提升了人民币货币锚效应吗？——基于签订货币互换协议的证据》，《国际金融研究》2020年第11期。

朱苏荣：《"一带一路"战略国际金融合作体系的路径分析》，《金融发展评论》2015年第3期。

祝小兵：《中国推进东亚金融合作的战略研究》，《世界经济研究》2007年第4期。

邹新月等：《贸易信贷、银行核心资本充足率与货币政策效应》，《金融论坛》2013年第10期。

**中文译著**

［美］罗伯特·基欧汉、约瑟夫·奈：《权利与相互依赖》（张四

版），门洪华译，北京大学出版社2024年版。

［美］保罗·克鲁格曼：《萧条经济学的回归和2008年经济危机》，刘波译，中信出版社2009年版。

［美］蒙代尔：《蒙代尔经济学文集·第三卷·国际宏观经济模型》，向松祚译，中国金融出版社2003年版。

［英］约翰·梅纳德·凯恩斯：《就业、利息和货币通论》（重译本），商务印书馆1999年版。

［瑞典］魏克塞尔：《利息与价格》，商务印书馆2021年版。

**外文文献**

Andrea Gerali, et al., "Credit and Banking in a DSGE Model of the Euro Area", *Journal of Money, Credit and Banking*, Vol. 42, No. 1, September 2010.

Alan S. Blinder, "Monetary Policy at the Zero Lower Bound: Balancing the Risks", *Journal of Money, Credit and Banking*, Vol. 32, No. 4, November 2000.

Aymen Ben Rejeb & Adel Boughrara, "Financial Lliberalization Antock Markets Efficiency: New Evidence from Emerging Economies", *Emerging Markets Review*, Vol. 17, No. 9, December 2013.

Bernanke, Ben S. & Alan S. Blinder, "Credit, Money and Aggregate Demand", *American Economic Review*, Vol. 78, No. 2, May 1988.

Bernanke, Ben S. & Alan S. Blinder, "Credit, The Federal Funds Rate and the Channels of Monetary Transmission", *American Economic Review*, Vol. 82, No. 4, September 1992.

Bekaert G., et al., "What Segments Equity Markets?", *The Review of Financial Studies*, Vol. 24, No. 12, December 2011.

Campbell T. S. & Kracaw W. A, "Information Production, Market Signaling and the Theory of Financial Intermediation", *Journal of Finance*, Vol. 35, No. 4, September 1980.

Christopher Martin & Costas Milas, "Modelling Monetary Policy: Inflation Targeting in Practice", *Economica*, Vol. 71, No. 282, May 2004.

David H. Pyle, "On the Theory of Financial Intermediation", *Journal of Finance*, Vol. 26, No. 3, June 1971.

Fayyaz Hussain & Mehak Ejaz, "Effectiveness of the Exchange Rate Channel in Monetary Policy Transmission in Pakistan", *The Pakistan Development Review*, Vol. 61, No. 1, March 2022.

Ferrante F., "A Model of Endogenous Loan Quality and the Collapse of the Shadow Banking System", *Social Science Electronic Publishing*, Vol. 10, No. 4, October 2018.

Gertler M. & Karadi P., "A Model of Unconventional Monetary Policy", *Journal of Monetary Economics*, Vol. 58, No. 1, January 2011.

Giorgio Basevi, "The All Saints' Day Manifesto for European Monetary Union", *The Economist*, Vol. 257, No. 1, November 1975.

Harald Hau & Hélène Rey, "Exchange Rates, Equity Prices, and Capital Flows", *The Review of Financial Studies*, Vol. 19, No. 1, Spring 2006.

Harry G. Johnson, "A Quantity Theorist's Monetary History of the United States", *The Economic Journal*, Vol. 75, No. 298, June 1965.

Henry P. B., "Stock Market Liberalization, Economic Reform, and Emerging Market Equity Prices", *The Journal of Finance*, Vol. 55, No. 2, April 2000.

Hyunjoo Kim Karlsson, et al., "Unveiling the Time-dependent Dynamics between Oil Prices and Exchange Rates", *The Energy Journal*, Vol. 41, No. 6, November 2020.

John H. Rogers, et al., "Martin Ellison and Hakan Kara, Evaluating Asset-Market Effects of Unconventional Monetary Policy: a Multi-Country Review", *Economic Policy*, Vol. 29, No. 80, October 2014.

Jordi Galí, et al., "Understanding the Effects of Government Spending on Consumption", *Journal of the European Economic Association*, Vol. 5, No. 1, March 2007.

Jordi Galí & Tommaso Monacelli, "Monetary Policy and Exchange

Rate Volatility in a Small Open Economy", *The Review of Economic Studies*, Vol. 72, No. 3, July 2005.

Jose Vinals, et al., "Money, Fiscal Policy and the Current Account", *Economic Policy*, Vol. 1, No. 3, October1986.

Kacperczyk M., et al., "Do Foreign Institutional Investors Improve Price Efficiency", *The Review of Financial Studies*, Vol. 34, No. 3, March 2021.

Karen K. & Lewis, "Trying to Explain Home Bias in Equities and Consumption", *Journal of Economic Literature*, Vol. 37, No. 2, June 1999.

Kwan C. H., "The Theory of Optimal Currency Areas and the Possibility of Forming a Yen Bloc in Asia", *Journal of Asian Economics*, Vol. 9, No. 4, Winter 1998.

Levine R. & Michalopoulos S., "Financial Innovation and Endogenous Growth", *Journal of Financial Intermediation*, Vol. 24, No. 1, January2015.

Malin Adolfson, et al., "Empirical Properties of Closed and Open-Economy DSGE Models of the EURO AREA", *Macroeconomic Dynamics*, Vol. 12, Supplement S1, April 2008.

Mark Gertler, "Financial Capacity and Output Fluctuations in an Economy with Multi-Period Financial Relationships", *The Review of Economic Studies*, Vol. 59, No. 3, July 1992.

Martin Brown, et al., "Who Needs Credit and Who Gets Credit in Eastern Europe?", *Economic Policy*, Vol. 26, No. 65, January 2011.

Maurice Obstfeld & Kenneth S. Rogoff, "Global Current Account Imbalances and Exchange Rate Adjustments", *Brookings Papers on Economic Activity*, Vol. 2005, No. 1, April 2005.

Merton R. C., "A Simple Model of Capital Market Equilibrium with Incomplete Information", *The journal of finance*, Vol. 42, No. 3, July 1987.

Murillo C., et al., "The Real Effects of Financial Constraints: Evidence from a Financial Crisis", *Journal of Financial Economics*, Vol. 97, No. 3, September 2010.

Obstfeld M., "Can We Sterilize? Theory and Evidence", *American Economic Review*, Vol. 72, No. 2, May 1982.

Pentti J. K. Kouri & Michael G. Porter, "International Capital Flows and Portfolio Equilibrium", *Political Economy*, Vol. 82, No. 3, May - June 1974.

Peter Blair Henry, "Stock Market Liberalization, Economic Reform, and Emerging Market Equity Prices", *Journal of Finance*, Vol. 55, No. 2, April 2000.

Philip Arestis & Malcolm Sawyer, "On the Effectiveness of Monetary Policy and of Fiscal Policy", *Review of Social Economy*, Vol. 62, No. 4, December 2004.

Poole, W., "Optimal Choice of Monetary Policy Instruments in a Simple Stochastic Macro Model", *The Quarterly Journal of Economics*, Vol. 84, No. 2, May 1970.

R. A. Mundell, "Capital Mobility and Stabilization Policy Under Fixed and Flexible Exchange Rates", *The Canadian Journal of Economics and Political Science*, Vol. 29, No. 4, November 1963.

Robert Hessen, "The Modern Corporation and Private Property: A Reappraisal", *The Journal of Law & Economics*, Vol. 26, No. 2, June 1983.

Stefan Avdjiev, et al., "Breaking Free of the Triple Coincidence in International Finance", *Economic Policy*, Vol. 31, No. 87, July 2016.

Torben W. Hendricks & Bernd Kempa, "Asymmetric Transmission of Monetary Policy in Europe: A Markov-switching Approach", *Journal of Economic Integration*, Vol. 23, No. 4, December 2008.

Umutlu M., et al., "The Degree of Financial Liberalization and Aggregated Stock-Return Volatility in Emerging Markets", *Journal of Banking & Finance, Vol. 34, No. 3, March 2021.

Viral V. Acharya, et al., "Crisis Resolution and Bank Liquidity", *The Review of Financial Studies*, Vol. 24, No. 6, June 2011.

Ying Huang, "Is Currency Union a Feasible Option in East Asia?: A Multivariate Structural VAR Approach", *Research in International Business and Finance*, Vol. 20, No. 1, March 2006.